"十四五"国家重点出版物出版规划项目

数据科学与大数据技术专业
[理科]系列教材

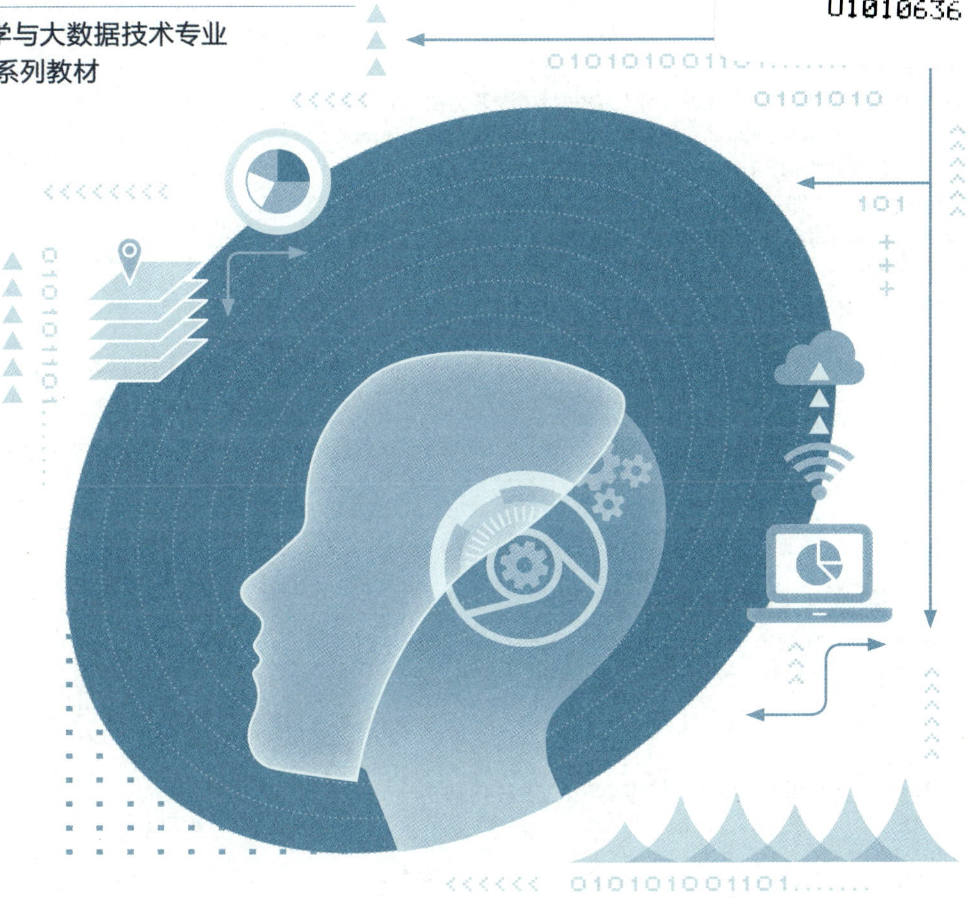

数据准备：方法、原理与应用

李　艳　周迎春

中国教育出版传媒集团
高等教育出版社·北京

内容提要

本书主要介绍数据科学中数据准备阶段常用的数据处理方法。全书内容分为五个部分：数据准备概览、数据清理、数据变换、数据归约和案例分析。本书注重方法的原理及其应用，在方法原理引介部分强调重要的统计学思想，在方法应用部分强化数据思维和数据处理规范。

本书可作为高等学校统计学类专业、数据科学专业，以及人工智能、计算机科学技术等专业的本科生或研究生的教材或教学参考书，同时可供相关领域工作者参考使用。

图书在版编目（CIP）数据

数据准备：方法、原理与应用 / 李艳，周迎春主编 . 北京：高等教育出版社，2025. 9. -- ISBN 978-7-04-064535-4

Ⅰ. TP274

中国国家版本馆 CIP 数据核字第 2025BH4839 号

Shuju Zhunbei：Fangfa、Yuanli yu Yingyong

策划编辑 张晓丽　　责任编辑 张晓丽　　封面设计 姜 磊　　版式设计 徐艳妮
责任绘图 马天驰　　责任校对 刁丽丽　　责任印制 存 怡

出版发行	高等教育出版社	网　址	http://www.hep.edu.cn
社　址	北京市西城区德外大街 4 号		http://www.hep.com.cn
邮政编码	100120	网上订购	http://www.hepmall.com.cn
印　刷	中煤（北京）印务有限公司		http://www.hepmall.com
开　本	787mm × 1092mm　1/16		http://www.hepmall.cn
印　张	17.5		
字　数	390 千字	版　次	2025 年 9 月第 1 版
购书热线	010-58581118	印　次	2025 年 9 月第 1 次印刷
咨询电话	400-810-0598	定　价	48.60 元

物 料 号 64535-00

数据科学与大数据技术专业（理科）系列教材编委会

总 序

随着以互联网、大数据、人工智能、区块链等为代表的新一代信息技术的发展，人类社会已进入数字经济或大数据时代。谈论大数据是时代话题、拥有大数据是时代特征、解读大数据是时代任务、应用大数据是时代机遇。在这样的大背景下，利用现实世界数字化所形成的虚拟世界 (数据空间) 来认知并操控现实世界成为了可能。大数据发展催生了数据科学，而数据科学承载着大数据发展的未来。

数据从采集、汇聚、传输、存储、加工、分析到应用形成了一条完整的数据链，伴随这一数据链的是从数据到信息、从信息到知识、从知识到决策这样的一个数据价值增值过程。实现数据链及其数据价值增值过程 (称为数据价值链) 的技术称为大数据技术，而数据科学即是有关数据价值链实现的基础理论与方法学。它运用分析、建模、计算和学习杂糅的方法研究从数据到信息、从信息到知识、从知识到决策的转换，并实现对现实世界的认知与操控。

数据科学是数字经济的科学基础，是新一代信息技术发展的源泉，也蕴含着大数据价值实现的基本原理与有效途径。大数据技术是最底层的数字化/数据化技术，它刻画了新一代信息技术中机器与机器、机器与人、人与人之间信息交互的规律与内容特征，与网络化、智能化一样，它构成现代信息技术的最基础技术之一。正由于如此，数据科学和大数据技术人才是当今各行各业最为紧缺的人才，从事与数据科学和大数据技术有关的工作也成为当下年轻人最为追求的职业选择。

我国从 2015 年起在高等院校陆续开办“数据科学与大数据技术”专业。截至 2020 年，开设此专业的院校已达 619 所，同时，教育部还批准了 83 所本科院校开设“大数据管理与应用”专业，446 所高职院校开设“大数据技术与应用”专业。所有这些标志着我国数据科学人才培养专业化进程的加快，也展现了对数据科学与大数据技术人才需求的火爆。

加快对数据科学与大数据技术人才的专业化培养是迫切和重要的，但如何培养却是一个十分严肃的问题。承担人才专业化培养任务的高等院校与研究机构，应该切实对“培养什么样的人，如何培养人”这样的基本问题有清醒而准确的认识。所培养的数据科学人才应该具备实现数据价值链的综合知识结构，具备以数据为中心的思考、转换、分析、处理技术和“综合 + 实战”能力，具备大胆创新、独立思考、自由探索的“黑客精神”。尽管市场需求各异，我们期望数据科学的人才培养能保持统一性、体现多样性、兼顾成长性。无论哪一个层次，数据科学人才都应着力培养其科学的数据观、数据思维、数据能力, 并坚持三者的有机统一, 努力实现有“深厚的数理基础、熟练的计算机技能、精湛的统计学方法、良好的大数据处理能力”的人才培养目标; 数据科学人才培养不应采用单一规格, 可根据不同需求分别培养数据工程师、数据分析师、数据执行官或数据科学家, 体现多样性; 数据科学是一门快速成长中的科学, 其理论、方法、技术和工具都在不断发展变化中, 所以在人才培养上应更加重基础、重方法、重精神, 着眼于培养学生适应未来数据科学发展的新需求, 着眼于他们的自我成长和终身进步。

数据科学与大数据技术人才的总体要求是“知识综合、能力全面、素质创新”。培养这样的人才适宜于采用教学内容上“模块化”、培养模式上“杂糅化”。数据科学的知识结构主要包含数学、统计学、机器学习、计算机科学和领域相关学科知识, 不同层次的数据科学人才对这些来自不同学科的知识需求有显著差异, 可将不同层次人才所需的知识体系和培养目标分解成模块, 通过模块间的合理搭配来组织教学; 培养模式的“杂糅化”应主要体现在: 培养目标上的数据观、数据思维、数据能力统领下的厚基础、宽口径、重交叉、强创新, 教学队伍配备上的多学科实质交叉构成, 教学内容 (教材) 上的统一术语、统一观念下不同学科思维方法融合后的知识重选择与新呈现, 培养方式上的“理论、实践、精神”三位一体教育全过程。

本系列教材正是按照上述原则为数据科学与大数据技术专业 (理科) 培养数据分析师而组织编写的。数据分析师是工作在数据价值链中后端, 负责“数据价值挖掘与呈现”的专门人才, 主要从事与数据采集、处理、分析和应用有关, 聚焦于数据建模/处理/分析、算法设计、业务洞察、形成问题解决方案方面的工作。数据分析师的知识要求包括: 具有深厚的数学、统计学、机器学习、数据处理知识, 有系统的计算机系统、程序设计、数据可视化知识, 同时具备某些特定应用领域或行业的背景知识。数据分析师的能力要求是: 精通数据处理、数据分析和数据建模的基本理论与方法, 具有极强的算法研发、分析、工程化能力, 有良好的计算机编程、计算和软件应用能力, 熟悉某些领域相关知识和数据业务流程, 有一定的解读数据、逻辑分析能力, 能撰写分析报告。

根据这样的知识与能力要求, 本教材编委会讨论认为, 数据科学与大数据技术专业 (理科) 的课程教育, 除通识类课程外, 可由以下五个模块课程构成: 1) 数学模块: 数学分析、线性代数 (+ 数值代数 + 矩阵分析)、最优化方法; 2) 计算机模块: 计算机系统基础、程序设计、数据结构与算法设计; 3) 统计学模块: 概率论 (+ 随机过程)、统计学基础、统计学方法 (包括回归分析、时间序列分析、多元统计分析、非参数统计分析); 4) 数据科学模块: 数据科学导论、数据科学方法 I (机器学习)、数据科学方法 II (大数据智能)、大数据平台与计算; 5) 领域相关知识与选修模块: 选择若干类典型大数据 (如图像/视频、文本信息、复杂网络、金融数据等) 背景知识、近代数学/统计学/机器学习专门方法等开设。同时, 我们认为, 实践也是数据分析师培养的必备、重要环节。除专业实习和毕业论文/设计环节外, 应特别重视学生的作业和上机实习环节。作业应该有一定的量, 基础类课程应随课程进度着重培养和检查学生的逻辑思维能力、分析能力, 方法类课程应强化计算机实现, 可结合专用大数据平台教学, 让学生亲自动手编程、亲自实现算法, 学会评价与比较算法。

编写出版数据科学与大数据技术专业 (理科) 教材是应急之需, 意义重大、影响深远。盼全国高校从事或有志于从事数据科学、统计学、机器学习、人工智能研究与人才培养的专家、教授们积极支持, 踊跃投身其中。也盼使用本系列教材的老师和同学们积极反馈意见, 以便教材修订或再版时及时改进。

马志明、徐宗本、范剑青

2020 年 12 月

前　言

人工智能来了，它博古通今且眼疾手快，不费吹灰之力便奉上整齐清晰的代码乃至颇具真知灼见的分析报告。那问题来了，我们会被机器取代吗？还需要学习数据处理方法吗？仁者见仁，智者见智。就目前的情况而言，与机器合作，甚至改进机器，道路仍然宽阔。这要求我们掌握科学思维和方法原理，乃至具备知识创造的能力。

数据准备是为后续数据分析顺利开展所作的各种数据处理，是数据挖掘中非常重要的一环。本书旨在较为系统地介绍数据准备阶段基本且常用的数据处理方法，注重数据思维和方法原理。

本书主要涵盖 3 个方面的数据处理，包括数据清理、数据变换和数据归约，这形成了 3 个主体部分（见思维导图）。此外，在介绍数据处理方法之前加入概览，并在最后呈现一个完整的案例分析。由此形成 5 个部分，共 12 章：第一部分是概览，包含 2 章，分别是数据准备概述和数据理解；第二部分是数据清理，包含 3 章，分别介绍清洗脏数据、离群值处理和缺失值处理方法；第三部分是数据变换，包含 4 章，分别介绍特征衍生、数据规范化、数据离散化和类别不平衡问题处理方法；第四部分是数据归约，包含 2 章，分别介绍特征选择和特征提取方法；第五部分是案例分析，完整展示天猫重复购买预测案例的数据处理。本书各章内容相对独立，无须按序阅读（若涉及其他章节内容，则给出相关提示）。

本书具有以下几个特点：

（1）我们认为科学的数据思维尤为重要。为此，本书强调一些重要的统计学思想和数据处理规范，以及问题理解、数据理解、数据准备、数据分析、效果评价的全流程综合融通的思维。

（2）注重方法原理的引介，但不纠缠于方法的推导和证明；结合实际中各种场景和考虑因素，分析如何正确、有效地应用方法。绝大部分章节提供了案例并配有习题，便于加深读者对方法的理解。

（3）数据准备阶段所涉及的数据处理方法很多，本书选择了部分经典且常用的方法。为帮助读者理解方法之间的关联，设置了若干方法概览的章节，并配有各章思维导图。

（4）对于所介绍的数据处理方法，本书各章汇总了相关的 Python 函数，并提供了配套的 Python 代码示例与源代码文件，最后一章提供了一个基于实际数据的完整案例分析，有助于读者着手训练和提升数据处理实践技巧。

基于以上特点，本书既适用于统计学和数据科学等相关专业学生学习，也为其他专业学生或相关领域工作者提供了数据处理的参考。需要注意的是，理解书中的部分数据处理方法依赖于读者具备一定的概率论与数理统计基础。此外，本书部分章节涉及决策树等机器学习算法，若读者具备一定的机器学习基础将有助于理解方法原理。

为节省空间，仅在案例分析中展示部分 Python 代码，完整的代码文件和相关数据集可在本书配套资源网站中下载。此外，本书大部分章节内容有配套的慕课[①]。

本书由李艳编写，周迎春统稿和审校。从内容设计到编写成书，我们经常讨论交流、反复打磨。我们深知，在实际工作中开展数据准备并没有唯一的、标准的流程和方法。即便在相同的应用场景、分析目标和数据情况下，不同的数据分析工作者完全可以有不同的数据准备流程设计和方法选择。为此，我们竭力将理论与经验相结合，兼顾方法的普适性引介和个性化应用。由于水平有限，不当之处在所难免，恳请广大读者提出宝贵意见，我们将进一步改进。

华东师范大学统计学院闫怡博老师仔细审阅全书，并提出诸多修改建议。高等教育出版社张晓丽老师负责本书出版工作，作了不懈的努力。本书的写作始于作者为华东师范大学统计学院本科生和应用统计硕士研究生开设的"数据处理与可视化"课程，同学们的提问和讨论都为本书做出了贡献。衷心感谢！

李艳、周迎春

2024 年 12 月

部分习题答案

① 慕课名称为"数据预处理与特征工程——方法原理及 Python 实践"。

本书主体内容的思维导图

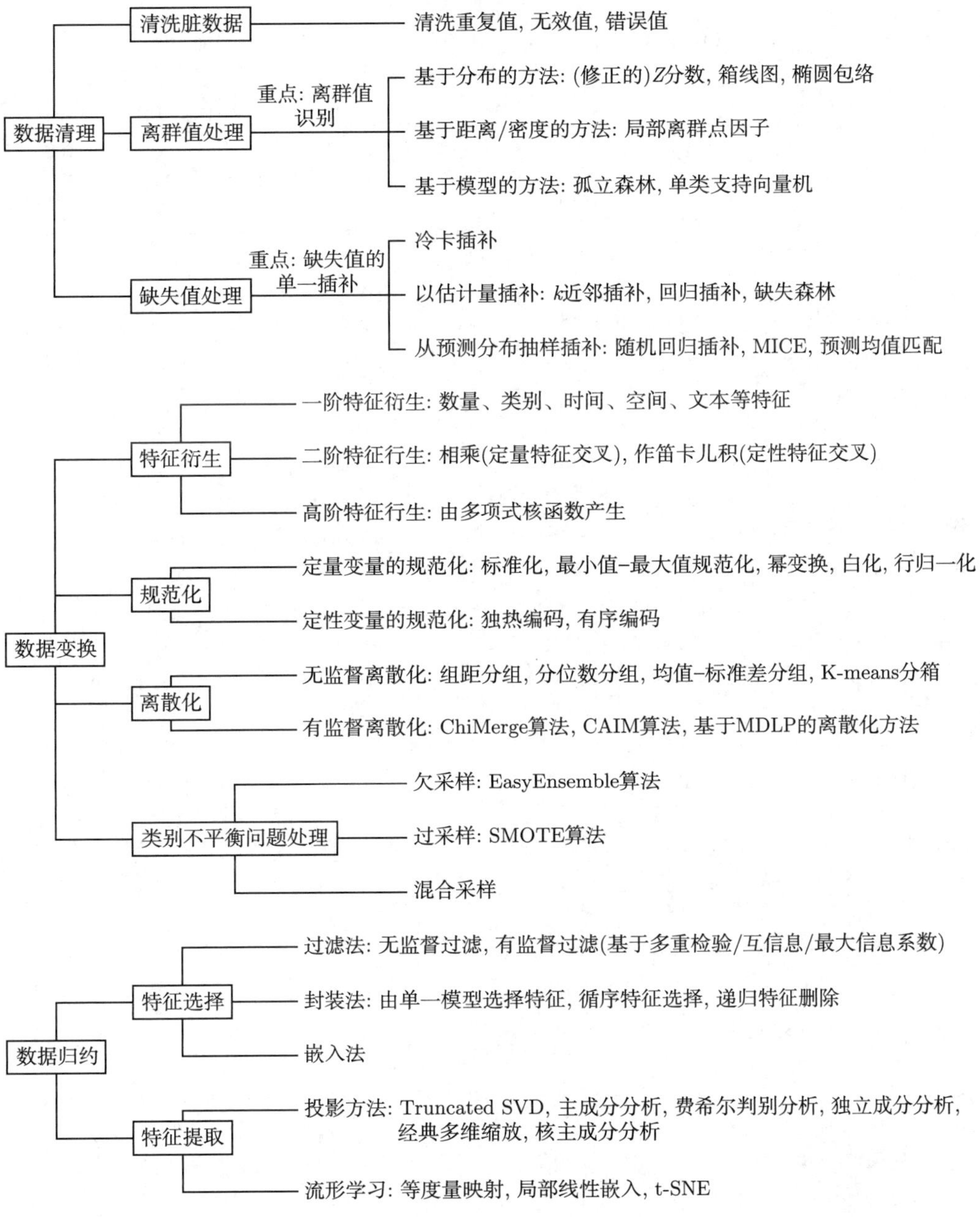

目 录

第一部分

概　览

第一章

数据准备概述

Yu & Barter (2024) 将数据准备 (data preparation) 分为两个阶段: 第一个阶段是数据清洗 (data cleaning), 它使得数据格式恰当、含义明确; 第二个阶段是数据预处理 (data preprocessing), 它使得数据满足后续分析的要求. 有时, 这两个阶段并无明确的界限, 并且可能会同时地、交互地进行. 本书不区分这两个阶段, 将数据清洗归入数据预处理, 即数据准备等同于数据预处理.

1.1 数据准备的必要性

欧盟机构于 1999 年联合起草的跨行业数据挖掘标准流程 (cross-industry standard process for data mining, CRISP-DM) 包含六个步骤: 业务理解、数据理解、数据准备、建立模型、模型评价和模型实施 (如图 1.1 所示). CRISP-DM 说明: 在数据分析中, 应该首先了解业务、厘清分析目标和思路; 其次需依据分析目标采集适当的数据并充分地理解数据; 随后预处理数据, 为后续分析作好准备; 最后才正式开展具体的分析. 可见, 数据准备是整个数据分析流程中重要的一环, 它连接了数据输入与后续的数据分析.

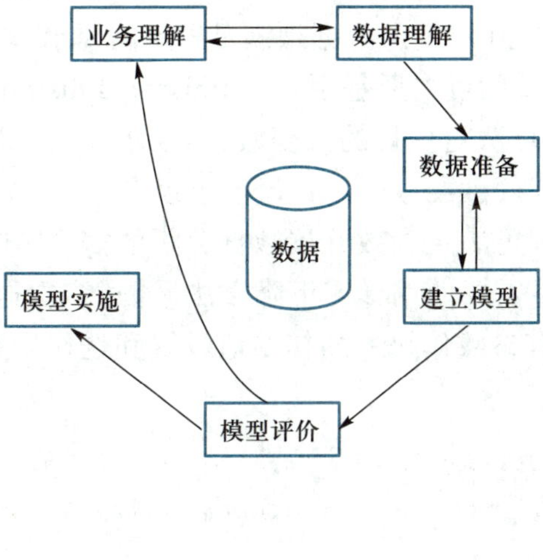

◀ 图 1.1
跨行业数据挖掘标准流程示意图

此外, 数据分析领域从业者几乎都认同以下三种说法:

(1) 业务第一, 数据次之, 算法第三.

(2) 好的数据胜于好的特征, 好的特征胜于好的算法.

(3) 数据和特征决定了机器学习的上限, 而模型和算法只是逼近这个上限而已.

其实, 这三种说法含义相近, 都告诉我们: 高质量的数据和适应分析目标的特征或变量, 是建立模型的重要前提和基础, 这也成了数据准备的目标. 对原始数据进行预处理, 不仅可以保证后续数据分析顺利进行, 还能改进数据的质量, 从而提高数据分析的效率和精度.

但是, 数据分析工作者应当遵从和坚持数据的真实性, 而数据预处理往往涉及对数据的修改, 因而需要十分谨慎地把握数据预处理的尺度. 一般, 我们只需作必要的预处理, 宁简勿繁、稳中求进, 不倡导过度的预处理. 那么, 哪些是必要的数据预处理呢? 我们认为, 必要的数据预处理应至少符合下列情况中的一种.

(1) 数据预处理保证数据分析得以实现. 某些预处理一旦未被执行, 就无法实现后续的数据分析, 那么这类数据预处理就是必要的. 例如, 当采用 CART (classification and regression tree) 算法建立决策树模型时, 若采用 Python 语言 scikit-learn 库中的 tree 模块, 由于它不允许缺失值, 也不能直接处理定性变量, 因此必须对缺失值和定性变量进行处理, 否则构建模型的代码无法运行.

(2) 数据预处理为正确的数据分析保驾护航. 一方面, 许多统计学模型基于一定的假设发展而来. 例如, 在普通最小二乘回归 (OLS) 模型中, 若我们使用检验的 p 值和区间估计等结果, 则要求模型的误差项服从正态分布, 若不满足要求, 结果可能不可靠. 当误差项的正态性假定不成立时, 在某些情况下我们可以通过数据预处理, 例如采用 Box-Cox 变换, 使得误差项服从或近似服从正态分布. 另一方面, 一些模型方法自身的特点 (如: 对变量尺度敏感, 易受离群值影响等) 决定了数据须满足一定的要求, 以保证所建立的模型准确可靠. 例如, 基于闵可夫斯基距离 (Minkowski distance, 简称闵氏距离)① 寻找邻居的 k 近邻算法对变量的尺度敏感, 要求先对定量变量规范化, 使得变量尺度一致.

(3) 数据预处理可满足高效开展数据分析的需要. 例如, 在支持向量机和神经网络模型中, 需要使用梯度下降方法, 通过多次迭代获得模型参数的估计值. 为了对所有参数作统一的初始值设置和迭代设置, 一般需要对定量

---

① 闵氏距离的计算公式为: $d(\boldsymbol{a},\boldsymbol{b})=\left(\sum_{i=1}^{p}|a_i-b_i|^m\right)^{1/m}$, 其中 $\boldsymbol{a}$ 和 $\boldsymbol{b}$ 都是 p 维向量, $m(>0)$ 是闵氏距离中的参数, 当 $m=2$ 时即为欧几里得距离 (Euclidean distance, 简称欧氏距离).

变量规范化、对定性变量作独热编码 (one-hot encoding), 从而保证高效地实现参数估计.

在实际操作中, 应当结合以下几个因素判断哪些数据预处理是必要的:

(1) 分析目标. 实际上, 分析目标决定了整个数据分析过程, 包括数据准备. 例如, 只有当分析目标是预测类别时, 才需要考虑是否存在类别不平衡问题, 以及是否需要进行类别不平衡处理.

(2) 数据特点. 统计学的一个特点是"分而治之", 即根据数据的特点 (例如, 变量类型, 样本观测之间的相依关系等) 采用不同的数据分析和处理方法. 例如, 当采用中心趋势统计量插补缺失值时, 以众数 (而非均值) 插补定性变量的缺失值可能是恰当的.

(3) 分析方法. 不同的数据分析方法对数据质量要求不同, 因此数据预处理应适应分析方法的需求. 例如, 对于自变量中的离群值, 决策树模型一般并不敏感, 因而可以不必处理离群值; 而普通最小二乘回归模型则对离群值较为敏感, 可能需要在建模前处理离群值.

(4) 软件. 不同的软件和软件包都有特定的设置, 它们对数据的要求不尽相同, 因而相应的数据预处理也会有差异. 作为一个例子, 表 1.1 对比了采用不同的软件包建立 CART 模型, 对数据预处理的不同要求. 例如, R 语言 rpart 包中建立 CART 模型的函数可以直接处理缺失值和定性变量 (取值为数值或字符串均可), 此时, 缺失值处理和独热编码就不再是必要的.

软件/软件包	缺失值处理	定性变量独热编码	定量变量规范化	离群值处理	特征选择与提取	类别不平衡处理
Python: scikit-learn 库	必要	必要	—	—	—	可选用
R 语言: rpart 包	—	—	—	—	—	可选用

◀ 表 1.1
构建 CART 模型所需要的部分预处理

当然, 所谓的"必要"或"不必要"并不一定有明显的界限, 那些可以提升模型的可解释性和泛化能力等的预处理都是可以考虑的. 表 1.2 展示了当使用 Python 语言 scikit-learn 库时, 一些常用的模型方法所需要的部分数据预处理. 其中, 标识为"必要", 表明数据预处理是必要的; 标识为"可选用", 表明数据预处理虽不一定必要, 但具有提升模型效果的功能. 例如, 决策树方法一般无法适应类别不平衡问题, 需要通过预处理形成类别平衡的数据, 从而提升模型的效果. 需要注意的是, 表 1.2 仅展示了部分数据预处理, 并未完整地涵盖模型对数据预处理的要求. 例如, LightGBM 只能接受 'category' 类型的字符串形式定性变量, 它虽不要求对定性变量作独热编码或数值编码, 但需要将定性变量设置为 'category' 类型. 由此可见, 是否进行数据预处理, 采用哪些预处理方法, 需要具体情况具体分析.

▶ 表 1.2
实现 scikit-learn 中的模型所需要的部分预处理

模型	缺失值处理	定性变量独热编码	定量变量规范化	离群值处理	特征选择与提取	类别不平衡处理
OLS/Logistic 回归	必要	必要	—	可选用	可选用	可选用
决策树/随机森林	必要	必要	—	—	—	可选用
XGBoost	—	必要	—	—	—	可选用
LightGBM	—	—	—	—	—	可选用
支持向量机	必要	必要	必要	—	可选用	—
k 近邻	必要	必要	必要	—	可选用	—
神经网络	必要	必要	必要	可选用	—	可选用

1.2 数据准备的步骤

数据准备大致可分为四个方面:

(1) 数据集成: 主要是将来自不同来源、格式或结构的数据合并.

(2) 数据清理: 包含清洗脏数据、离群值处理和缺失值处理等.

(3) 数据变换: 包含规范化和离散化等.

(4) 数据归约: 包含数值归约、特征选择和特征提取等.

可以将特征衍生、特征选择和特征提取合并, 称为"特征工程".

现实的数据准备没有固定的内容和方法. 对同样的一组数据, 两位数据分析工作者可以选择不同的数据预处理内容和方法, 这可能导致数据分析结论截然不同. 我们常说统计学兼具科学性和艺术性. 可以看到, 数据准备的科学性和艺术性尤为明显. 在一个完整的数据分析过程中, 数据准备一般要花费 70%—90% 的时间, 可能需要通过数个步骤才能完成. 但是, 要形成具有普适性的数据预处理步骤是困难的. 一方面, 对数据准备的需求依赖于多种因素, 例如 1.1 节提到的分析目标、数据特点、所选用的分析方法和软件等. 这告诉我们, 不存在一招制胜的法宝, 必须根据具体问题和数据, 设计数据预处理方案和步骤. 另一方面, 从图 1.1 中数据准备与建立模型之间的双向箭头可以看出, 可能需要根据模型构建过程和结果, 交互地、反复地开展数据准备. 这也决定了数据准备往往是动态的, 需要在探索和尝试中不断调整, 很难一步到位. 由此可见, 不存在固定的数据预处理顺序和步骤, 可以根据需要予以安排. 当然, 在一个具体的数据分析项目中, 可以结合数据分析的效果, 评价和优化数据预处理方案.

例 1.1 对于一个分类问题 (因变量为定性变量), 考虑采用支持向量机模型. 注意到支持向量机模型对离群值并不太敏感, 并且有一定的处理类别不平衡问题的能力, 因此预处理中不需要进行离群值处理和类别不平衡处理.

考虑到支持向量机对变量的尺度敏感，因此需要对定量变量作规范化处理. 此外，支持向量机不能自动学习和筛选特征，开展一定的特征工程有助于提升模型效果. 若采用 Python 语言 scikit-learn 库中 SVM 函数建立模型，需要注意它不允许缺失值，并且不能直接处理定性变量. 由此，一种可能的数据预处理内容和步骤安排如下:

步骤 1: 清洗脏数据，如重复值、无效值和错误值等;

步骤 2: 采样，划分训练集和测试集;

步骤 3: 缺失值处理;

步骤 4: 特征衍生;

步骤 5: 规范化，包含对定性变量作独热编码和对定量变量规范化;

步骤 6: 特征提取;

步骤 7: 特征选择.

上述步骤的安排，基于以下几点考虑:

(1) 通过清洗脏数据，以避免明显错误和不合乎规范等问题的数据，保证后续的数据预处理和数据分析正常进行.

(2) 通过采样，将数据集划分为训练集和测试集. 许多数据预处理方法涉及参数估计或模型训练，应基于训练集训练数据预处理方法. 当样本量或变量维数特别大时，也可以通过采样获得数据子集，以提升数据分析的可行性与效率. 无论何种情况，采样一般在数据准备初期进行.

(3) scikit-learn 中许多数据预处理的函数都不允许缺失值，因此缺失值处理成为其他诸多预处理的前提. 此外，将缺失值处理放置于特征衍生之前，可以保证衍生特征取值完整.

(4) 为适应后续的预处理，所衍生的特征可能需要规范化，并且衍生特征的有效性可能需要通过后续的特征选择等予以考量. 因此，应将特征衍生放置于规范化和特征选择之前.

(5) 后续某些数据预处理方法，如特征提取和特征选择，涉及建模，需要在此之前对变量规范化.

(6) 待特征提取后再实施特征选择，有利于提取更多的信息.

请注意，例 1.1 中数据预处理内容和步骤的安排只是数种可能方案中的一种. 并且，其中的某些预处理需要反复进行，例如，为实施特征选择，可能需要对提取的特征规范化，此时需要再次执行步骤 5.

例 1.1 中未考虑离群值和类别不平衡处理. 如果需要，可以将离群值和类别不平衡处理放置于特征选择之前，这是因为某些特征选择方法涉及建模，而建模方法往往要求先处理离群值和类别不平衡问题.

最后，给出关于数据准备的几点提示:

(1) 对于看起来非常完美的数据也要相当谨慎，此时仍可能需要作数据预处理. 例如, 一些数据库系统默认以 0 代替空缺值, 当面对这类看似完整的数据时, 我们应当详细地了解数据采集和记录的机制, 分析潜在的问题, 并开展相应的数据预处理.

(2) 根据具体情况设计与安排数据预处理. 所谓具体情况, 应该深入到每一个细节. 例如, 仅仅考虑使用哪一个模型可能还不够 "具体", 需要进一步考虑使用模型中的哪些结果. 以普通最小二乘回归模型为例, 若需要使用检验的 p 值或参数的区间估计值, 则要求误差项满足一定的假设, 此时, 为了满足假设而进行的数据预处理是必要的; 但若仅使用参数的点估计值, 对误差项的假设则无足轻重, 为了满足假设而进行的数据预处理就不再是必要的. 因此, 对整个数据分析细节的考虑非常重要, 在此基础上进行的数据预处理才可能高效、准确.

(3) 应注意数据预处理的可行性. 例如, 当插补缺失值时, 应避免使用模型中的因变量. 这是因为当模型部署到实际业务中时, 因变量的值往往是未知的, 无法应用于数据预处理. 结合实际业务运作逻辑, 往往可以避免不可行的预处理.

(4) 数据准备是一个动态的过程, 往往需要不断尝试、循环往复, 很难一步到位. 我们应当掌握好每一个预处理方法, 在实践中多作尝试, 灵活运用, 不断总结和反思.

1.3 数据准备的评价与优化

数据准备是整个数据分析的一部分, 对数据准备的评价应基于分析目标的达成程度. 在图 1.1 所示的数据挖掘标准流程图中, 评价发生在数据准备与建立模型之后, 是对数据准备和建立模型的整体评价. 因此, 通常的模型评价方法即可用于评价数据准备.

为了客观地评价数据准备和模型效果, 最常用的方法是留出法 (holdout method), 即将数据集划分为训练数据 (training data) 和测试数据 (test data), 在训练数据中进行预处理并建立模型 (包含调参优化), 并基于测试数据评价效果. 对数据集的划分, 往往被作为数据准备的一个部分, 即 "采样". 当样本观测不具有时间顺序时, 可以通过随机采样划分数据集; 当样本观测具有时间顺序时, 一般应将时间在前的样本观测放入训练集, 时间在后的样本观测放入测试集, 从而与实际业务逻辑相吻合.

注 1.1 留出法的核心是避免数据泄露 (data leak), 因此涉及 "训练" 的数据预处理都应基于训练集开展, 这包含涉及参数估计的数据预处理方法 (如部分规范化、离散化和缺失值插补等), 以及需要建立模型的数据预处理方法 (如部分类别不平衡问题处理、缺失值插补、特征选择和特征提取等). 因此,对数据集的划分应在数据准备的初期.

训练集一般约占数据集的 70%—90%. 相应地, 用于模型效果评价的测试集约占数据集的 10%—30%. 为了调参优化 (包含对数据预处理和后续模型的优化), 还可以进一步将训练集划分为建模训练集和建模验证集 (validation data set), 它们各约占整个数据集的 50%—70% 和 10%—30%. 为提升数据使用效率, 也可采用交叉验证 (cross validation, CV), 使得划分的几个部分数据集可轮流参与建模或验证, 以提升数据信息的使用效率.

但是, 若仅实施一次留出法, 评价的结果带有偶然性. 建议采用重复留出法 (repeated holdout method), 即多次划分训练集和测试集, 每一次划分下都可以产生效果评价, 最终将各次评价结果平均. 嵌套交叉验证 (nested cross-validation) 是重复留出法的一个特例, 它采用交叉验证的方式轮流选用一个数据集作为测试集, 同时在训练集内部实施交叉验证进行调参优化, 因此嵌套了两层交叉验证. 图 1.2 展示了一个嵌套交叉验证的示例: 内层为用于参数优化的二折交叉验证, 外层是作为重复留出的三折交叉验证.

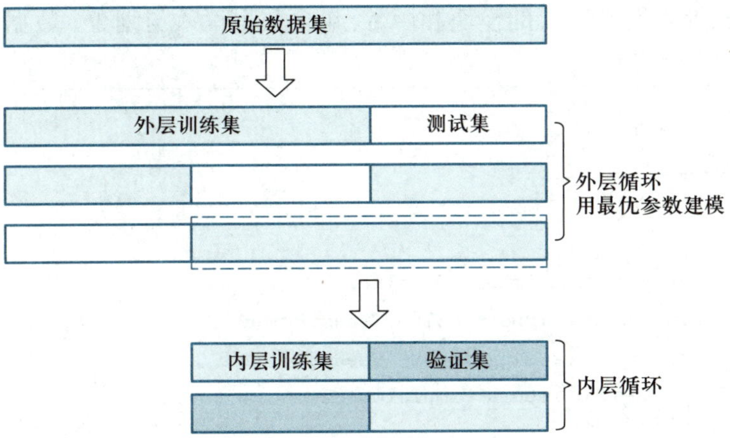

◀ 图 1.2
外层为三折、内层为二折的嵌套交叉验证示意图

注 1.2 在数据分析实践中, 我们可以将数据预处理的训练与模型的训练结合在一起, 将二者合并为一个整体, 称为管道 (pipeline). 这不仅便于统一处理, 还可有效避免数据泄露.

1.4 案例分析

R 语言 rpart 包中的 car.test.frame 数据集 (以下简称为 car 数据集) 是取自 1990 年 4 月《消费者报告》的部分汽车品牌数据, 含有 60 个样本观测和 8 个变量 (见表 1.3). 欲以 Mileage 为因变量, 其他变量为自变量, 建立预测模型.

序号	变量名称	变量含义	变量类型	取值 (范围) 及其含义
1	Country	原产地	定类	'USA''Korea''Japan/USA' 'Japan''Mexico''Germany', 'France''Sweden'
2	Reliability	可靠性	定序	1, 2, 3, 4, 5
3	Price	价格 (美元)	定量	5866—24760
4	Type	类型	定类	'Small''Sporty''Compact' 'Medium''Large''Van'
5	Weight	车辆整备质量 (磅[a])	定量	1845—3855
6	Disp.	排量 (升)	定量	73—305
7	HP	净功率 (马力[b])	定量	63—225
8	Mileage	油耗 (每加仑[c] 燃油可行驶英里[d] 数)	定量	18—37

▶ 表 1.3 car 数据集变量信息

a. 1 磅 ≈ 453.6 克.
b. 1 马力 = 0.735 千瓦.
c. 1 加仑 (美) ≈ 3.8 升.
d. 1 英里 ≈ 1609.3 米.

首先, 导入所有需要的模块和函数, 包含数据读入与划分、数据准备、模型构建与评价 ①.

```
import pandas as pd
import numpy as np
import os

from sklearn.pipeline import Pipeline
from sklearn.compose import ColumnTransformer
from sklearn.preprocessing import OneHotEncoder
from sklearn.impute import SimpleImputer



from sklearn.tree import DecisionTreeRegressor
from sklearn.ensemble import RandomForestRegressor
from sklearn.model_selection import GridSearchCV, cross_val_score,
    KFold
from sklearn.metrics import r2_score
```

下面读入数据, 并设置自变量和因变量. 其中, 自变量 Reliability 应为定序变量, 但原始数据为浮点型, 会被作为定量变量处理, 因此将其类型改为 'object'.

① 为节省篇幅, 后续案例分析中将不再呈现导入所有需要的模块和函数代码, 读者可查阅本书配套的代码文件.

```
alldata = pd.read_csv('car.csv')
y = alldata['Mileage']
X = alldata[['Country', 'Reliability', 'Price', 'Type', 'Weight',
    'Disp.', 'HP']]
X['Reliability'] = X['Reliability'].astype('object')
```

由于因变量是定量变量, 因此选用决定系数 R^2 作为模型效果的评价指标. 希望从决策树 CART 和随机森林中择优选取一个模型. 采用 scikit-learn 中 DecisionTreeRegressor 函数建立 CART 模型, 以网格搜索的方式优化最小叶节点样本量 min_samples_leaf, 备选值为 3 和 5; 采用 RandomForestRegressor 函数建立随机森林模型, 以网格搜索的方式优化三个参数, 每一参数考虑两个备选值: 叶节点备选变量所占比例 max_features 为 0.5 和 0.7, 最小叶节点样本量 min_samples_leaf 为 3 和 5, 个体学习器决策树的数量 n_estimators 为 20 和 50; 其余参数采用函数中的默认值.

由表 1.3 看到, 自变量中包含三个定性变量, 其中 Country 和 Type 的取值为字符串, Reliability 的取值为数值. 经过探索性分析发现, 只有 Reliability 含缺失值, 它在 11 个样本观测中取值缺失, 约占 18%. DecisionTreeRegressor 函数与 RandomForestRegressor 函数都不能直接处理定性变量, 也不允许缺失值. 因此, 对定性变量规范化和处理缺失值都是必要的预处理. 根据两个建模函数的要求, 需要对定性变量作独热编码. 这里的缺失值发生在定性变量之中, 可以有多种处理方式, 这里考虑两种简单的方式:

(1) 以众数插补缺失值.

(2) 将缺失值作为新类别取值, 在独热编码中增加一个虚拟变量.

此时, 需要考虑哪种缺失值处理方式更优.

第一种数据准备方案: 以众数插补定性变量的缺失值, 并对定性变量作独热编码. 无须处理定量变量, 在 ColumnTransformer 函数中设置 remainder='passthrough', 可直接传入原始定量变量.

```
categorical_features = np.where(X.dtypes == object)[0]
categorical_transformer = Pipeline(steps=[
    ('imputer', SimpleImputer(strategy='most_frequent', fill_value=
        'missing')),
    ('onehot', OneHotEncoder(handle_unknown='ignore'))])

preprocessor1 = ColumnTransformer(
    transformers=[('cat', categorical_transformer, categorical_features
        )], remainder='passthrough')
```

第二种数据准备方案: 仅对定性变量独热编码, 让缺失值成为一个虚拟变量. 代码与第一种数据准备方案类似, 只需要将 categorical_transformer 替换为 categorical_transformer2, 其中 categorical_transformer2 为:

```
categorical_transformer2 = Pipeline(steps=[('onehot', OneHotEncoder(
    handle_unknown='ignore'))])
```

最理想的方式是将数据预处理优化与模型优化相结合. 具体而言, 需要探索缺失值处理方式与模型的所有可能搭配之中, 哪一种搭配更优. 同时, 考虑到数据预处理需要基于训练集进行训练[①], 将数据预处理与模型构建组合为一个管道进行训练是合理的. 本例中有两种数据预处理方式和两种模型, 因此可组合为四个管道.

对于每一管道, 可采用嵌套交叉验证进行优化: 内层为用于优化的二折交叉验证, 外层是作为重复留出的三折交叉验证 (如图 1.2 所示). 假定在外层交叉验证中, 将数据集随机划分为三个部分, 分别记为 A_1, A_2, A_3. 例如, 将 A_1 作为测试集, $A_2 \cup A_3$ 作为训练集, 则将 $A_2 \cup A_3$ 随机划分为 2 个部分 B_1, B_2. 在每一组备选参数组合下, 需要以 B_1 为训练集作预处理并建立模型, 基于 B_2 评价结果. 然后, 交换 B_1 与 B_2 的角色, 即以 B_2 为训练集作预处理并建立模型, 基于 B_1 评价结果, 获得每一组备选参数组合的训练和评价结果. 将一组参数组合下的两项评价结果平均并作比较, 可以找到最优的参数组合. 采用最优的参数组合基于 $A_2 \cup A_3$ 进行训练, 并基于 A_1 评价模型 (结果如表 1.4 所示). 将三次留出法的结果平均并求标准差, 它们显示了在所设置的数据预处理方案和模型的待优化参数组合情况下, 基于数据集中 2/3 的数据量进行预处理并建立模型所能实现的预测效果.

以第一种数据预处理方案 +CART 模型为例, 实现嵌套交叉验证.

```
grid_min_samples_leaf = [3,5]
param_grid_tree = [{'tree__min_samples_leaf': grid_min_samples_leaf}]
tr = DecisionTreeRegressor(random_state=1)
tree_pipe1 = Pipeline([('preprocessing', preprocessor1), ('tree', tr)
    ])

gs_tree1 = GridSearchCV(estimator=tree_pipe1,
                        param_grid=param_grid_tree,
                        scoring='r2',
```

① 独热编码依赖于训练集, 因为独热编码所产生的虚拟变量数量依赖于训练集中定性变量的取值, 不能排除在训练集中未覆盖定性变量所有取值的可能性. 同时, 用于插补缺失值的众数需要在训练集中拟合而得.

```
                    cv=KFold(n_splits=2, random_state=1, shuffle=True))

scores_tree1 = cross_val_score(gs_tree1, X, y, scoring='r2', cv=KFold(
    n_splits=3, random_state=1, shuffle=True))
```

对于随机森林模型, 只需要更改相应的参数网格设置和模型设置.

```
grid_max_features = [0.5, 0.7]
grid_min_samples_leaf = [3, 5]
grid_n_estimators = [20, 50]
param_grid_rf = [{'rf__max_features': grid_max_features,
                 'rf__min_samples_leaf': grid_min_samples_leaf,
                 'rf__n_estimators': grid_n_estimators}]

rf = RandomForestRegressor(random_state=1)
rf_pipe1 = Pipeline([('preprocessing', preprocessor1), ('rf', rf)])
```

由表 1.4 可以看出:

(1) 在任一种模型方法下, 两种数据预处理方式的 R^2 差异在 1 个标准差范围内. 因此, 可以认为两种数据预处理方式对模型效果没有显著影响. 相对而言, 将缺失值作为新类别的处理方式所得到的 R^2 标准差更小, 表明这种处理方式受数据随机划分的影响更小.

(2) 在以众数插补缺失值的预处理下, 两种模型无显著差异; 在将缺失值作为一个新类别的预处理下, 随机森林模型优于 CART 模型.

综合而言, 将缺失值作为新类别的处理方式与随机森林模型的搭配为最优.

外层	众数插补 + CART	缺失值为新类别 + CART	众数插补 + 随机森林	缺失值为新类别 + 随机森林
$A_2 \cup A_3$ 为训练集, A_1 为测试集	0.769	0.769	0.810	0.757
$A_1 \cup A_3$ 为训练集, A_2 为测试集	0.718	0.718	0.732	0.671
$A_1 \cup A_2$ 为训练集, A_3 为测试集	0.562	0.550	0.615	0.740
平均值	0.683	0.679	0.719	0.723
标准差	0.088	0.094	0.080	0.037

◀ 表 1.4 嵌套交叉验证中外层的 R^2 及其平均值和标准差

选定预处理方式和模型方法后, 可以进一步细化参数的搜索网格, 基于交叉验证 (每一折交叉验证中仍然需要训练数据预处理和模型, 并基于验证集评价效果) 得到最优的参数组合. 最后, 采用最优的参数组合, 基于全体数据集训练得到最终的模型, 其效果可以基于袋外误差①评判或等到模型部署上线后在未来业务中获得.

本章小结

1. 思维导图

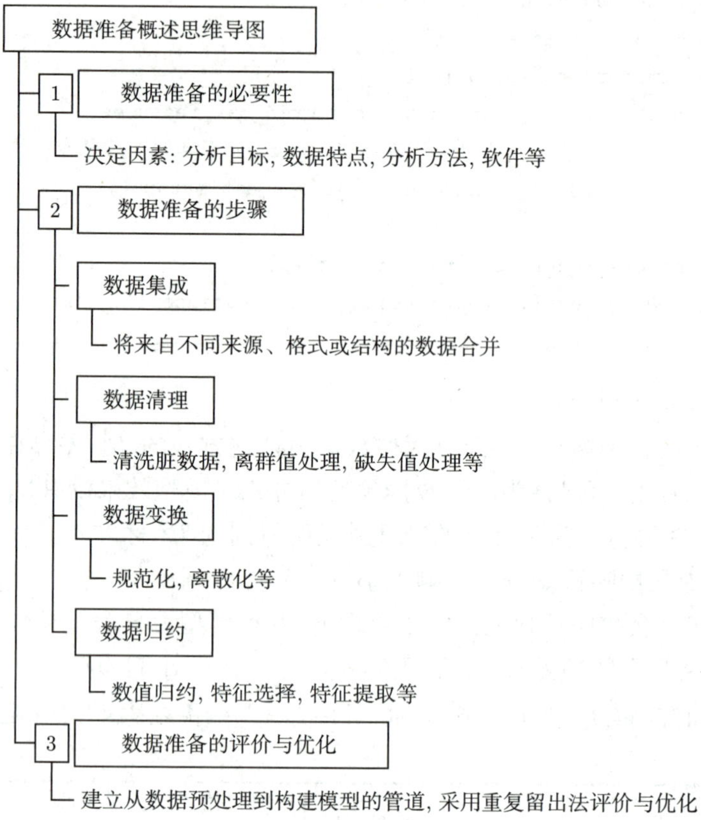

2. Python 函数

表 1.5 列出了以网格搜索优化参数和交叉验证的 Python 函数.

① 随机森林可以采用 Bootstrap 采样建立个体学习器, 未入样的样本观测为袋外 (out-of-bag) 样本, 它们可作为测试集, 评价个体学习器的效果, 在此基础上获得袋外误差.

方法	函数名称与所属模块	重要参数	应用提示
建立管道	Pipeline (scikit-learn 库 pipeline)	—	管道中各项处理按序实施, 建模函数应放在最后
网格搜索优化参数	GridSearchCV (scikit-learn 库 model_selection)	(1) estimator: 所采用的模型. (2) param_grid: 需要搜索的参数及其备选值. (3) scoring: 模型效果评价指标, 默认值为 None. (4) cv: 交叉验证的设置. 默认值为 None, 采用 5 折交叉验证, 其中 shuffle=False, 会导致按样本观测原始排序分组, 缺乏随机性. 建议设置为 shuffle=True 的交叉验证. (5) refit: 重新拟合模型. 默认值为 True, 表示将采用由网格搜索得到的最优参数组合基于全体数据拟合模型	需根据 estimator 的要求进行数据预处理
交叉验证	cross_val_score (scikit-learn 库 model_selection)	estimator, scoring, cv, 含义同上	需根据 estimator 的要求进行数据预处理

◀ 表 1.5 网格搜索优化参数和交叉验证的 Python 函数

习题

1. 数据准备的需求受到哪些因素的影响? (　　)

A. 分析目标

B. 数据特点

C. 后续的分析方法与所使用的软件

D. 以上都是

2. 下列说法中, 错误的一项是 (　　).

A. 不存在适用于所有数据分析项目的最优数据准备流程

B. 数据准备往往需要在处理过程中不断探索和调整

C. 数据准备的顺序和步骤是固定的

D. 对同样的一组数据, 两位数据分析工作者可以选择不同的数据准备方法和顺序

3. 特征工程不包含 (　　).

A. 特征衍生

B. 特征选择

C. 特征提取

D. 特征分类

4. 数据准备需要注意把握尺度, 只作必要的预处理, 尽量保持数据的真实性. 那么, 当一个数据库系统以 0 值代替空缺值时, 应当如何进行数据预处理? (　　)

A. 此时数据完整, 缺失值处理是不必要的

B. 应当还原空缺值, 然后开展所需要的预处理

C. 应将数据集中所有的 0 值作为缺失值处理

D. 通过描述变量取值的分布, 诊断 0 值是否有问题

5. 请尝试列举几个你感兴趣的模型或算法在特定软件中对数据预处理的要求, 从而分析哪些是必要的数据预处理.

6. 是否可以将例 1.1 中步骤 3 与步骤 4 交换? 若可以交换, 交换前后的数据预处理结果有什么差异?

7. 假定数据预处理仅为以众数插补缺失值. 若基于全体数据集进行预处理之后再划分训练集和测试集, 请分析产生数据泄露问题的原因和影响.

8. 请分析, 为获得表 1.4 中的结果, 总共需要建立多少个模型? (提示: 以 $A_2 \cup A_3$ 为训练集、A_1 为测试集, 众数插补 + 随机森林为例, 由于需优化的随机森林模型参数组合为 $2 \times 2 \times 2 = 8$, 因此需要分别基于 B_1 和 B_2 建立 8 个随机森林模型, 根据模型结果选择最优的参数组合, 并基于 $A_2 \cup A_3$ 采用最优的参数组合建立一个随机森林模型, 因而总共需要建立 17 个随机森林模型.)

9. 请尝试将 1.4 节案例分析中的嵌套交叉验证更改为: 外层二折交叉验证, 内层三折交叉验证. 运行代码, 观察结果会发生怎样的变化.

10. 针对第十二章天猫用户重复购买预测案例:

(1) 根据跨行业数据挖掘标准流程设计数据分析方案, 特别是细化构思数据准备方案.

(2) 尝试建立数据预处理与模型管道, 优化预处理方式和模型参数.

(提示: 第十二章提供了上述内容的完整分析, 读者可参考.)

参考文献

[1] YU B, BARTER R L. Veridical Data Science. Cambridge: MIT Press, 2024.

[2] 吴翌琳, 房祥忠. 大数据探索性分析. 2 版. 北京: 中国人民大学出版社, 2020.

第二章 数据理解

由欧盟机构的跨行业数据挖掘标准流程 (图 1.1) 可以看出, 数据理解是整个数据分析流程中非常重要的一环, 就像医生诊断时需要详细地了解患者的病情, 或者厨师做料理前应仔细考察手中的原材料. 这里所说的数据理解, 就是要理解数据所拥有的特点. 统计学最大的一个特点是“分而治之”, 即针对特定的分析目标和数据特点, 发展和应用特定的统计学方法. 只有把握数据特点, 才能制定恰当的数据准备方案及后续的数据分析方法.

2.1 数据特点

可以从多个角度分析数据特点, 包括但不限于以下几个重要的角度:

(1) 来源. 数据是个人或所在企业收集的一手资料, 还是由其他人或机构收集甚至经过加工整理后的二手资料? 来自调查、实验还是观察? 在哪些地点, 什么时间, 由谁, 用什么设备收集的? 若我们试着还原数据收集现场和整个收集过程, 可能会对理解数据很有帮助.

(2) 范围. 数据涵盖的群体范围是什么? 是总体数据, 还是样本数据? 若是样本数据, 其对总体的代表性如何? 若存在样本结构与总体结构不相符的问题, 是否需要在分析中加权调整? 这些问题都需要在数据准备与后续分析中予以考虑.

(3) 结构性. 结构化数据具有明确的测量维度, 例如消费者刷一次银行卡, 可以记录刷卡时间、地点、商户名、金额等数据. 对于结构化的数据, 我们需要考察变量是否准确、完整地反映了分析目标. 非结构化数据通常不具有明确的维度, 例如图片、语音和视频等, 需要借助于一定的转换才能成为计算机可处理的结构化数据. 此时, 我们需要考量数据转换方法和转换结果的合理性. 需要注意, 结构化数据的存储和使用需要合乎一定的规范 (Wickham, 2014).

(4) 时序关系. 按照时序关系, 可以将数据分为横截面数据、时间序列数据和面板数据. 横截面数据是指在一个时间点截取的多个对象的数据, 它们仅反映一个时间点的情况. 时间序列数据是指获取了某一对象多个时间点的数据, 这些数据一般按时间顺序排列, 形成一个序列. 面板数据则综合了横截面数据和时间序列数据, 既包含一个时间点截取的多个对象的数据, 又包含一个对象在多个时间点的数据. 时序关系是设计数据分析方案最重要的线索之一, 各类时序关系都有其适用的统计学方法.

(5) 粒度. 主要可从时间和空间两个角度来看. 从时间粒度看, 数据可以是高粒度、高频的, 例如以毫秒或秒为时间间隔单位采集数据, 也可以是低粒度、低频的, 例如以月、季度和年为时间间隔单位. 从空间粒度看, 可以按国家、省、市、县、镇、小区、家庭等不同的粒度采集数据. 按照粒度进行数据上卷或下钻, 可以压缩或扩张数据, 这也是数据准备的一部分.

(6) 同质性. 数据之间是同质还是异质, 这可能极大地影响分析效果. 例如, 缺失的数据与已经观测到的数据是否同质, 决定了缺失值的处理方式. 此外, 当我们对不同数据源的数据进行合并时, 也需要考虑它们是否同质, 是否可以直接合并.

(7) 规模. 一般从两个角度了解数据规模. 第一个角度是样本量规模, 它影响了数据准备方案和分析方法的选择. 例如, 对于样本量特别大的数据集, 需要考虑是否通过欠采样等进行数据归约; 对于样本量特别小的数据, 例如少数类样本, 可以考虑在数据准备阶段衍生数据. 第二个角度是变量维数规模, 它对数据准备的影响尤其大. 对于高维或超高维数据, 一般需要先作特征选择等处理.

(8) 计量尺度. 判断数据特点最重要的一个标准就是变量的类型, 即变量通过何种计量尺度获得. 将在 2.2 节具体阐述.

(9) 质量. 数据的质量直接影响了数据准备工作, 因为数据准备最重要的目的就是改进数据质量. 将在 2.3 节具体阐述.

2.2 计量尺度

不同类型的变量来源于不同的计量尺度. 变量类型直接决定了数据准备方案与后续分析方法. 数据的计量尺度包含两大类, 定性尺度和定量尺度, 其中定性尺度可分为定类尺度和定序尺度, 定量尺度可分为定距尺度和定比尺度.

(1) 定类尺度 (nominal scale)

定类尺度又称为类别尺度, 是最粗略、计量层次最低的一种尺度. 在定类尺度下, 按照事物的某种属性对其进行平行的分类或分组, 注意类别应穷尽和互斥. 各类别可以指定数字代码表示, 但这里的数字表示类别的编号, 不具有量化的含义. 由定类尺度所刻画的变量即为定类变量, 其值仅具有 = 或 ≠ 的数学特性, 不能比较大小, 也不能进行加减乘除运算. 如对于 "性别" 这一变量, 以 "1" 代表男, "2" 代表女. 我们可以说 1 不等于 2, 即二者性别不同, 但不能比较 1 和 2 的大小, 也不能进行加减乘除运算.

(2) 定序尺度 (ordinal scale)

定序尺度又称为顺序尺度, 是对事物之间等级或顺序差别的测度. 在定序尺度下, 人们在对事物分类的同时, 给出各类别的顺序. 因而, 定序尺度比定类尺度更精确. 在定序尺度下, 类别之间虽然有序, 但它们之间的差异无法准确度量, 相邻类别的差异度也未必相同. 由定序尺度所刻画的变量即为定序变量, 其值具有 = 或 ≠, > 或 < 的数学特性. 请注意, 定序变量的取值不能进行加减乘除运算. 例如, 在使用 3 级量表的满意度调查中, 以 1、2、3 分别表示 "不满意""一般""满意", 可以比较两位被调查者的满意度等级是否相同, 也可以比较谁的等级更高, 但不能通过减法运算获得等级之间的差异, 也不能由加法运算获得平均满意度, 等等. 但是, 由于定序变量的分析方法较少, 人们常将定序变量转换为定量变量使用, 这被称为等级变换 (ranking transformation), 是数据变换的一种. 实际上, 作等级变换是基于两个相邻等级之间差距为 1 的假定. 我们应该意识到这种潜在的假定及其对数据分析结果的影响.

(3) 定距尺度 (interval scale)

定距尺度又称为间隔尺度, 是对事物间间隔的准确测度, 比定序尺度精确. 在了解定距尺度的特点之前, 有必要先理解绝对零点.

定义 2.1 **绝对零点**是一个零值, 它代表所测量的物体的特征不能出现或不能观测到的一点, 即零值表示 "没有" 或 "不存在" (nil or nothing).

由定距尺度所刻画的变量即为定距变量, 它没有绝对零点, 也就是说, 零值并不代表特定的 "没有" 或 "不存在". 这样的零值往往是不固定的, 可以设置和改变. 例如, 华氏温度以盐水的冰点为 0 (°F, 华氏度) , 摄氏温度则以水的冰点为 0 (°C, 摄氏度) , 这两种温度的零值都是设置的, 不代表 "没有" 或 "不存在". 此外, 由定序变量通过等级变换而得到的变量也属于定距变量. 例如, 在 3 级量表的满意度调查中, 只有 1、2、3 等三个数值, 并没有零值, 因而没有绝对零点. 定距变量的取值表现为数值, 具有 = 或 ≠, > 或 <, + 或 − 的数学特性, 注意, 定距变量不具有乘除的运算特性 (固定了零值的乘除法才有意义). 例如, 我们可以说今天的温度 (摄氏度或华氏度) 比昨天高 2 度, 但不能说今天的温度增长了 10%.

(4) 定比尺度 (ratio scale)

定比尺度又称为比率尺度, 是对事物的准确测度. 相比于定距尺度, 定比尺度具有绝对零点, 即零值表示 "没有" 或 "不存在", 如: 收入、产量和人口数量等. 值得一提的是, 开尔文 (Kelvin) 温度是定比尺度的产物, 这是因为开尔文温度的零度为理想气体压强为零、气体动能为零时的温度 (对应于 −273.15℃), 从而零值代表没有动能, 为绝对零度. 由定比尺度所刻画的变量即为定比变量, 其取值也表现为数值, 具有 $=$ 或 $\neq$, $>$ 或 $<$, $+$ 或 $-$, $\times$ 或 $\div$ 的数学特性. 例如, 可以说今年的产量比去年多 200kg, 也可以说今年的产量增长了 10%.

上述四个计量尺度具有等级顺序, 从低级到高级依次为: 定类尺度、定序尺度、定距尺度和定比尺度. 表 2.1 总结了它们的特点.

▶ 表 2.1 计量尺度

级别	类型	是否有序	有无绝对零点	适用的数学运算
低级	定类尺度	无序	无	$=, \neq$
	定序尺度	有序	无	$=, \neq, >, <$
↓	定距尺度	有序	无	$=, \neq, >, <, +, -$
高级	定比尺度	有序	有	$=, \neq, >, <, +, -, \times, \div$

由定性尺度所刻画的变量为定性变量, 包含定类变量和定序变量; 由定量尺度所刻画的变量为定量变量, 包含定距变量和定比变量. 四种变量也具有等级顺序, 从低级到高级依次为: 定类变量、定序变量、定距变量和定比变量. 一般, 高级变量可转换为低级变量, 例如, 可通过离散化 (分箱) 将定量变量转换为定序变量. 因此, 适用于低级变量的统计学方法也可以适用于高级变量 (先将高级变量转换为低级变量, 然后应用该方法). 需要注意, 将高级变量转换为低级变量必然会损失信息. 另一方面, 由于信息不足, 难以将低级变量转换为高级变量, 除非加入一些假定 (例如, 等级变换中的假定). 通常情况下可不区分定距变量和定比变量, 但应注意一些特殊场合 (例如, 基于乘除法衍生特征), 日常生活中也应避免一些不恰当的表述.

注 2.1 理解数据的关键一步是介绍每一个变量的信息, 包括: 变量名称、变量含义、变量类型、取值范围与取值含义 (尤其是定性变量的取值) 等.

例 2.1 采用表 2.2 中的 golf 数据集, 描述变量信息, 展示在表 2.3 中.

▶ 表 2.2 golf 数据集

序号	Temperature	Humidity	Windy	Outlook	Play
1	85	85	False	Sunny	No
2	80	90	True	Sunny	No
3	83	86	False	Overcast	Yes
4	70	96	False	Rainy	Yes
5	68	80	False	Rainy	Yes
6	65	70	True	Rainy	No

续表

序号	Temperature	Humidity	Windy	Outlook	Play
7	64	65	True	Overcast	Yes
8	72	95	False	Sunny	No
9	69	70	False	Sunny	Yes
10	75	80	False	Rainy	Yes
11	75	70	True	Sunny	Yes
12	72	90	True	Overcast	Yes
13	81	75	False	Overcast	Yes
14	71	91	True	Rainy	No

序号	变量名称	变量含义	变量类型	取值 (范围) 及其含义
1	Temperature	当天气温	定量	64—85 (°F)
2	Humidity	当天湿度	定量	65—96 (%)
3	Windy	是否有风	定类	False: 无风; True: 有风
4	Outlook	天气情况	定类	Overcast: 多云; Rainy: 有雨; Sunny: 晴朗
5	Play	打高尔夫球情况	定类	No: 不打高尔夫球; Yes: 打高尔夫球

◀ 表 2.3 golf 数据集中的变量信息

2.3 数据质量

数据的质量直接决定了数据分析的结果, 也是数据准备阶段的重要关注点. 我们都希望获得高质量的数据, 但现实中的数据往往存在各种质量问题. 研究显示, 不良的数据使企业额外花费 15%—25% 的成本[①], 企业管理者认为不良数据造成的损失约为平均每年 1500 万美元[②].

衡量数据质量的指标有很多. Wang & Strong (1996) 通过调查, 归纳出四类对数据用户较为重要的质量指标, 包括:

(1) 内在数据质量 (intrinsic data quality). 这些指标用于衡量数据本身的质量, 包括: 准确性 (accuracy)、客观性 (objectivity)、可信性 (believability)、声誉 (reputation) 等.

(2) 外联数据质量 (contextual data quality). 这些指标用于衡量数据适用于分析任务的情况, 包括: 完整性 (completeness)、及时性 (timeliness)、关联性 (relevancy)、增值 (value-added) 和适量 (appropriate amount of data).

① 中国信息通信研究院云计算与大数据研究所, 中国通信标准化协会大数据技术标准推进委员会 (CCSA TC601). 数据资产管理实践白皮书 (4.0 版), 2019.

② Gartner (2018). How to create a business case for data quality improvement.

(3) 表征数据质量 (representational data quality). 这些指标主要衡量数据系统的质量, 包含可解释性 (interpretability) 和易理解性 (ease of understanding) 等数据含义方面的指标, 以及一致性 (representational consistency) 和简洁性 (concise representation) 等数据格式方面的指标.

(4) 可访问性数据质量 (accessibility data quality). 与表征数据质量指标类似, 可访问性数据质量指标也主要衡量数据系统的质量, 侧重于评估数据是否可获得且不受损害, 主要包含数据的可访问性 (accessibility) 和访问安全性 (access security).

总体而言, 准确性、完整性、一致性和及时性等是较为典型的数据质量指标 (Ballou & Tayi, 1999). 我们认为, 在数据分析实践中, 尤其需要关注的数据质量指标有:

(1) 代表性: 样本是否能代表总体;

(2) 准确性: 选取的变量能否准确反映问题, 变量取值的准确性等;

(3) 完整性: 选取的变量是否全面地反映问题, 数据缺失的情况和缺失的原因等;

(4) 有效性: 所拥有的数据是否适用研究目标中的时间、空间和研究对象等;

(5) 充分性: 对于研究目标和分析方法而言, 样本观测和变量是否充足. 例如, 普通最小二乘回归中, 要求样本量大于变量维数, 若不满足, 则表明样本观测可能不够充分.

某些质量问题可以在数据准备阶段, 通过探索性数据分析方法予以识别, 或按照一定的规则通过计算机程序排查. 例如, 若发现数据存在不一致 (inconsistency) 问题, 即两个样本观测的自变量取值完全相同但因变量取值不同, 则表明可能存在数据不准确或变量不充足 (现有的自变量未能体现样本观测的差异性) 的问题. 但某些质量问题可能直到建模完成以后才会被发现. 例如, 当发现模型的效果特别好时, 应该反思建模中是否使用了 “过于充足” 的信息, 比如, 实施预测时无法获得的一些自变量信息 (包括因变量的衍生信息等).

注2.2 建议按照以下流程理解数据:

(1) 回顾数据的收集思路与过程;

(2) 梳理变量间的层次结构和关联;

(3) 介绍每一个变量的信息, 包括变量名称、变量含义、变量类型、取值范围与取值含义 (尤其是定性变量的取值) 等;

(4) 采用探索性分析等方法全面地了解数据质量;

(5) 分析数据的其他特点.

本章小结

1. 思维导图

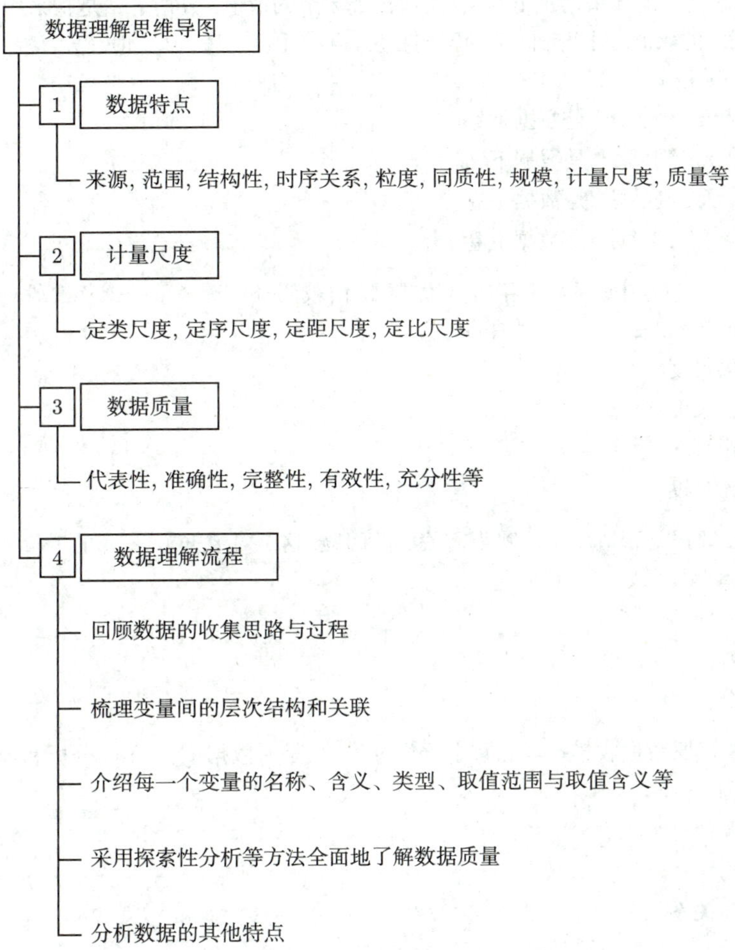

2. 延伸阅读

郁彬 (2016) 论述了大数据时代下统计数据分析工作者的使命, 以及如何正确应用统计方法解决实际问题, 从十个方面讨论如何形成和培养“数据智慧”. 它强调对业务理解和对数据理解的重要性, 并指出良好的人际交流技巧有助于更好地理解业务和数据. Wickham (2014) 和 Yu & Barter (2024) 第 4.5 节讨论了一些数据质量问题的示例及其应对方法. 感兴趣的读者可以阅读.

习题

1. 数据上卷是指采用更低粒度 (例如: 低频) 的取值, 数据下钻是指采用更高粒度 (例如: 高频) 的取值. 对于时间上的不同粒度: 年、季度、月、天、时、分、秒, 下列说法中错误的一项是 ( ).

A. 由 "天" 到 "分" 是数据下钻

B. 由 "天" 到 "秒" 是数据下钻

C. 由 "天" 到 "月" 是数据上卷

D. 由 "天" 到 "时" 是数据上卷

2. 在问卷调查中, 通常将年龄分段排列, 由被调查者选择某一个年龄段. 由此所获得的年龄段变量是由 ( ) 刻画的.

A. 定类尺度

B. 定序尺度

C. 定距尺度

D. 定比尺度

3. 历史数据是否适用于反映当前关心的问题, 这是对数据 ( ) 的考量.

A. 完整性

B. 准确性

C. 有效性

D. 充分性

4. 试着还原数据收集现场和整个收集过程, 这是对数据 ( ) 的分析和理解.

A. 范围

B. 来源

C. 结构性

D. 时序关系

5. 请描述数据的不一致问题. 如何诊断数据的不一致问题?

6. 业务理解先于数据理解, 原因之一是数据质量取决于业务需求和研究目标. 请列举两项数据质量指标, 阐述它们如何受到研究目标的影响.

7. 数据来源的相关信息可以为数据质量的分析提供哪些帮助?

8. 若数据中存在代表性、准确性、完整性、有效性和充分性问题, 在数据准备阶段可以解决哪些问题? 如何解决?

9. 请阐述数据理解流程. 为帮助读者较为全面地理解数据, 数据分析报告作者应如何介绍数据?

10. 针对第十二章天猫用户重复购买预测案例, 按照 2.3 节中的流程, 分析数据特点. (提示: 该案例分析了各数据集的数据特点, 读者可参考相关内容.)

参考文献

[1] BALLOU D P, TAYI G K. Enhancing data quality in data warehouse environments. Communications of the ACM, 1999, 42(1): 73–78.

[2] WANG R Y, STRONG D M. Beyond accuracy: What data quality means to data consumers. Journal of Management Information Systems, 1996, 12(4): 5–33.

[3] WICKHAM H. Tidy data. Journal of Statistical Software, 2014, 59(10): 1–23.

[4] YU B, BARTER R L. Veridical Data Science. Cambridge: MIT Press, 2024.

[5] 郁彬. 数据科学中的“数据智慧”. 张心雨, 吕翔, 译. 中国计算机学会通讯, 2016, 12(1): 51–53.

第二部分

数据清理

第三章

清洗脏数据

实际业务中获得的数据并不都是正确的, 常常不可避免地存在着不完整、不一致、不准确和重复的数据, 这些数据统称为“脏数据 (dirty data)”, 包括重复值、无效值、错误值、离群值和缺失值等. 脏数据可能使数据分析过程陷入混乱, 导致不可靠的结果. 因此需要仔细清理脏数据, 从而提升数据质量, 使得数据满足分析的需求.

在清洗之前, 需要识别脏数据. 常用的识别方法包括:

(1) 还原数据收集过程, 考察收集过程中可能出现的数据质量问题;

(2) 结合实际业务知识, 采用一定的逻辑规则, 借助于编程等方式排查脏数据;

(3) 采用探索性数据分析方法, 找出错误值和无效值等.

清洗脏数据的方式可以简略归纳为两种: 第一种方法是丢弃脏数据; 第二种方法是替换修正脏数据. 无论使用何种处理方式, 都会涉及修改数据, 需要相当谨慎. 本章主要讨论重复值、无效值和错误值这三种脏数据的识别及其处理. 离群值和缺失值的处理分别在第四章和第五章介绍.

重复值包括重复的变量和样本观测, 常出现在由多源数据合并后的数据集中. 例如, 同一个变量在两个数据库中被赋予不同的字段名, 在合并后的数据集中成为两个变量. 识别重复的变量可以通过考察数据来源和相关性分析等方式实现. 识别重复的样本观测 (所有变量取值均相同的若干个样本观测) 可采用软件包中专门的函数快速实现. 一般直接删除重复值.

注3.1 应根据实际问题和数据特点评判重复值. 某些情况下, 所有变量取值均相同的两个样本观测可能并非重复值. 例如, 一位用户一天内在一个商家两次购买了同一件商品, 若时间戳仅精确到日期且忽略订单号这类信息, 则用户行为日志数据集中可能出现两条完全相同的样本观测. 此时, 不应将两条样本观测视作重复值, 亦不能以删除其中一条样本观测的方式予以处理.

无效值包括无效的变量和样本观测, 一般需要结合实际业务和数据分析需求予以判断. 例如, 在数据库中附加的一些字段解释、与本次分析无关的变量和样本观测等, 都可能属于无效数据, 此时可删除无效值. 此外, 当一个变量中出现不同类型的取值时, 可能存在无效值 (例如, 数值型变量中的字符串取值), 此时可通过借助相关信息修正无效值, 或将无效值替换为缺失值, 留待后续处理.

错误值属于噪声数据, 包括各种与实际情况不相符的数值. 研究表明, 约 40% 的数据集中含有错误值 (Fayyad et al., 2003). 相对于重复值和无效值, 错误值对数据分析的危害更大, 可能导致出现严重背离实际情况的分析结果, 因而尤其需要关注. 错误值可能有多种来源, 例如, 在问卷调查中, 由于被调查者记忆或填写错误, 导致采集了错误的数据; 在数据处理中, 工作人员可能使用了错误的公式或代码衍生特征, 等等. 某些错误值难以被识别, 例如, 由被调查者填写的部分错误数据, 因为我们往往不知道其真实值, 难以比对识别. 但也存在一部分可被识别的错误值, 例如, 与实际业务或经验相违背的取值, 或者可借助于其他变量的信息进行逻辑判断的错误值. 当错误值能被识别时, 可以考虑借助相关变量的信息予以修正; 若暂时无法修正, 可将错误值替换为缺失值, 留待后续处理.

注3.2 通常情况下, 不建议采用删除的方式处理无效值和错误值, 因为删除这些值往往意味着删除相应的样本观测, 可能引起样本偏差. 对它们作修正或替换为缺失值, 都可能更有效地避免或减小样本偏差.

例3.1 丁钢 (2010) 描述了中国中小学教师专业发展状况调查项目的情况: 经过多阶段随机抽样, 入样的中小学教师到达所在校的机房, 进行问卷填答. 问卷题目均为选择题, 题目间的关联跳转是自动的, 待所有题目填答完成才能成功提交. 这些操作方式较好地保证了数据质量, 避免了重复值、无效值和缺失值等问题.

但是, 错误值仍然难以避免. 数据分析人员对问卷数据中的部分变量进行逻辑错误识别, 识别规则包括如表 3.1 所示的十项, 如年龄过小、所教课程与学校类型不相符等. 按照上述规则编程运行, 识别到了一些错误值. 数据分析人员提出了一些替换修正错误值的方案. 例如, 对于小于 16 的年龄值, 以与该被调查者同类教师的平均年龄进行替换修正[①].

清洗脏数据时需要注意:

(1) 清洗过程中, 应保留原始数据, 即清洗产生的变量应额外添加, 而非直接替换原始变量. 直到最终的清洗工作结束时, 从中提取所需的变量, 构建为新的数据集. 这样可以保证, 在数据准备阶段各项处理反复进行的过程中, 适时检查和调整.

(2) 应反复检查清洗过程和结果, 避免出错.

---

① 可参看丁钢 (2010) 附录 C 关于替换修正规则的详细描述.

序号	可能的逻辑错误
1	年龄 < 16
2	学位年份 – 出生年份 < 16
3	教师资格证年份 – 出生年份 < 16
4	目前职称年份 – 出生年份 < 16
5	获得特级教师年份 – 出生年份 < 16
6	年龄 – 教龄 < 16
7	年龄 $+ 4 <$ 由学历推断的年龄
8	课程与学校类型不符 (如, 小学教师选择了物理课)
9	课程门数与具体课程的填写结果不符
10	课程的课时数设置与教育部规定不符

◀ 表 3.1
数据逻辑错误示例

本章小结

1. 思维导图

- 清洗脏数据思维导图
  - 1 识别脏数据
    - 基于数据收集过程
    - 采用一定的逻辑规则
    - 采用探索性数据分析方法
  - 2 清洗脏数据
    - 丢弃法
      - 删除重复值、无效值、缺失值和离群值等
    - 替换法
      - 修正无效值和错误值, 插补缺失值, 替换离群值等

2. Python 函数

表 3.2 列出了识别和处理重复样本观测的 Python 函数.

内容	函数名称与所属模块	重要参数	应用提示
识别重复的样本观测	duplicated (pandas)	keep: 标记重复的样本观测. 默认值为 ‘first’, 将第一次出现的重复样本观测标记为 False, 其余的重复观测标记为 True. 若取值为 ‘last’, 将最后一次出现的重复样本观测标记为 False, 其余的重复观测标记为 True. 若取值为 False, 标记所有的重复观测为 True	—
删除重复的样本观测	drop_duplicates (pandas)	(1) keep: 保留哪些重复的样本观测. 默认值为 ‘first’, 保留第一次出现的重复样本观测, 删除其余的重复观测. 若取值为 ‘last’, 保留最后一次出现的重复样本观测, 删除其余的重复观测. 若取值为 False, 删除所有的重复样本观测. (2) inplace: 是否更改现有数据集. 默认值为 False, 即保留现有数据集, 产生一个新的删除了重复样本观测的数据集. 若取值为 True, 将更改现有数据集, 即删除其中的重复样本观测	—

▶ 表 3.2 识别和处理重复样本观测的 Python 函数

习题

1. 下面有三种关于清洗脏数据的观点: (1) 重复值属于脏数据, 可以删除; (2) 无效值属于脏数据, 可以删除或修正替换; (3) 错误值属于脏数据, 可以删除或修正替换. 其中哪些观点是正确的? (　　)

A. (1) 和 (2)

B. (1) 和 (3)

C. (2) 和 (3)

D. (1) (2) 和 (3)

2. 用户行为日志数据集中出现了两条完全相同的样本观测, 即一位用户一天内在一个商家两次购买了同一件商品. 考虑到用户有可能在一天内从一个商家多次购买同一件商品, 因此 (　　).

A. 这两条样本观测为重复值, 应删除其中一条

B. 这两条样本观测为无效值, 应删除它们

C. 这两条样本观测为错误值, 应删除它们

D. 这两条样本观测为正常值, 应保留它们

3. 下列哪一项说法是错误的? (　　)

A. 发现用于收集数据的测量仪器出现了问题, 表明测量结果为错误值

B. 由业务知识发现一个样本观测的两个变量取值矛盾, 表明出现了错误值

C. 采用探索性数据分析, 发现变量中存在不可能在业务中发生的值, 则该值为错误值

D. 某企业的业务拓展至海外, 出现了在国内业务中未曾出现过的值, 则该值一定是错误值

4. 若衍生特征时计算公式出现了错误, 一定会导致 (　　).

A. 重复值

B. 无效值

C. 错误值

D. 离群值

5. 如何针对多个关联型数据集 (例如, 用户日志和用户基本信息两个数据集) 识别和清洗脏数据?

6. 脏数据会影响哪些方面的数据质量 (包括代表性、准确性、完整性、有效性、充分性)?

7. 如何检查错误值的修正值是否合理和准确?

8. 针对第十二章天猫用户重复购买预测案例, 分析重复值、无效值和错误值, 并作适当的处理. (提示: 该案例开展了清洗脏数据工作, 读者可参考相关内容.)

参考文献

[1] FAYYAD U M, PIATETSKY-SHAPIRO G, UTHURUSAMY R. Summary from the KDD-03 panel - data mining: the next 10 years. ACM SIGKDD Explorations Newsletter, 2003, 5(2): 191–196.

[2] 丁钢. 中国中小学教师专业发展状况调查与政策分析报告. 上海: 华东师范大学出版社, 2010.

第四章 离群值处理

离群值 (outlier) 有时也被称为异常值, 通常出现在定量变量之中. 目前尚缺乏关于离群值的严格定义, Hawkins (1980) 给出了离群值的一个直观定义:

定义 4.1　离群值是一个观测值, 它偏离了其他观测值, 以至于怀疑它产生于不同机制.

按照这一定义, 那些与绝大多数数据值明显不协调的数值即为离群值①. 离群值属于噪声数据, 对数据分析可能产生一定的影响, 包括:

(1) 离群值可能影响数据准备阶段的处理效果. 例如, 在数据规范化 (标准化或最小值–最大值规范化) 中, 离群值可能导致大部分数据集中在一个小范围之内.

(2) 离群值可能影响分析的准确性. 根据受离群值影响的程度, 统计学方法可以分为两类: 不易受离群值影响的方法属于稳健的 (robust) 方法, 否则为非稳健的方法. 也就是说, 离群值对于非稳健的方法具有一定的影响. 例如, 普通最小二乘回归属于非稳健的方法, 离群值可能对其分析结果产生较大的影响, 使得模型拟合效果欠佳.

因此, 有必要在数据准备阶段识别离群值, 并对离群值进行一定的处理.

4.1　离群值处理概述

一般, 离群值处理中的关键是识别出离群值. 实际上, 离群值识别并不局限于数据准备的需求, 其功能还包括: (1) 欺诈检测 (fraud detection); (2) 发现数据收集过程的问题 (如, 错误的测量工具和测量方式); (3) 考察假定的分布是否合理; (4) 发现新颖的数值或数据结构.

---

① 某些情况下, 那些偏离既定模型很远的数值也可以看作离群值, 但因为数据准备阶段往往不涉及某种既定模型, 所以此处不讨论这类离群值.

常用的离群值识别方法[①]主要有三类:

(1) 第一类是基于分布的 (distribution-based) 方法. 这一类方法利用小概率原理, 即当落入一个概率较小的取值范围时, 数据值为离群值的可能性较大, 从而被识别为离群值. 典型的方法有 Z 分数、箱线图和椭圆包络.

(2) 第二类是基于密度 (density-based) 或距离的 (distance-based) 方法. 这一类方法基于数据点之间的聚集情况, 将远离大部分数据点聚集区域的数值识别为离群值. 典型的方法有局部离群点因子和聚类方法.

(3) 第三类是基于模型的 (model-based) 方法. 这一类方法的特点是借助模型识别离群值, 典型的方法有孤立森林和单类支持向量机.

本章后续各小节将分别介绍几种常用的离群值识别方法 [②].

对于识别出的离群值, 需要分析导致离群值的原因, 并结合后续数据分析要求进行处理. 针对离群值的处理方式有多种, 例如:

(1) 保留离群值. 若在后续的数据分析中可以采用稳健的方法, 那么离群值的影响较为有限, 可以考虑保留离群值, 从而尽量保留数据信息.

(2) 替换离群值. 可采用一定的方法替换离群值, 例如, 设定一个合理的取值范围, 将离群值替换为与其最相近的范围内取值; 通过数据离散化方法对定量变量分箱 (此时, 定量变量转换为区间型取值的定序变量), 以一个区间替换离群值; 或者以缺失值替换离群值, 随后可结合缺失值处理方法进一步处理.

(3) 删除离群值. 若离群值对后续数据分析可能存在较大影响, 可以考虑删除离群值, 也即删除含有离群值的样本观测.

注4.1 一般, 并不推荐删除样本观测的处理方式, 因为它往往导致样本数据的代表性降低, 从而增大推断的偏差. 相对而言, 保留离群值的处理方式优于替换离群值, 且二者都优于删除离群值的处理方式.

4.2 一元变量的离群值识别

本节介绍两种方法, 它们分别基于 (修正的) Z 分数和箱线图识别一元变量的离群值, 都属于基于分布的方法.

4.2.1 Z 分数与修正的 Z 分数

Z 分数 (Z-score) 来源于统计学中的 3σ 原则 (three sigma rule). 3σ 原则表明, 若随机变量服从均值为 μ、标准差为 σ 的正态分布, 则变量取值落

---

① 有许多欺诈检测算法可用于识别离群值, 但超出了本书范围. 本书仅介绍通用的离群值识别方法, 并非专门针对欺诈检测问题.

② 采用聚类分析方法, 将样本量较少类别中的样本观测识别为离群值, 这是离群值识别的一种直观方法. 它所涉及的技术主要是聚类分析, 这里不作介绍, 感兴趣的读者请查阅多元统计分析相关书籍.

入 $\mu \pm 3\sigma$ 以外的概率约为 0.3%, 是一个小概率. 根据小概率原理, 我们认为在一次试验中, 小概率事件不会发生, 因此对变量取值落入 $\mu \pm 3\sigma$ 以外的事件产生怀疑, 认为这些取值可能“非正常”, 从而将它们判别为离群值. 当 $\sigma > 0$ 时, 通过对随机变量 X 作中心平移和尺度变换, 构造 Z 分数:

$$Z = \frac{X - \mu}{\sigma}.$$

Z 分数的期望值为 0, 标准差为 1, 是标准化的值. 相应地, 我们将 Z 分数落入 $[-3, 3]$ 以外的数据值判别为离群值.

应用 Z 分数时, 需要 μ 和 σ 两个参数值, 当它们未知时一般用样本均值和样本标准差予以估计. 当 $s > 0$ 时, Z 分数的计算公式为

$$z_i = \frac{x_i - \bar{x}}{s}, \quad i = 1, \cdots, n,$$

其中, 样本均值 $\bar{x} = \sum_{i=1}^{n} x_i / n$, 样本标准差 $s = \sqrt{\sum_{i=1}^{n} (x_i - \bar{x})^2 / (n-1)}$.

但是, 样本均值和样本标准差会受到离群值的影响, 导致估计不准确, 从而影响 Z 分数识别离群值的效果. 基于这一考虑, 修正的 Z 分数 (modified Z-score) 被提出, 其计算公式为

$$m_i = \frac{0.6745\,(x_i - Q_M)}{\text{MAD}}, \quad i = 1, \cdots, n, \tag{4.1}$$

其中, Q_M 为 $\{x_1, \cdots, x_n\}$ 的中位数, MAD 是以中位数为中心的绝对离差的中位数 (the median of the absolute deviations about the median), 即 $\{|x_i - Q_M|, i = 1, \cdots, n\}$ 的中位数①. 修正的 Z 分数引入了常数项 0.6745, 其原因是当样本量 n 很大时, MAD 的期望值为 0.6745σ. Iglewicz & Hoaglin (1993) 基于正态分布样本的随机模拟结果, 提出以 ± 3.5 作为离群值的判别临界值, 即将修正的 Z 分数落入 $[-3.5, 3.5]$ 以外的数据值判别为离群值.

注4.2 修正的 Z 分数针对服从正态分布的变量. 若变量不服从正态分布, 需要仔细考察离群值的判别规则是否导致小概率. Vysochanskiĭ–Petunin 不等式 (Vysochanskiĭ & Petunin, 1980) 表明, 对于单峰分布, $P(|X - \mu| > 3\sigma) \leqslant \frac{4}{81} < 0.05$. 因此, 若 μ 和 σ 已知, Z 分数对于单峰分布的离群值识别是有效的.

例4.1 从二元正态分布 $N\left(\begin{pmatrix} 0 \\ 0 \end{pmatrix}, \begin{pmatrix} 1 & -0.5 \\ -0.5 & 1 \end{pmatrix}\right)$ 中产生四个随机数 (保留到 1 位小数): $(-1.3, 1.7)$, $(0.3, 2.0)$, $(-2.1, 1.1)$, $(-0.9, 0.7)$. 在

① (4.1) 式适用于 MAD 大于 0 的情况.

此基础上加入一个数据点 $(10, 10)$, 直观上看, 它离其他四个数据点较远, 可被视为离群值. 基于这五个样本观测, 分别计算两个维度上的样本均值和样本标准差, 得到

$$\bar{x}_1 = 1.2,\ s_1 \approx 4.99,\ \bar{x}_2 = 3.1,\ s_2 \approx 3.89.$$

表 4.1 列出了五个样本观测在两个维度上的 Z 分数值.

统计量	(−1.3, 1.7)	(0.3, 2.0)	(−2.1, 1.1)	(−0.9, 0.7)	(10, 10)
Z 分数值 (维度 1)	−0.50	−0.18	−0.66	−0.42	1.76
Z 分数值 (维度 2)	−0.36	−0.28	−0.51	−0.62	1.77
修正的 Z 分数值 (维度 1)	−0.22	0.67	−0.67	0	6.13
修正的 Z 分数值 (维度 2)	0	0.34	−0.67	−1.12	9.33

◀ 表 4.1
Z 分数值与修正的 Z 分数值

为计算修正的 Z 分数, 分别计算两个维度上的中位数和 MAD, 得到

$$Q_{M1} = -0.9,\ \mathrm{MAD}_1 = 1.2,\ Q_{M2} = 1.7,\ \mathrm{MAD}_2 \approx 0.6.$$

从而, 可获得五个样本观测在两个维度上修正的 Z 分数值 (见表 4.1).

由表 4.1 可知, 前四个样本观测在两个维度上的 Z 分数值和修正的 Z 分数值均落入正常取值区域, 未被判别为离群值. 数据值 (10,10) 在两个维度上的 Z 分数值均落入 $[-3, 3]$, 因而两个维度上都未被识别为离群值. 但它在两个维度上修正的 Z 分数值都落在 $[-3.5, 3.5]$ 以外, 因而在两个维度上都被识别为离群值.

从例 4.1 可以看出, μ 和 σ 的估计容易受到离群值的影响, 从而可能导致应用 Z 分数时无法灵敏地识别出离群值. 相对而言, 修正的 Z 分数更为稳健, 识别离群值的效果更好.

在例 4.1 中, 我们未考虑两个维度的关联性, 独立地识别各维度上的离群值, 这可能会影响离群值识别的效果. 如何解决这一问题呢? 请读者积极思考, 我们将在 4.3 节椭圆包络方法中介绍一种解决方案.

4.2.2 箱线图

箱线图 (box plot) 方法由 Tukey (1977) 提出. 箱线图由一个箱体 (box) 和两根线条 (whisker) 构成, 因此得名 "箱线图".

箱线图基于四个统计量构造, 分别是: 下四分位数 Q_L、中位数 Q_M、上四分位数 Q_U 和四分位距 IQR (inter quartile range), 其中, Q_L、Q_M 和 Q_U 分别是数据的 25%、50% 和 75% 分位数, IQR$= Q_U - Q_L$ 用以刻画中间 50% 数据的离散程度. 在箱线图中, 将 Q_L 和 Q_U 连接构成一个箱体, 并在中位数的位置划一竖线予以标识; 从箱体两端出发, 各延伸 1.5 倍[①]IQR, 作出线

① 1.5 倍并非由严格的推导获得, 只是经验值, 参见文献 Tukey (1977).

条. 落在线条与箱体范围内的数值, 即落入 $[Q_L - 1.5\,\mathrm{IQR},\ Q_U + 1.5\,\mathrm{IQR}]$ 的数值, 被认为是正常值; 而落在 $[Q_L - 1.5\,\mathrm{IQR},\ Q_U + 1.5\,\mathrm{IQR}]$ 以外区域的数值被看作离群值, 如图 4.1 所示. 当变量服从正态分布时, 其取值落在 $[Q_L - 1.5\,\mathrm{IQR},\ Q_U + 1.5\,\mathrm{IQR}]$ 以外区域的概率约为 0.7%, 是一个小概率. 此时, 箱线图方法符合小概率原理.

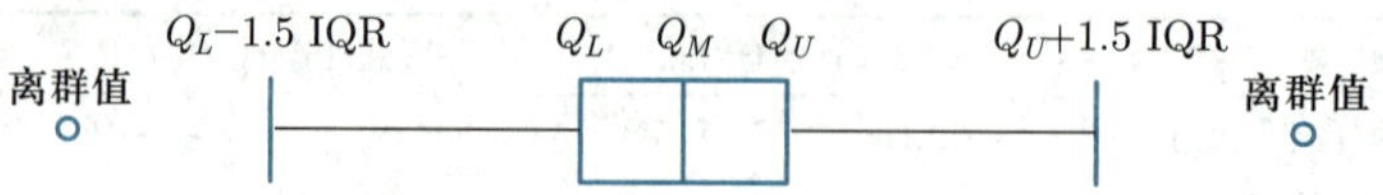

▶ 图 4.1 箱线图

注4.3 需要注意, 当变量不服从正态分布时, 变量取值落在 $[Q_L - 1.5\,\mathrm{IQR},\ Q_U + 1.5\,\mathrm{IQR}]$ 以外区域的概率不一定是小概率, 此时所识别的离群值不一定准确. 对称型的厚尾分布或非对称型分布都可能出现这种问题. 例如, 当变量服从均值为 0、标准差为 1 的对数正态分布时, 取值大于 $Q_U + 1.5\,\mathrm{IQR}$ 的概率超过 7%. 针对这一问题, 已经有一些解决方案 (如 Hubert & Vandervieren, 2008), 这里不作展开.

由于箱线图中所使用的统计量较为稳健, 因此箱线图不太容易受到离群值的影响. 下面的例子体现了这一点.

例4.2 基于例 4.1 中的五个样本观测, 分别得到两个维度的分位数值①:

$$Q_{L1} = -1.3, \quad Q_{M1} = -0.9, \quad Q_{U1} = 0.3,$$
$$Q_{L2} = 1.1, \quad Q_{M2} = 1.7, \quad Q_{U2} = 2.0.$$

由此, 得到箱线图 (如图 4.2 所示). 数据值 (10, 10) 在两个维度上都未落入 $[Q_L - 1.5\,\mathrm{IQR},\ Q_U + 1.5\,\mathrm{IQR}]$, 因而被识别为离群值. 这体现了箱线图利用稳健统计量识别离群值的优势.

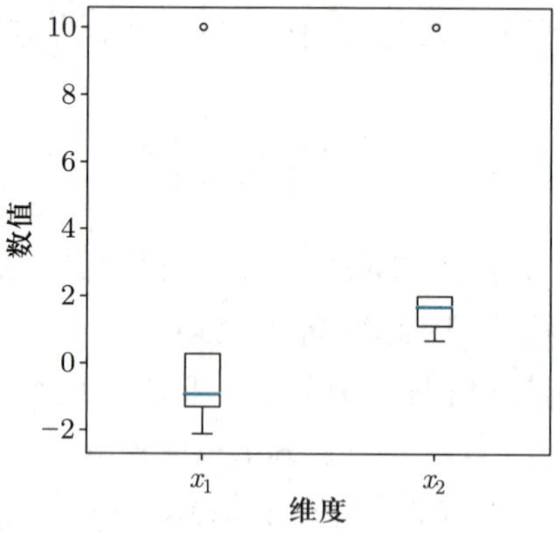

▶ 图 4.2 五个数据点形成的箱线图

① 分位数有多种计算方法. 这里的分位数按照 Python numpy 库中 percentile 函数获得, 方法是将最小值和最大值分别作为 0% 和 100% 的位置, 然后在剩余的数值中 (假定有 k 个数值), 以 $k+1$ 乘指定的百分位作为分位数的位置, 通过线性插补获得分位数.

4.3 椭圆包络

椭圆包络 (elliptic envelope) 类似于 Z 分数方法, 根据变量的分布找出小概率区域, 将落入小概率区域的数值识别为离群值. 这里的关键问题是如何找出离群值区域, 即小概率区域.

回顾 Z 分数方法, 当 $\sigma > 0$ 时, 离群值区域可表示为

$$\left\{x : \frac{(x-\mu)^2}{\sigma^2} > 9\right\}.$$

类似地, 对于多元随机变量 $\boldsymbol{X}$, 可以通过 $(\boldsymbol{X}-\boldsymbol{\mu})^{\mathrm{T}}\boldsymbol{\Sigma}^{-1}(\boldsymbol{X}-\boldsymbol{\mu})$ 构造离群值区域, 其中 $\boldsymbol{\mu}$ 和 $\boldsymbol{\Sigma}$ 分别为 $\boldsymbol{X}$ 的均值 (为列向量) 和协方差矩阵 (假定为可逆矩阵). 设置临界值 $\gamma(>0)$, 可以构造离群值区域

$$\left\{\boldsymbol{x} : (\boldsymbol{x}-\boldsymbol{\mu})^{\mathrm{T}}\boldsymbol{\Sigma}^{-1}(\boldsymbol{x}-\boldsymbol{\mu}) > \gamma\right\}.$$

可以看到, 离群值区域与正常值区域的分界线由满足 $\{\boldsymbol{x} : (\boldsymbol{x}-\boldsymbol{\mu})^{\mathrm{T}}\boldsymbol{\Sigma}^{-1}(\boldsymbol{x}-\boldsymbol{\mu}) = \gamma\}$ 数值构成, 它们恰好构成一个椭球面. 因此, 该方法被称为椭圆包络.

4.3.1 参数的稳健估计: MCD 方法

在椭圆包络方法中, 需要两个参数值, 即均值 $\boldsymbol{\mu}$ 和协方差矩阵 $\boldsymbol{\Sigma}$. 实际应用中, 它们往往未知, 需要作出估计. 通常以样本均值估计 $\boldsymbol{\mu}$, 以样本的协方差矩阵估计 $\boldsymbol{\Sigma}$. 但是, 样本均值和样本协方差矩阵都会受到数据中离群值的影响, 最直接的做法是先剔除离群值, 然后再作估计. 这就产生了矛盾: 我们为了识别离群值, 所以需要估计 $\boldsymbol{\mu}$ 和 $\boldsymbol{\Sigma}$; 但为了获得好的参数估计值需要先剔除离群值, 仿若一个 “鸡生蛋, 蛋生鸡” 的死循环.

如何解决这个矛盾呢? 突破点只能是在不作离群值识别的前提下, 获得不易受离群值影响的参数估计, 称为稳健估计 (robust estimate). 在椭圆包络中, 采用 MCD (minimum covariance determinant) 方法获得参数的稳健估计.

由于离群值的存在会增大数据的波动, 因此数据的波动越小, 存在离群值的可能性就越小. 由此, 可以通过数据的波动来反映离群值存在的可能性. 多元数据的波动可以通过样本协方差矩阵的行列式值予以反映, 样本协方差矩阵的行列式值越小, 表明数据的波动越小, 此时存在离群值的可能性就越小.

基于上述原理, MCD 方法的主要思路是: 寻找使得样本协方差矩阵的行列式值最小的 h 个样本观测, 以它们作为不存在离群值的 “纯净” 总体代

表, 从而获得参数的稳健估计. Rousseeuw & van Driessen (1999) 认为, h 的取值应落入区间 $[(n+p+1)/2,\ n]$, 其中 n 是样本量, $p(<n)$ 是变量的维数.

那么, 如何获得这 h 个样本观测呢? 若样本量不太大, 可以穷举搜索所有由 h 个样本观测组合的数据集, 此时, 共有 C_n^h 个数据集. 通过比较各数据集中样本协方差矩阵的行列式值, 可以获得使行列式值达到最小的 h 个样本观测.

例 4.3 将例 4.1 中的五个样本观测 $(-1.3, 1.7)$, $(0.3, 2.0)$, $(-2.1, 1.1)$, $(-0.9, 0.7)$, $(10, 10)$ 标记为序号 1 至 5. 取 $h=4$, 获得 $C_5^4=5$ 种样本观测组成的数据集, 各数据集样本协方差矩阵的行列式值如表 4.2 所示.

▶ 表 4.2
各样本观测组合下协方差矩阵的行列式值

样本观测序号	{1,2,3,4}	{1,2,3,5}	{1,2,4,5}	{1,3,4,5}	{2,3,4,5}
协方差矩阵的行列式值	0.14	3.25	5.06	7.12	5.68

本例中, 非离群值数据的真实分布为二元正态分布

$$N\left(\begin{pmatrix}0\\0\end{pmatrix},\begin{pmatrix}1 & -0.5\\-0.5 & 1\end{pmatrix}\right),$$

其协方差矩阵的行列式值为 0.25. 可以看到, 若数据集中含有序号为 5 的样本观测, 则协方差矩阵的行列式值都远大于 0.25, 反映了离群值对协方差矩阵的估计有较大影响. 序号为 1 至 4 的样本观测所构成的数据集, 其协方差矩阵的行列值最小, 符合 MCD 的要求. 此时, 参数估计值为①

$$\hat{\boldsymbol{\mu}}=\begin{pmatrix}-1\\1.38\end{pmatrix},\quad \hat{\boldsymbol{\Sigma}}=\frac{1}{n}(\boldsymbol{X}-\bar{\boldsymbol{X}})^{\mathrm{T}}(\boldsymbol{X}-\bar{\boldsymbol{X}})\approx\begin{pmatrix}0.75 & 0.24\\0.24 & 0.26\end{pmatrix}.$$

注 4.4 由于 MCD 方法围绕单一中心刻画"纯净"总体, 因此 MCD 方法仅适用于两边对称的单峰分布.

4.3.2 Fast-MCD 算法

当样本量较大时, 通过穷举搜索寻找 MCD 方法的最优解效率不高. Rousseeuw & van Driessen (1999) 提出以迭代的方式实现 MCD 方法, 以获得其近似解. 首先进行**初始化处理**:

(1) 从全体样本观测 $\boldsymbol{x}_1,\cdots,\boldsymbol{x}_n$ 中随机取 $p+1$ 个样本观测, 得到协方差矩阵的估计 $\hat{\boldsymbol{\Sigma}}$. 若 $|\hat{\boldsymbol{\Sigma}}|=0$, 再随机抽取 1 个样本观测加入, 循环直到

① scikit-learn 中 covariance.EllipticEnvelope 函数采用样本离差矩阵除以样本量 n 作为协方差矩阵的估计, 而未使用无偏估计 (即除以 $n-1$). 这里按照 EllipticEnvelope 函数计算, 便于理解代码结果.

$|\hat{\boldsymbol{\Sigma}}| > 0$. 记由这些样本观测所获得的均值的估计为 $\hat{\boldsymbol{\mu}}_{\text{old}}$, 协方差矩阵的估计为 $\hat{\boldsymbol{\Sigma}}_{\text{old}}$.

(2) 计算所有样本观测 $\boldsymbol{x}_1, \cdots, \boldsymbol{x}_n$ 的马哈拉诺比斯距离 (Mahalanobis distance, MD, 简称马氏距离) 的平方值:

$$\text{MD}^2(\boldsymbol{x}_i; \hat{\boldsymbol{\mu}}_{\text{old}}, \hat{\boldsymbol{\Sigma}}_{\text{old}}) = (\boldsymbol{x}_i - \hat{\boldsymbol{\mu}}_{\text{old}})^{\text{T}} \hat{\boldsymbol{\Sigma}}_{\text{old}}^{-1} (\boldsymbol{x}_i - \hat{\boldsymbol{\mu}}_{\text{old}}),\ i = 1, \cdots, n.$$

(3) 按照 MD^2 值从小到大的顺序对样本观测排序, 取排在前 h 位的样本观测组成集合$H = \left\{\boldsymbol{x}_{(1)}, \cdots, \boldsymbol{x}_{(h)}\right\}$. 采用 H 中全体数据, 获得参数估计的更新值 $\hat{\boldsymbol{\mu}}$ 和 $\hat{\boldsymbol{\Sigma}}$.

随后, 进行若干次迭代直至满足迭代停止规则. 其中的一次迭代 (称为 C-step) 步骤为:

(1) 基于 $\hat{\boldsymbol{\mu}}$ 和 $\hat{\boldsymbol{\Sigma}}$, 计算所有样本观测的 MD^2 值, 即$\text{MD}^2(\boldsymbol{x}_i; \hat{\boldsymbol{\mu}}, \hat{\boldsymbol{\Sigma}})$ $(i = 1, \cdots, n)$;

(2) 按照 MD^2 值从小到大的顺序对所有样本观测排序, 取排在前 h 位的样本观测组成的集合作为 H 的更新, 并相应更新参数估计值 $\hat{\boldsymbol{\mu}}$ 和 $\hat{\boldsymbol{\Sigma}}$.

迭代收敛停止规则是: $|\hat{\boldsymbol{\Sigma}}| = 0$ 或两次迭代产生的 $|\hat{\boldsymbol{\Sigma}}|$ 差异很小.

但是, 上述迭代方法所产生的参数估计值会受到初始入样数据点的影响, 即使最终迭代收敛, 也不能保证是 (近似) 最优解. 可以设想, 若初始入样的样本观测中包含离群值, 那么这些离群值可能一直存在于各次迭代更新后的集合 H 中, 从而影响最终的参数估计值. 为解决这一问题, Rousseeuw & van Driessen (1999) 提出 Fast-MCD 算法, 通过 "广撒网" 的方式涵盖更多的初始入样数据点, 并兼顾搜索和迭代效率, 以提高算法有效性. 当 $h < n$ 且 $p \geqslant 2$ 时, Fast-MCD 算法根据样本量 n 的大小, 分别采用两种方案.

当 n 较小时 (如, $n \leqslant 600$)① , Fast-MCD 算法步骤为:

(1) 初始化处理加两次 C-step, 这一操作重复 500 次, 产生 500 组参数估计值 $\hat{\boldsymbol{\mu}}$ 和 $\hat{\boldsymbol{\Sigma}}$;

(2) 从 (1) 产生的 500 组参数估计值中挑选 10 个协方差矩阵行列式值最小者, 分别运行 C-step 直至收敛;

(3) 从 (2) 获得的 10 组参数估计值中挑选协方差矩阵行列式值最小者, 作为最终的参数估计值.

当 n 较大时 (如, $n > 600$) , Fast-MCD 算法步骤为:

(1) 通过随机划分或抽样, 构建若干互不重叠的样本子集, 每个子集样本量约为 300, 最多为 5 个子集②;

① Rousseeuw & van Driessen (1999) 中以 600 作为样本量大小的判断标准, 而 scikit-learn 的 EllipticEnvelope 函数是以 500 作为标准, 即当 $n \leqslant 500$ 时认为 n 较小, 否则认为 n 较大.

② 当 $n \leqslant 1500$ 时, 通过随机划分得到样本子集; 当 $n > 1500$ 时, 应先无放回地抽取 1500 个样本观测, 然后将它们均等地分为 5 个组.

(2) 对每一样本子集: 作初始处理加 2 次 C-step, 这一操作重复 100 次, 产生 100 组参数估计值 $\hat{\boldsymbol{\mu}}$ 和 $\hat{\boldsymbol{\Sigma}}$, 从中挑选 10 个协方差矩阵行列式值最小的参数估计值;

(3) 汇总上述各样本子集数据, 对 (2) 中产生的所有参数估计值, 分别作 2 次 C-step, 这一操作重复 50 次. 从中挑选 10 个协方差矩阵行列式值最小的参数估计值;

(4) 基于全体 n 个样本观测, 对 (3) 中产生的 10 组参数估计值, 分别作若干次 C-step (最好是直到收敛) . 从中挑选协方差矩阵行列式值最小者, 作为最终的参数估计值.

4.3.3 判别临界值 γ 的确定

获得稳健估计量 $\hat{\boldsymbol{\mu}}$ 和 $\hat{\boldsymbol{\Sigma}}$ 后, 可以构建椭圆包络方法的离群值区域

$$\left\{\boldsymbol{x}: \mathrm{MD}^2(\boldsymbol{x};\hat{\boldsymbol{\mu}},\hat{\boldsymbol{\Sigma}}) = (\boldsymbol{x}-\hat{\boldsymbol{\mu}})^{\mathrm{T}}\hat{\boldsymbol{\Sigma}}^{-1}(\boldsymbol{x}-\hat{\boldsymbol{\mu}}) > \gamma\right\},$$

其中, γ 决定了离群值区域的大小, 取值越大, 则离群值区域越小. 由于 $\mathrm{MD}^2(\boldsymbol{x};\hat{\boldsymbol{\mu}},\hat{\boldsymbol{\Sigma}})$ 的分布一般难以确定, 常用的方法是基于 $\mathrm{MD}^2(\boldsymbol{x};\hat{\boldsymbol{\mu}},\hat{\boldsymbol{\Sigma}})$ 的经验分布确定 γ 与离群值区域概率之间的关系, 从而选取 γ 值. 一种简化且直观的处理方式是取所有样本观测 MD^2 值的 $1-\alpha$ 分位数作为 γ, 其中, α 近似对应于离群值在全体样本数据中所占的比例, 该比例往往取决于主观预判.

例 4.3 (续) 基于 MCD 方法所获得的参数估计值, 计算 5 个样本观测的 MD^2 值, 分别为 1.09, 2.50, 1.64, 2.76, 306.86. 可以看出, 第 5 个数据点 $(10,10)$ 对应的 MD^2 值远大于其他数据点. 若取离群值所占比例为 0.1, 判别临界值为 5 个 MD^2 值的 90% 分位数 185.22, 形成的椭圆边界如图 4.3 所示. 可以看到, 数据值 $(10,10)$ 落在了椭圆之外, 被判为离群值. 其余 4 个数据值落入椭圆之内, 未被判为离群值.

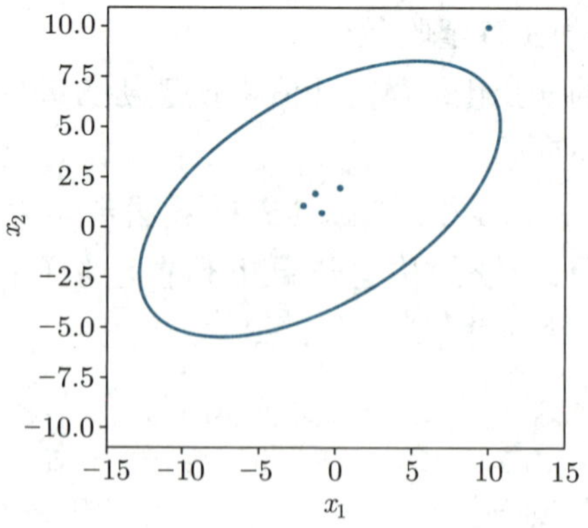

▶ 图 4.3
5 个数据点形成的椭圆包络

4.4 局部离群点因子

局部离群点因子 (local outlier factor, LOF) 是一种基于密度识别局部离群点的算法, 由 Breunig et al. (2000) 提出. 其主要思想是: 通过数据点与其 k ($k \geqslant 1$) 个邻居的距离来定义局部密度, 将数据点的局部密度与其 k 个邻居的局部密度作比较, 获得 LOF 值; 若数据点的局部密度相对较小, 则 LOF 值较大, 该数据点被判为离群点.

4.4.1 距离、邻居与密度

记数据集为 D, 数据点 p 与 o 的距离记为 $d(p,o)$, 其中 $d(\cdot,\cdot)$ 可取为常用的距离, 如欧氏距离. 为计算 LOF 值, Breunig et al. (2000) 提出了特定的距离、邻居和密度等概念.

定义 4.2　对象 p 的 k-距离 (k-distance of an object p): 若数据点 p 与另一数据点 $o \in D$ 之间的距离 $d(p,o)$ 满足以下两个条件:

(1) 至少有 k 个数据点 $o'(\in D\backslash\{p\})$ 与 p 的距离小于等于 $d(p,o)$;

(2) 最多有 $k-1$ 个数据点 $o'(\in D\backslash\{p\})$ 与 p 的距离小于 $d(p,o)$,

则称距离 $d(p,o)$ 为对象 p 的 k-距离, 记为 k-distance(p).

需要注意的是, 虽然 k-distance(p) 名称上是“距离”, 但它仅涉及一个对象, 与通常的距离是不同的. k-distance(p) 的计算方法是: 先计算数据点 p 与数据集 D 中其他所有数据点的距离, 然后按照距离从小到大排序, 排在第 k 位的距离值即为 k-distance(p). 例如, 图 4.4 中, 已知 $d(p,o_1) < d(o_1,o_2)$. 以数据点 p 为对象, 1-distance(p)$= d(p,o_1)$, 2-distance(p)$= d(p,o_2) = d(p,o_3)$; 以数据点 o_1 为对象, 1-distance(o_1)$= d(p,o_1)$, 2-distance(o_1)$= d(o_1,o_2)$.

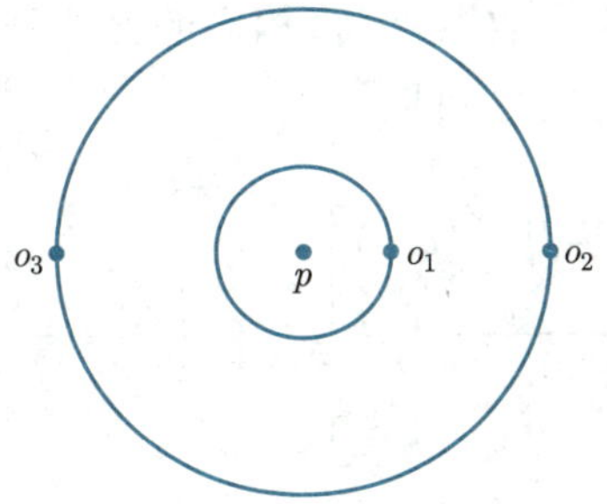

◀ 图 4.4 数据点示意图

定义 4.3　对象 p 的 k-距离邻居 (k-distance neighborhood of an object p): 与数据点 p 的距离小于等于 k-distance(p) 的所有数据点, 称为对象 p 的 k-距离邻居. 将对象 p 的 k-距离邻居所构成的集合记为

$$N_k(p) = \{q \in D\backslash\{p\} | d(p,q) \leqslant k\text{-distance}(p)\}.$$

$N_k(p)$ 包含所有与对象 p 为 k-距离邻居关系的数据点，它至少含有 k 个数据点. 当有多个数据点与 p 的距离都等于 $k\text{-distance}(p)$ 时，$N_k(p)$ 中的数据点数量会超过 k 个. 例如，以图 4.4 中数据点 p 为对象，$N_1(p) = \{o_1\}$，$N_2(p) = \{o_1, o_2, o_3\}$；以数据点 o_1 为对象，$N_1(o_1) = \{p\}$，$N_2(o_1) = \{p, o_2\}$.

定义4.4 对象 p 关于对象 o 的可达距离 (reachability distance of an object p w.r.t. object o):

$$\text{reach-dist}_k(p, o) = \max\{k\text{-distance}(o), d(p, o)\}.$$

例如, 图 4.4 中, 以数据点 p 为对象,

$\text{reach-dist}_2(p, o_1) = \max\{2\text{-distance}(o_1), d(p, o_1)\} = d(o_1, o_2)$,

$\text{reach-dist}_2(o_1, p) = \max\{2\text{-distance}(p), d(o_1, p)\} = d(p, o_2) > d(o_1, o_2) = \text{reach-dist}_2(p, o_1)$.

这个例子表明, $\text{reach-dist}_k(p, o)$ 可能不等于 $\text{reach-dist}_k(o, p)$, 从这个角度来看, 可达距离不具有对称性, 因而并非真正意义上的“距离”.

定义4.5 对象 p 的局部可达密度 (local reachability density of an object p):

$$\text{lrd}_k(p) = \left[\frac{\sum\limits_{o \in N_k(p)} \text{reach-dist}_k(p, o)}{|N_k(p)|}\right]^{-1},$$

其中, $|N_k(p)|$ 表示集合 $N_k(p)$ 的元素个数.

直观上看, 对象 p 的局部可达密度不仅取决于数据点 p 周围的密度, 还取决于其邻居周围的密集程度. 例如, 当 $k = 2$ 时, 图 4.4 中数据点 p 的 2-距离邻居集合 $N_2(p)$ 包含 3 个数据点, 将相应的 3 个可达距离平均并取倒数可获得数据点 p 的局部可达密度, 即

$$\text{lrd}_2(p) = \left[\frac{\sum\limits_{o \in N_2(p)} \text{reach-dist}_2(p, o)}{|N_2(p)|}\right]^{-1} = \frac{3}{d(o_1, o_2) + d(p, o_2) + d(o_1, o_3)}.$$

同理可以计算数据点 o_3 的局部可达密度, 由于 $N_2(o_3) = \{p, o_1\}$, 可得

$$\text{lrd}_2(o_3) = \left[\frac{\sum\limits_{o \in N_2(o_3)} \text{reach-dist}_2(o_3, o)}{|N_2(o_3)|}\right]^{-1} = \frac{2}{d(p, o_3) + d(o_1, o_3)}.$$

由于 $d(o_1, o_2) < d(p, o_2) = d(p, o_3)$, 则有 $\mathrm{lrd}_2(p) > \mathrm{lrd}_2(o_3)$. 可以看到, 相对于位于数据聚集区域的数据点 (例如, 图 4.4 中的 p), 远离聚集区域的数据点 (例如, 图 4.4 中的 o_3) 的局部可达密度更小.

4.4.2 LOF 值

基于上述邻居和密度等概念, 可以给出 LOF 值的定义.

定义4.6　对象 p 的 (局部) 离群因子 ((local) outlier factor of an object p):

$$\mathrm{LOF}_k(p) = \frac{\sum\limits_{o \in N_k(p)} \frac{\mathrm{lrd}_k(o)}{\mathrm{lrd}_k(p)}}{|N_k(p)|}.$$

由定义可知, 对象 p 的 LOF 值是 p 的邻居的局部可达密度与 p 的局部可达密度比值的平均值. 对象 p 的 LOF 值较大, 表示相对于其邻居而言, p 的局部可达密度较小, 即 p 周围聚集点较少, 那么它离群的程度较大. 因而, LOF 值刻画了数据点离群的程度, 其值越大, 表明数据点越有可能为离群点.

但是, 基于 LOF 值进行离群值判别的临界值并不明确, 难以确定当数据点的 LOF 值大到何种程度才能被判为离群点. 在 Breunig et al. (2000) 的一个实例中, 取离群值判别的 LOF 临界值为 1.5. 若我们预先了解离群值所占的比例, 可以按照该比例取所有 LOF 值相应分位数值为临界值 ①.

例4.4　将例 4.1 中的 5 个数据点 (−1.3, 1.7), (0.3, 2.0), (−2.1, 1.1), (−0.9, 0.7), (10, 10) 标记为序号 1 至 5, 取 $d(\cdot,\cdot)$ 为欧氏距离, 得到各数据点间的距离如表 4.3 所示.

序号	1	2	3	4	5
1	0	1.6	1.0	1.1	14.0
2	1.6	0	2.6	1.8	12.6
3	1.0	2.6	0	1.3	15.0
4	1.1	1.8	1.3	0	14.3
5	14.0	12.6	15.0	14.3	0

◀ 表 4.3
5 个数据点间的欧氏距离

取邻居数 $k = 2$, 以第一个数据点 (记为 o_1) 为例, 其最近的两个邻居 (第三个数据点 o_3 和第四个数据点 o_4) 与它的距离分别为 1.0 和 1.1, 因此, 2-distance(o_1)=1.1. 同理可得2-distance(o_3) = 2-distance(o_4)=1.3. 由此得到

① scikit-learn 中默认以 1.5 作为临界值. 若设定了离群值的比例, 则按照该比例取所有 LOF 值的分位数为临界值.

o_1 关于其邻居 o_3 的局部可达距离:

$$\text{reach-dist}_2(o_1, o_3) = \max\{2\text{-distance}(o_3), d(o_1, o_3)\} = \max\{1.3, 1.0\} = 1.3.$$

类似地, 可以得到 o_1 关于其第二个邻居 o_4 的局部可达距离 $\text{reach-dist}_2(o_1, o_4)$ 为 1.3. 从而,

$$\text{lrd}_2(o_1) = \left[\frac{\sum\limits_{o\in N_2(o_1)} \text{reach-dist}_2(o_1, o)}{|N_2(o_1)|}\right]^{-1} = \frac{2}{1.3+1.3} = \frac{1}{1.3}.$$

类似可以获得 $\text{lrd}_2(o_3)$ 和 $\text{lrd}_2(o_4)$, 均为 1/1.2. 因此,

$$\text{LOF}_2(o_1) = \frac{\sum\limits_{o\in N_2(o_1)} \frac{\text{lrd}_2(o)}{\text{lrd}_2(o_1)}}{|N_2(o_1)|} = \left(\frac{1.3}{1.2} + \frac{1.3}{1.2}\right) \Big/ 2 \approx 1.1.$$

类似地, 可以计算得到其他数据点的 LOF 值, 列于表 4.4 中. 可以看到, (10, 10) 对应的 LOF 值大于 1.5, 可被识别为离群点; 其他 4 个 LOF 值小于 1.5, 相应的数据点未被识别为离群点.

序号	2-distance	N_2	reach-dist_2	lrd_2	LOF_2
1	1.1	$\{3,4\}$	1.3, 1.3	1/1.3	1.1
2	1.8	$\{1,4\}$	1.6, 1.8	1/1.7	1.4
3	1.3	$\{1,4\}$	1.1, 1.3	1/1.2	1.0
4	1.3	$\{1,3\}$	1.1, 1.3	1/1.2	1.0
5	14.0	$\{2,1\}$	12.6, 14.0	1/13.3	9.0

▶ 表 4.4
各数据点 LOF 值及其计算相关值

4.4.3 邻居数量 k 的设置

Breunig et al. (2000) 指出, 邻居数量 k①是一个较为关键的参数值. 基于随机模拟的数据, Breunig et al. (2000) 呈现了 k 与 LOF_k 的关系. 结果显示, 邻居数量 k 取值不同, LOF 值的变化较大, 这表明 k 对于离群点的识别有较大的影响. Breunig et al. (2000) 建议, k 最好大于 10, 以便将 LOF 值的波动控制在较小范围, 使得 LOF 值更为稳定; 同时, k 应小于数据簇中的样本量, 即数据聚集区域中数据点个数, 以保证所找到的 k 个邻居确实相近.

① 上文提到, 对象 p 的 k-距离邻居 $N_k(p)$ 至少含有 k 个元素, 即对象 p 的邻居数量可能超过 k, 所以 k 不一定是确切的 "邻居数量". 在 scikit-learn 的 LocalOutlierFactor 函数中, 邻居数量等于 k (不会大于 k), 原因在于在 LocalOutlierFactor 函数中仅取 $N_k(p)$ 中的 k 个元素.

4.5 孤立森林

孤立森林 (isolation forest)[①]由 Liu et al. (2008) 提出, 其主要思想是: 由于离群值应是"少而不同", 即分布稀疏且离密度高的数据值群体较远, 因此在随机构建的"二叉树"中, 离群值距离根节点较近, 即路径长度较小, 从而可根据路径长度值识别离群值.

一些实证结果显示, 相对于局部离群点因子等方法, 孤立森林方法识别离群值的效果更好且计算效率更高.

4.5.1 孤立树

孤立森林由多棵随机构建的"二叉树"构成, 这些树被称为孤立树 (isolation tree, iTree). 与 CART 等决策树类似, iTree 形如一棵倒挂的树, 顶端为根节点, 其中包含了所有的样本观测; 自根节点开始, 需要通过一定的检测条件决定下行的分枝, 直至末端的叶节点 (不产生分枝的节点). 除根节点和叶节点外的节点, 都属于中间节点. 记 T 为 iTree 中的一个节点, T 要么为叶节点, 要么为根据 1 个检测条件分为 2 个分枝 (T_l, T_r) 的根节点或中间节点. 检测条件由随机选取的单一自变量 X 和随机选取的临界值 x_0 决定, 根据 $X \leqslant x_0$ 是否成立, 将节点 T 中的样本观测分入左枝 T_l 或右枝 T_r.

当达到一定规模后, iTree 应停止生长. 在 Liu et al. (2008) 中, 只要满足下列条件之一, iTree 即会停止生长:

(1) 树已达到要求的最大深度[②];

(2) 所有叶节点都只含有 1 个观测;

(3) 叶节点中所有样本观测的取值相同.

注4.5 iTree 属于无监督算法 (unsupervised algorithm), 即分枝并不依据某一优化指标, 而是通过随机选择分枝变量并随机选择分枝临界值来构造. 由此可见, iTree 与 CART 等监督算法 (supervised algorithm) 具有很大差异.

之所以可以根据 iTree 识别离群值, 是因为离群值与其他数值间隔更大, 从而间隔中包含了更多的备选分枝临界值, 因而离群值更有可能被分割进入一个只包含少数样本观测的节点中, 从而更快地落入叶节点. 下面的例子是一个直观的说明.

例4.5 采用例 4.1 中的 5 个样本观测 $(-1.3, 1.7)$, $(0.3, 2.0)$, $(-2.1, 1.1)$, $(-0.9, 0.7)$, $(10, 10)$, 设置 iTree 的最大深度为 2. 建立 iTree 时, 需要在每一

---

① 根据周志华 (2020), 将 isolation 翻译为"孤离"更贴合方法的原理, 但此处仍然遵从对该方法习惯性的称呼"孤立森林".

② 深度, 也可称为高度, 是指从根节点到叶节点所经过的边的最大数量.

节点随机选取一个变量作为分枝变量, 然后在该变量的取值域中随机选取一个数值作为分枝临界值. 为便于计算, 我们可以先将每一维度上的取值排序.

按照第一个维度 X_1 的取值从小到大排序: $-2.1, -1.3, -0.9, 0.3, 10$;

按照第二个维度 X_2 的取值从小到大排序: 0.7, 1.1, 1.7, 2.0, 10.

当 X_1 被选为分枝变量时 (概率为 0.5) , 需在 $(-2.1, 10)$ 中随机选择一个分枝临界值; 当 X_2 被选为分枝变量时 (概率为 0.5) , 需在 $(0.7, 10)$ 中随机选择一个分枝临界值.

对于前两个数据点 $(-1.3, 1.7)$ 和 $(0.3, 2.0)$, 无论哪一个变量作为分枝变量, 无论分枝临界值落入哪个位置, 它们都不可能在第一次分枝中被单独分到一个叶节点, 因此需要两次分割才能进入叶节点.

第三个数据点 $(-2.1, 1.1)$ 在 X_1 被选为分枝变量且分枝临界值位于 $(-2.1, -1.3)$ 时, 可在第一次分割中就进入叶节点, 发生的概率为

$$0.5 \times \frac{-1.3 - (-2.1)}{10 - (-2.1)} \approx 0.0331.$$

第四个数据点 $(-0.9, 0.7)$ 在 X_2 被选为分枝变量且分枝临界值位于 $(0.7, 1.1)$ 时, 可在第一次分割中就进入叶节点, 发生的概率为

$$0.5 \times \frac{1.1 - 0.7}{10 - 0.7} \approx 0.0215.$$

第五个数据点 $(10, 10)$ 在 X_1 被选为分枝变量且分枝临界值位于 $(0.3, 10)$ 或 X_2 被选为分枝变量且分枝临界值位于 $(2.0, 10)$ 时, 可在第一次分割中就进入叶节点, 发生的概率为

$$0.5 \times \frac{10 - 0.3}{10 - (-2.1)} + 0.5 \times \frac{10 - 2.0}{10 - 0.7} \approx 0.8309.$$

可以看到, 数据点 $(10, 10)$ 在两个维度上的值都离其他值更远, 分枝临界值落入以 10 为上限的区间中可能性更大, 从而 $(10, 10)$ 有可能更快地进入叶节点. 图 4.5 中展示了一棵可能的 iTree, 经过一次分割, $(10, 10)$ 就进入了叶节点.

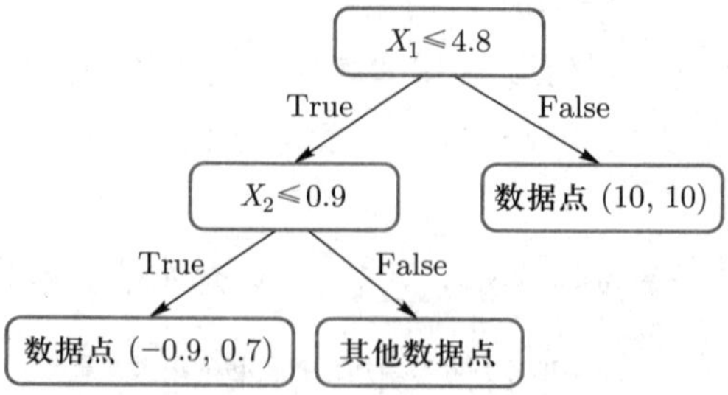

▶ 图 4.5
一棵可能的 iTree

4.5.2 路径长度

获得 iTree 后, 需要借助一定的量化指标对数据值的离群程度作刻画并排序. 下面介绍第一种量化指标——路径长度.

定义4.7 路径长度 (path length) 是从 iTree 的根节点到达数据点 $\boldsymbol{x}$ 所在的叶节点所经过的边的数量, 记为 $h(\boldsymbol{x})$.

例如, 图 4.5 中, 数据点 (10,10) 的路径长度为 1, 其余数据点的路径长度都为 2. 由于当节点中只含有 1 个样本观测时不能再继续分枝, 所以 $h(\boldsymbol{x})$ 的取值是有限的. 设样本量为 n, 容易知道, $0 < h(\boldsymbol{x}) \leqslant n-1$. 直观上看, $h(\boldsymbol{x})$ 越小, 则 $\boldsymbol{x}$ 为离群值的可能性越大. 但是, 由于 iTree 是完全随机构建的, 因此 $h(\boldsymbol{x})$ 具有随机性, 难以直接用于离群值的识别. 如何解决这个问题呢? 统计学中消除随机性最常用的办法是对随机变量取期望值. 这里, 我们可以使用期望值 $E(h(\boldsymbol{x}))$ 作为判别离群值的指标. $E(h(\boldsymbol{x}))$ 越小, 数据值离群的可能性就越大.

例 4.5 (续 1) 基于 $h(\boldsymbol{x})$ 的分布, 可以计算各数据点的平均路径长度 $E(h(\boldsymbol{x}))$. 由于设置了 iTree 的最大深度为 2, 因此 $h(\boldsymbol{x})$ 和 $E(h(\boldsymbol{x}))$ 都小于等于 2. 对于前两个数据点 $(-1.3, 1.7)$ 和 $(0.3, 2.0)$, 由于它们不可能在第一次分枝中被单独分到一个叶节点, 因而路径长度只可能为 2, 从而期望路径长度为 2.

第三个数据点 $(-2.1, 1.1)$ 在 X_1 被选为分枝变量且分枝临界值位于 $(-2.1, -1.3)$ 时路径长度为 1, 发生的概率约为 0.0331; 其他情况的路径长度为 2, 发生的概率约为 $1-0.0331$, 从而期望路径长度为

$$1 \times 0.0331 + 2 \times (1-0.0331) \approx 1.9669.$$

第四个数据点 $(-0.9, 0.7)$ 在 X_2 被选为分枝变量且分枝临界值位于 $(0.7, 1.1)$ 时路径长度为 1, 发生的概率约为 0.0215; 其他情况的路径长度为 2, 发生的概率约为 $1-0.0215$, 从而期望路径长度为

$$1 \times 0.0215 + 2 \times (1-0.0215) \approx 1.9785.$$

第五个数据点 (10,10) 在 X_1 被选为分枝变量且分枝临界值位于 $(0.3, 10)$ 或 X_2 被选为分枝变量且分枝临界值位于 $(2.0, 10)$ 时, 路径长度为 1, 发生的概率约为 0.8309. 从而, 数据点 (10,10) 会以概率 $1-0.8309$ 取到路径长度 2. 因此, 数据点 (10,10) 的期望路径长度为

$$1 \times 0.8309 + 2 \times (1-0.8309) = 1.1691.$$

由这个例子可以看出, 期望路径长度 $E(h(\boldsymbol{x}))$ 的计算是比较复杂的, 尤其是当数据量较大、iTree 的最大深度较大时, 期望路径长度的计算难以实现.

那么, 如何快速获得期望路径长度呢? 一个直接的想法是以样本均值估计期望值. 因此, Liu et al. (2008) 产生多棵 iTree 构成森林, 这就是孤立森林名称的由来. 以森林中所有 iTree 的 $h(\boldsymbol{x})$ 的均值作为 $E(h(\boldsymbol{x}))$ 的估计值. 需要注意的是, $E(h(\boldsymbol{x}))$ 的估计值具有随机性, 其值与 iTree 的数量, 以及构建每一棵 iTree 时随机抽取的分枝变量和分枝临界值有关.

注 4.6 Liu et al. (2008) 发现, 当数据量较小时更容易识别离群值, 因而提出基于子采样 (sub-sampling) 的数据集构建每一棵 iTree, 以提高识别准确度和计算效率.

4.5.3 异常分

注意到, 路径长度 $h(\boldsymbol{x})$ 的取值范围与样本量 n 有关, 因此 $E(h(\boldsymbol{x}))$ 受到样本量 n 的影响, 从而难以找到普适性的判断临界值. Liu et al. (2008) 采用给定 n 时 $E(h(\boldsymbol{x}))$ 的均值 (记为 $c(n)$) 予以调整, 从而得到标准化的度量指标——异常分 (anomaly score):

$$s(\boldsymbol{x},n) = 2^{-\frac{E(h(\boldsymbol{x}))}{c(n)}}.$$

根据二叉查找树 (binary search tree) 中的理论, $c(n)$ 为含有 n 个样本观测的不成功搜索的平均路径长度, 其表达式为

$$c(n) = 2H(n-1) - \frac{2(n-1)}{n},$$

其中, $H(i)$ 为调和数, 其估计值为 $\ln(i)$ 加上欧拉常数, 即 $\ln(i)$+0.5772156649.

图 4.6 展示了异常分与 $E(h(\boldsymbol{x}))$ 的关系. 可以看出, 异常分与 $E(h(\boldsymbol{x}))$ 成反比, 当 $E(h(\boldsymbol{x})) \to 0$ 时, $s \to 1$; 当 $E(h(\boldsymbol{x})) \to c(n)$ 时, $s \to 0.5$; 当 $E(h(\boldsymbol{x})) \to n-1$ 时, $s \to 0$. 异常分越大的数值, 为离群值的可能性就越大. 因此, 孤立森林判别离群值的准则为:

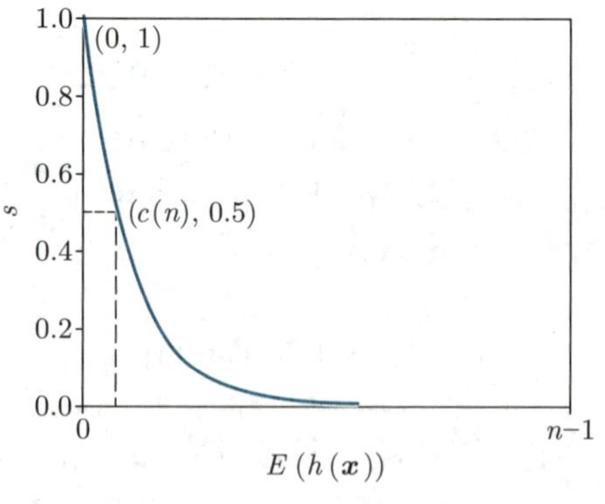

▶ 图 4.6 异常分与 $E(h(\boldsymbol{x}))$ 的关系 (Liu et al., 2008)

(1) 若数据值的异常分 s 接近于 1, 则该值被判为离群值;

(2) 若数据值的异常分 s 小于 0.5, 则该值不是离群值;

(3) 若所有数据值的异常分 s 约等于 0.5, 则所有值都不是离群值.

可以看到, 上述离群值判别准则比较粗略, 未涵盖异常分 s 的所有取值, 因此由该准则可能无法确定某些数据值的离群情况.

4.5.4 判别临界值 γ 的确定

实际使用中, 需要设置临界值 $\gamma(>0)$, 当异常分 $s \geqslant \gamma$ 时, 将数据值判为离群值. 临界值 γ 是孤立森林中的一个重要参数, 但尚缺乏普适性的规则确定 γ. 基于 64 个正态分布随机数的模拟实验, Liu et al. (2008) 制作了等高线图, 结果显示, 当 γ 取值为 0.6 时, 落在等高线以外的样本观测约为 3 个, 数量较为合理. 因此, Liu et al. (2008) 选用 0.6 作为判别临界值 γ. 实践中, 我们可以先设置离群点数量比例, 然后确定满足该比例的判别临界值 γ[①].

例 4.5 (续 2) 由于

$$
\begin{aligned}
c(5) &= 2 \times H(5-1) - \frac{2 \times (5-1)}{5} \\
&= 2 \times (\ln(4) + 0.5772156649) - \frac{2 \times (5-1)}{5} \approx 2.3270,
\end{aligned}
$$

从而 5 个数据点的异常分分别为 0.5512, 0.5512, 0.5566, 0.5547, 0.7059. 可以看到, 数据点 (10, 10) 的期望路径长度相对最小、异常分最高. 若取判别临界值 γ 为 0.6, 那么只有 (10,10) 的异常分高于 0.6, 此时 (10,10) 被识别为离群值.

4.6 单类支持向量机

单类支持向量机 (one-class support vector machine) 由 Schölkopf et al. (2001) 提出, 可用于识别离群值, 也可用于发现一些新颖的个体. 该方法的主要思想是: 以一个超平面分割出两个区域, 其中一个区域 “小” 且包含尽量多的样本观测, 而落入另一个区域中的少量数据值即为离群值.

4.6.1 基于线性超平面的离群值识别

单类支持向量机基于线性超平面$\{\boldsymbol{x} : \boldsymbol{w}^{\mathrm{T}}\boldsymbol{x} - \rho = 0\}$, 采用的决策函数 (decision function) 为$f(\boldsymbol{x}) = \operatorname{sign}(\boldsymbol{w}^{\mathrm{T}}\boldsymbol{x} - \rho)$, 其中, 函数 $\operatorname{sign}(\cdot)$ 的取值为:

---

① 由 scikit-learn 中的 IsolationForest 函数实现孤立森林, γ 的默认值为 0.5, 可以通过设置离群点数量比例确定 γ.

sign(a) = -1 (当 $a < 0$) 或 1 (当 $a \geqslant 0$). 当$\boldsymbol{w}^{\mathrm{T}}\boldsymbol{x} - \rho < 0$ (即$f(\boldsymbol{x}) = -1$) 时, 数据值 $\boldsymbol{x}$ 被判为离群值. 可以看到, ρ 越大, 则离群值的区域越大, 可能识别出更多的离群值.

超平面中包含的参数有$\boldsymbol{w}$ 和ρ. 设样本量为 n, 引入 $\boldsymbol{\xi} = (\xi_1, \cdots, \xi_n)$. $\boldsymbol{w}, \rho, \boldsymbol{\xi}$ 是以下优化问题的解:

$$\min_{\boldsymbol{w}\in\mathbb{R}^p,\, \rho\in\mathbb{R},\, \boldsymbol{\xi}\in\mathbb{R}^n} \quad \frac{||\boldsymbol{w}||^2}{2} + \frac{1}{\nu n}\sum_{i=1}^{n}\xi_i - \rho, \tag{4.2}$$

$$\text{s.t.} \quad \boldsymbol{w}^{\mathrm{T}}\boldsymbol{x}_i \geqslant \rho - \xi_i, \quad \xi_i \geqslant 0 \ \ (i = 1, \cdots, n).$$

注意, 在上述优化问题中, ν 为设定值, 而 $\boldsymbol{w}, \rho, \boldsymbol{\xi}$ 都是需要优化的参数. 理解其中的目标函数以及各个参数至关重要, 下面作具体解释.

由于 $\boldsymbol{w}$ 是超平面中 $\boldsymbol{x}$ 对应的系数, 所以目标函数中的第一项, 即 $||\boldsymbol{w}||^2/2$, 刻画的是模型的复杂度. 我们希望这一项值要小, 也就是希望模型的复杂度尽量小, 使模型尽量简单.

目标函数的第二项中, $\xi_i\,(i = 1, \cdots, n)$ 是支持向量机的松弛变量 (slack variable), 显示了数据点与超平面之间的关系. 若数据点 $\boldsymbol{x}_i$ 满足 $\boldsymbol{w}^{\mathrm{T}}\boldsymbol{x}_i \geqslant \rho$, 即落入超平面中或位于超平面上方, 则数据点天然地满足了第一个约束条件, 因而不需要额外地放松条件, 可取 $\xi_i = 0$. 若数据点 $\boldsymbol{x}_i$ 满足 $\boldsymbol{w}^{\mathrm{T}}\boldsymbol{x}_i < \rho$, 即落入超平面下方, 也即落入离群值区域之中, 则必须要求 $\xi_i > 0$ 才能满足第一个约束条件, 这就是所谓的 "松弛" 的含义. 并且, 超平面下方的数据点离超平面越远, 所需要的松弛强度就越大, ξ_i 的值就会越大. 因此, 松弛变量从一定程度上刻画了偏离正常数据区域的程度, 这种偏离可以看作是一种损失, 从而 $\displaystyle\sum_{i=1}^{n}\xi_i$ 为所有损失之和. 可以看到, 该损失之和受到离群值数量的影响, 为消除这一影响, 可采用每一个离群值所带来的平均损失予以刻画. 后面的分析将会显示, 设定值 ν 表示离群值所占比例的上界, 那么 νn 就是离群值数量的上界, 在一定程度上代表离群值数量. 所以用损失之和除以 νn 即可得到平均损失. 我们希望平均损失要小.

前面提到, 单类支持向量机的离群值识别是通过比较 $\boldsymbol{w}^{\mathrm{T}}\boldsymbol{x}$ 与 ρ 而得的. 因此, 可以将 ρ 看作一个判别临界值, ρ 的取值控制着正常数据区域的范围. 因为希望正常数据区域尽量小, 因而 ρ 越大越好, 即希望最小化 $-\rho$.

注4.7 在优化目标中引入超平面的截距项 ρ 是单类支持向量机的一个特点, 它使得超平面可作平移调节以满足特定要求 ① (后面将看到, 设定 ν 的值实质是对支持向量和离群值的数量提出要求).

---

① 监督学习中的支持向量机方法 ν-SVC 与 ν-SVR 也采用了类似机制, 通过调节超平面边界以控制支持向量和错误预测的数量.

汇总上述三项,最终希望目标函数尽量小. 至此,我们已经将离群值识别问题转化一个数学上的优化问题,只要求解出优化问题的解,就可以识别离群值.

4.6.2 参数 $\boldsymbol{w}$ 的求解

单类支持向量机的优化问题 (4.2) 是一个带约束的非凸优化问题,其求解是比较困难的. 与通常的支持向量机方法类似,求解 (4.2) 较为高效的方法是求解其对偶问题 (dual problem)①. 下面,简要介绍这一求解过程.

通过引入拉格朗日乘子 $\boldsymbol{\alpha}=(\alpha_1,\cdots,\alpha_n)$ 和 $\boldsymbol{\beta}=(\beta_1,\cdots,\beta_n)$,可得到拉格朗日函数

$$\begin{aligned}L(\boldsymbol{w},\rho,\boldsymbol{\xi},\boldsymbol{\alpha},\boldsymbol{\beta})=\frac{1}{2}||\boldsymbol{w}||^2+\frac{1}{\nu n}\sum_{i=1}^{n}\xi_i-\rho-&\\ \sum_{i=1}^{n}\alpha_i(\boldsymbol{w}^{\mathrm{T}}\boldsymbol{x}_i-\rho+\xi_i)-\sum_{i=1}^{n}\beta_i\xi_i.&\end{aligned}$$

这样,原始带约束的优化问题等价于

$$\begin{aligned}\min_{\boldsymbol{w}\in\mathbb{R}^p,\,\rho\in\mathbb{R},\,\boldsymbol{\xi}\in\mathbb{R}^n}\ \max_{\boldsymbol{\alpha},\boldsymbol{\beta}}\quad & L(\boldsymbol{w},\rho,\boldsymbol{\xi},\boldsymbol{\alpha},\boldsymbol{\beta}),\\ \text{s.t.}\quad & \alpha_i\geqslant 0,\ \beta_i\geqslant 0\ \ (i=1,\cdots,n).\end{aligned}\tag{4.3}$$

理解这一等价形式的关键是,其中拉格朗日乘子 $\boldsymbol{\alpha},\boldsymbol{\beta}$ 对应的目标是取 max,一旦原优化问题中的约束条件不满足,拉格朗日乘子可以取到正无穷,从而目标函数不可能达到最小值. 这种处理强制优化的解一定满足原优化问题中的约束条件.

交换 (4.3) 式中 min 和 max,就得到原问题的对偶问题:

$$\begin{aligned}\max_{\boldsymbol{\alpha},\boldsymbol{\beta}}\ \min_{\boldsymbol{w}\in\mathbb{R}^p,\,\rho\in\mathbb{R},\,\boldsymbol{\xi}\in\mathbb{R}^n}\quad & L(\boldsymbol{w},\rho,\boldsymbol{\xi},\boldsymbol{\alpha},\boldsymbol{\beta}),\\ \text{s.t.}\quad & \alpha_i\geqslant 0,\ \beta_i\geqslant 0\ \ (i=1,\cdots,n).\end{aligned}\tag{4.4}$$

之所以认为对偶问题更容易求解,是因为对偶问题中的 min 部分是关于 $(\boldsymbol{w},\rho,\boldsymbol{\xi})$ 的无约束优化,可通过令目标函数的偏导数为 0,表达出 $(\boldsymbol{w},\rho,\boldsymbol{\xi})$,即:

$$\frac{\partial L}{\partial \boldsymbol{w}}=\boldsymbol{w}-\sum_{i=1}^{n}\alpha_i\boldsymbol{x}_i=\boldsymbol{0}\quad\Rightarrow\quad \boldsymbol{w}=\sum_{i=1}^{n}\alpha_i\boldsymbol{x}_i,\tag{4.5}$$

① 可查看周志华 (2016) 附录中关于优化的内容.

$$\frac{\partial L}{\partial \rho} = -1 + \sum_{i=1}^{n} \alpha_i = 0 \quad \Rightarrow \quad \sum_{i=1}^{n} \alpha_i = 1. \tag{4.6}$$

$$\frac{\partial L}{\partial \xi_i} = \frac{1}{\nu n} - \alpha_i - \beta_i = 0 \quad \Rightarrow \quad \alpha_i + \beta_i = \frac{1}{\nu n}, i = 1, \cdots, n. \tag{4.7}$$

(4.5) 式显示, 超平面中系数 $\boldsymbol{w}$ 的解等于样本观测的加权平均, 其中的权重由拉格朗日乘子 $\boldsymbol{\alpha}$ 决定. 后面将看到, 一部分的 α_i 取值等于 0, 因此 $\boldsymbol{w}$ 仅由 $\alpha_i > 0$ 所对应的样本观测所决定, 这显示出单类支持向量机的解具有稀疏性. (4.6) 式恰好对应 $\boldsymbol{w}$ 的求解式中所有权重之和为 1.

将上述表达式代入 (4.4) 式, 对偶问题变为

$$\begin{aligned} \min_{\boldsymbol{\alpha}} \quad & \frac{1}{2} \sum_{1 \leqslant i,j \leqslant n} \alpha_i \alpha_j \boldsymbol{x}_i^{\mathrm{T}} \boldsymbol{x}_j \\ \text{s.t.} \quad & 0 \leqslant \alpha_i \leqslant \frac{1}{\nu n} \ (i = 1, \cdots, n), \ \sum_{i=1}^{n} \alpha_i = 1, \end{aligned} \tag{4.8}$$

其中的约束 $\alpha_i \leqslant \frac{1}{\nu n}$ 来源于(4.7)式, 即 $\alpha_i = \frac{1}{\nu n} - \beta_i \leqslant \frac{1}{\nu n}$; 约束 $\sum_{i=1}^{n} \alpha_i = 1$ 来源于(4.6)式.

这又成为一个带约束的非凸优化问题. 可以通过随机梯度下降 (stochastic gradient descent, SGD) 等方法求解. 也有一些高效的求解方法, 感兴趣的读者可参考 Schölkopf et al. (2001), 这里不再展开.

现在, 我们假定已经得到了对偶问题 (4.8) 式的解. 此时, 还需要考虑: 对偶问题的解等于原问题的解吗? 答案是, 只有在某些情况下二者具有相同的解. 研究发现, 当满足 KKT (Karush-Kuhn-Tucker) 条件①时, 对偶问题与原问题具有相同解. 这里, KKT 条件主要包含三个部分:

(1) 原问题中的约束成立, 即 $\boldsymbol{w}^{\mathrm{T}} \boldsymbol{x}_i \geqslant \rho - \xi_i, \ \ \xi_i \geqslant 0 \ (i = 1, \cdots, n)$;

(2) 对偶问题中的约束成立, 即 $0 \leqslant \alpha_i \leqslant \frac{1}{\nu n}, \ \sum_{i=1}^{n} \alpha_i = 1, \ \beta_i \geqslant 0, \ \alpha_i + \beta_i = \frac{1}{\nu n} \ (i = 1, \cdots, n)$;

(3) 拉格朗日函数中的每一乘积项应等于 0, 即 $\alpha_i(\boldsymbol{w}^{\mathrm{T}} \boldsymbol{x}_i - \rho + \xi_i) = 0, \ \beta_i \xi_i = 0, \ (i = 1, \cdots, n)$, 且两个相乘项不同时为 0.

上述 KKT 条件中的第三项要求对任意样本观测 $\boldsymbol{x}_i (i = 1, \cdots, n)$, 满足 $\alpha_i(\boldsymbol{w}^{\mathrm{T}} \boldsymbol{x}_i - \rho + \xi_i) = 0$, 且 $\boldsymbol{w}^{\mathrm{T}} \boldsymbol{x}_i - \rho + \xi_i$ 与 α_i 不能同时为 0. 为理解这一项要求, 可以结合 KKT 条件中的第一项, 即 $\boldsymbol{w}^{\mathrm{T}} \boldsymbol{x}_i - \rho + \xi_i \geqslant 0$. 若 $\boldsymbol{w}^{\mathrm{T}} \boldsymbol{x}_i - \rho + \xi_i > 0$, 则最优解在约束区域内部, 约束天然成立, 此时不需要拉

① 关于 KKT 条件的原理, 可参考 Ghojogh et al. (2023) 第 4 章.

格朗日乘子作用,因而可设置拉格朗日乘子 α_i 为 0;若 $\boldsymbol{w}^{\mathrm{T}}\boldsymbol{x}_i-\rho+\xi_i=0$,则最优解在约束区域边界,此时需要有非零取值的拉格朗日乘子,使得拉格朗日函数在最优解处的偏导数为 0. 因此,$\alpha_i(\boldsymbol{w}^{\mathrm{T}}\boldsymbol{x}_i-\rho+\xi_i)$ 必然为 0,但两个相乘项不能同时为 0. 类似地,应要求对任意样本观测 $\boldsymbol{x}_i(i=1,\cdots,n)$,满足 $\beta_i\xi_i=0$,且 ξ_i 与 β_i 不能同时为 0.

一旦由对偶问题获得了 $\alpha_i\ (i=1,\cdots,n)$,便可根据 (4.5) 式获得系数 $\boldsymbol{w}$ 的估计值

$$\hat{\boldsymbol{w}}=\sum_{i=1}^{n}\alpha_i\boldsymbol{x}_i. \tag{4.9}$$

4.6.3 支持向量与离群值

由 (4.5) 式与后面的 (4.10) 式可以看出,单类支持向量机模型的参数估计值仅依赖于 $\alpha>0$ 的样本观测,而与 $\alpha=0$ 的样本观测无关. 所以,我们说 $\alpha>0$ 的样本观测支撑着超平面,称它们为支持向量 (support vector). 这里,落在超平面中和超平面下方的样本观测对应的 α 都大于 0,它们构成了支持向量.

由 KKT 条件,我们将样本观测分为三类:

(1) 第一类样本观测满足 $\alpha_i=0$. 根据 KKT 条件 (3),α_i 与 $\boldsymbol{w}^{\mathrm{T}}\boldsymbol{x}_i-\rho+\xi_i$ 不能同时为 0,则此时 $\boldsymbol{w}^{\mathrm{T}}\boldsymbol{x}_i-\rho+\xi_i>0$. 进一步,由 KKT 条件 (2) 可得 $\beta_i=1/(\nu n)$;由于 $\beta_i>0$,则由 KKT 条件 (3) 知,必定有 $\xi_i=0$. 因此,$\boldsymbol{w}^{\mathrm{T}}\boldsymbol{x}_i-\rho>0$,这表明 $\boldsymbol{x}_i$ 落在超平面上方. 此时,$\boldsymbol{x}_i$ 既非支持向量,亦非离群值.

(2) 第二类样本观测满足 $0<\alpha_i<1/(\nu n)$. 由 KKT 条件 (3) 可知,$\boldsymbol{w}^{\mathrm{T}}\boldsymbol{x}_i-\rho+\xi_i=0$. 与上面的推理类似,可知 $\beta_i>0, \xi_i=0$. 因此,$\boldsymbol{w}^{\mathrm{T}}\boldsymbol{x}_i-\rho=0$,这表明 $\boldsymbol{x}_i$ 正好落在超平面中. 此时,$\boldsymbol{x}_i$ 为支持向量,但并非离群值.

(3) 第三类样本观测满足 $\alpha_i=1/(\nu n)$. 根据 KKT 条件 (3),$\boldsymbol{w}^{\mathrm{T}}\boldsymbol{x}_i-\rho+\xi_i=0$. 由 KKT 条件 (2) 可推知 $\beta_i=0$,进一步由 KKT 条件 (3) 得到 $\xi_i>0$. 此时,$\boldsymbol{w}^{\mathrm{T}}\boldsymbol{x}_i-\rho=-\xi_i<0$,这表明 $\boldsymbol{x}_i$ 落在超平面下方. 此时,$\boldsymbol{x}_i$ 为支持向量,且被判为离群值.

由此,可以得到以下结论:

(1) 支持向量位于超平面中或超平面下方,支持向量包含了离群值.

(2) 离群值位于超平面下方,对应的 $\alpha=1/(\nu n)$;所有 $\alpha=1/(\nu n)$ 对应的样本观测值都属于离群值. 这表明,可以根据 α 的取值判别离群值.

至此,我们可以解释单类支持向量机中重要参数 ν 的含义. 由于所有的

α 都小于等于 $\dfrac{1}{\nu n}$，为满足 $\sum_{i=1}^{n}\alpha_i = 1$, 则支持向量至少为 νn 个. 另一方面, 离群值对应的 $\alpha = \dfrac{1}{\nu n}$, 由于 $\sum_{i=1}^{n}\alpha_i = 1$, 则离群值至多为 νn 个. 因而, ν 是支持向量所占比例的下界、离群值所占比例的上界.

注4.8 ν 取值范围为 $(0,1)$, 它在很大程度上决定了支持向量和离群值的数量, 是需要考虑的一个关键设置参数.

4.6.4 参数 ρ 的求解

下面, 讨论如何获得超平面中的参数 ρ. 求解 ρ 的思路是从超平面中找出一个样本观测 (记为 $\boldsymbol{x}_m$), 建立关于 ρ 的方程, 从而求解 ρ. 具体而言, 由于超平面中的样本观测 $\boldsymbol{x}_m$ 满足 $\boldsymbol{w}^{\mathrm{T}}\boldsymbol{x}_m - \rho = 0$, 因此可以得到 ρ 的解:

$$\rho = \boldsymbol{w}^{\mathrm{T}}\boldsymbol{x}_m = \sum_{i=1}^{n}\alpha_i\boldsymbol{x}_i^{\mathrm{T}}\boldsymbol{x}_m. \tag{4.10}$$

代入 $\boldsymbol{w}$ 的估计值 $\hat{\boldsymbol{w}}$ ((4.9) 式), 得到 ρ 的估计值为

$$\hat{\rho}_m = \hat{\boldsymbol{w}}^{\mathrm{T}}\boldsymbol{x}_m = \sum_{i=1}^{n}\alpha_i\boldsymbol{x}_i^{\mathrm{T}}\boldsymbol{x}_m. \tag{4.11}$$

如何找出超平面中的样本观测 $\boldsymbol{x}_m$ 呢? 根据前面的分析, 可以根据 α 的值判断样本观测与超平面的相对位置: $\alpha = 0$ 对应的样本观测落在超平面上方; $0 < \alpha < 1/(\nu n)$ 对应的样本观测正好落入超平面中; $\alpha = 1/(\nu n)$ 对应的样本观测落在超平面下方. 因此, 求解对偶问题 (4.8) 式获得 $\boldsymbol{\alpha}$ 的解之后, 我们只需要找一个满足 $0 < \alpha < 1/(\nu n)$ 的样本观测, 即可作为 $\boldsymbol{x}_m$.

若满足 $0 < \alpha < 1/(\nu n)$ 的样本观测有多个, 那么可以获得多个 ρ 的估计值, 这些估计值可能并不相同. 此时, 如何估计 ρ 呢? 一种方法是取所有估计值的最小值①, 即

$$\hat{\rho} = \min_{m\in\{i:\ 0<\alpha_i<1/(\nu n)\}}\{\hat{\rho}_m\}. \tag{4.12}$$

这可以保证 α 与离群值的对应关系, 即只有 $\alpha = 1/(\nu n)$ 对应的样本观测被识别为离群值. 但是, 这个方法可能导致一部分 $0 < \alpha < 1/(\nu n)$ 对应的样本观测落入超平面上方, 而不再位于超平面之中.

---

① 监督算法中的支持向量机通常取所有 ρ 的估计值的平均值, 以获得稳健的估计量. 但在单类支持向量机中, 这样的估计量会导致 $\{\boldsymbol{x}_i : 0 < \alpha_i < 1/(\nu n), i = 1, \cdots, n\}$ 中的部分样本观测被识别为离群值.

记 $\hat{\rho}$ 对应的样本观测为 $\boldsymbol{x}_k$, 则所得的决策函数为

$$\hat{f}(\boldsymbol{x}) = \text{sign}\left(\hat{\boldsymbol{w}}^{\mathrm{T}}\boldsymbol{x} - \hat{\rho}\right) = \text{sign}\left(\sum_{i=1}^{n}\alpha_i\boldsymbol{x}_i^{\mathrm{T}}\boldsymbol{x} - \sum_{i=1}^{n}\alpha_i\boldsymbol{x}_i^{\mathrm{T}}\boldsymbol{x}_k\right). \tag{4.13}$$

4.6.5 基于非线性超平面的离群值识别

上述超平面 $\{\boldsymbol{x} : \boldsymbol{w}^{\mathrm{T}}\boldsymbol{x} - \rho = 0\}$ 是线性的, 即由 $\boldsymbol{x}$ 各维度的线性组合生成. 采用线性超平面, 意味着我们假定可以由线性超平面分割正常数据区域与离群值区域. 这是一种非常强的假定, 而现实数据不一定符合该假定. 一种直观的解决办法是先对原始数据作变换, 使得变换后的数据 $\phi(\boldsymbol{x})$ 可以在线性超平面的框架下处理.

但是, $\phi(\cdot)$ 的选择范围很广, 为实际操作带来了困难. 注意到决策函数 (4.13) 式完全由数据的内积 $\boldsymbol{x}_i^{\mathrm{T}}\boldsymbol{x}$ 和 $\boldsymbol{x}_i^{\mathrm{T}}\boldsymbol{x}_k$ 所决定, 可以采用核方法 (kernel trick), 即由核函数代替超平面中的内积. 它相当于先将 $\boldsymbol{x}$ 变换为 $\phi(\boldsymbol{x})$, 然后再构建线性超平面.

记核函数 κ 为

$$\kappa(\boldsymbol{a}, \boldsymbol{b}) = \phi(\boldsymbol{a})^{\mathrm{T}}\phi(\boldsymbol{b}),$$

其中, $\phi(\cdot)$ 为隐式 (implicit) 非线性数据映射, 一般难以确定. 核函数直接计算特征空间的内积, 而非产生具体的特征空间向量, 从而避免选取 $\phi(\cdot)$. 例如, 常用的核函数是高斯径向基函数 (Gaussian radial basis function, RBF):

$$\kappa(\boldsymbol{a}, \boldsymbol{b}) = \exp\left\{-\gamma||\boldsymbol{a} - \boldsymbol{b}||^2\right\}.$$

对高斯径向基函数的直观理解是, 以样本观测与其邻域中样本观测的相似度作为数据变换. 其中的参数 γ 调节了尺度 (可将 $1/\gamma$ 看作窗宽), γ 越大, 更倾向于与小邻域的样本观测作相似度运算, 导致高斯径向基函数的形状越为尖峭, 则超平面越不光滑, 且非离群值区域通常越小.

除高斯径向基函数外, 常用的核函数还有多项式核函数和 Sigmoid 核函数等. 应该选择哪一种核函数, 以及核函数的参数取值如何, 一般作为超参数, 基于实际的数据集调参优化后确定. 另一方面, 核函数的运算比较复杂, 当数据维度较高时会存在运行时间长、占用内存多等问题. 已经有学者提出了相关的解决方案①, 这里不再展开.

① 例如, 可寻找满足 $\phi(\boldsymbol{a})^{\mathrm{T}}\phi(\boldsymbol{b}) \approx \kappa(\boldsymbol{a}, \boldsymbol{b})$ 的非线性映射 $\phi(\cdot)$, 从而避免使用核函数. scikit-learn 中 6.7 Kernel Approximation 介绍了相关方法.

4.7 案例分析

下面, 以 car 数据集为例, 识别其中的离群值. 首先读入数据集, 将变量 Mileage 作为因变量 y, 其余变量作为自变量. 随后划分训练集和测试集. 将训练集中的自变量放入数据集 X_train. 本例中, 将 Reliability 作为定量变量处理.

1. 箱线图

因为 Reliability 含有缺失值, 因此作图的统计量取值为 NaN, 无法作出箱线图; 由于变量尺度不同, 部分变量的箱线图显示不清晰. 下面, 以中位数插补缺失值, 并对变量标准化. 预处理后的数据集为 X_trainpreprocess.

```
numeric_features = np.where(X_train.dtypes != object)[0]
numeric_transformer = Pipeline(steps=[
    ('imputer', SimpleImputer(strategy='median')),
    ('scaler', StandardScaler())])
preprocessor = ColumnTransformer(
    transformers=[
        ('num', numeric_transformer, numeric_features)])
X_trainpreprocess = pd.DataFrame(preprocessor.fit_transform(X_train),
     columns=X_train.columns[numeric_features])
```

制作箱线图, 所得结果如图 4.7 所示. 由箱线图所得的判断边界, 可以识别训练集和测试集中的离群值 (见表 4.5).

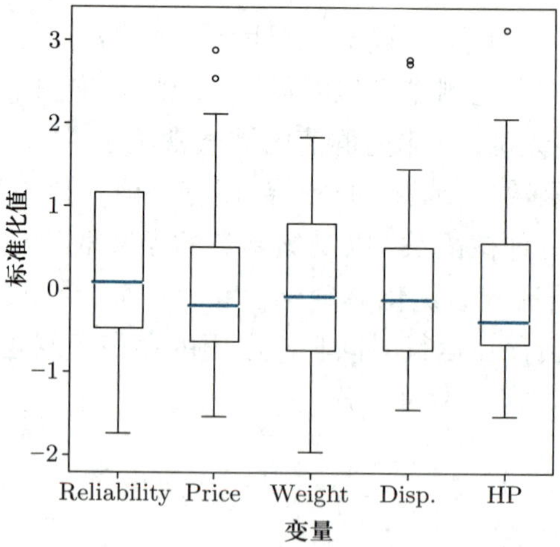

▶ 图 4.7 基于 car 数据集的箱线图

方法	识别出的离群值样本编号	
	训练集	测试集
箱线图	10, 12, 27, 33, 40	3, 19
椭圆包络	10, 27, 33, 40	19
局部离群点因子	10, 12, 33, 40	19
孤立森林	27, 33, 36, 40	3, 13, 16, 19
单类支持向量机	17, 28, 30, 36	3, 11

◀ 表 4.5
离群值识别运行结果

注4.9 我们不能通过识别测试集中的离群值而改变基于训练集所作的数据分析. 识别测试集中离群值的意义在于, 我们可能需要对这些离群的样本观测加以注意.

```
boxX=plt.boxplot(X_trainpreprocess, labels=X_train.columns[
    numeric_features])
```

2. 椭圆包络

由于 EllipticEnvelope 函数不允许缺失值, 因此需要先处理缺失值, 本例中以中位数插补缺失值 (以下代码中仅展示 numeric_transformer 的设置, 其前后的语句与箱线图中的代码一致, 下同). 随后, 实施椭圆包络方法, 设置离群值比例为 0.1.

```
numeric_transformer = Pipeline(steps=[
    ('imputer', SimpleImputer(strategy='median'))])
......
```

```
cov = EllipticEnvelope(contamination=0.1, random_state=1)
cov.fit(X_trainpreprocess)
```

基于所训练的椭圆包络, 通过 predict 函数可以获得训练集和测试集中的离群值 (见表 4.5).

3. 局部离群点因子

由于 LocalOutlierFactor 函数不允许缺失值, 因此需要先处理缺失值, 本例中以中位数插补缺失值; 由于 LOF 方法涉及欧氏距离运算, 因此需对变量标准化, 以保证距离运算中各变量尺度一致. 随后, 实施局部离群点因子方法, 设置离群值比例为 0.1, 近邻数量为 20.

```
numeric_transformer = Pipeline(steps=[
    ('imputer', SimpleImputer(strategy='median')),
```

```
    ('scaler', StandardScaler())])
......
lof = LocalOutlierFactor(n_neighbors=20, contamination=0.1)
lofscores = lof.fit_predict(X_trainpreprocess)
```

LocalOutlierFactor 函数不提供将训练的方法应用于测试集. 这是符合逻辑的, 因为局部离群点因子方法并不产生模型. 若要识别测试集中的离群值, 需要将训练集与测试集放在一起探查, 可使用训练时获得的判断临界值. 相应的离群值识别结果列于表 4.5 中.

4. 孤立森林

由于 IsolationForest 函数不允许缺失值, 因此需要先处理缺失值, 本例中以中位数插补缺失值. 随后, 实施孤立森林方法, 设置离群值比例为 0.1, 孤立树数量为 20.

```
numeric_transformer = Pipeline(steps=[
    ('imputer', SimpleImputer(strategy='median'))])
......
iforest = IsolationForest(n_estimators=20, contamination=0.1,
     random_state=0)
iforest.fit_predict(X_trainpreprocess)
```

基于所训练的孤立森林, 通过 predict 函数可以获得训练集和测试集中的离群值 (见表 4.5).

5. 单类支持向量机

由于 OneClassSVM 函数不允许缺失值, 因此需要先处理缺失值, 本例中以中位数插补缺失值; 为提高参数迭代优化性能, 对变量作最小值–最大值规范化, 取值范围为 $[0,1]$. 随后, 实施单类支持向量机方法, 设置离群值所占比例的上界 $\nu=0.1$, 采用线性核函数.

```
numeric_transformer = Pipeline(steps=[
    ('imputer', SimpleImputer(strategy='median')),
    ('scaler', MinMaxScaler())])
```

```
......
clf = OneClassSVM(kernel='linear', nu=0.1)
clf.fit_predict(X_trainpreprocess)
```

基于所训练的单类支持向量机, 通过 predict 函数可以获得训练集和测试集中的离群值 (见表 4.5).

由表 4.5 可以看到, 几种离群值识别方法所得结果有所不同. 具体实践中, 需要考虑方法选择或方法的综合使用.

本章小结

1. 思维导图

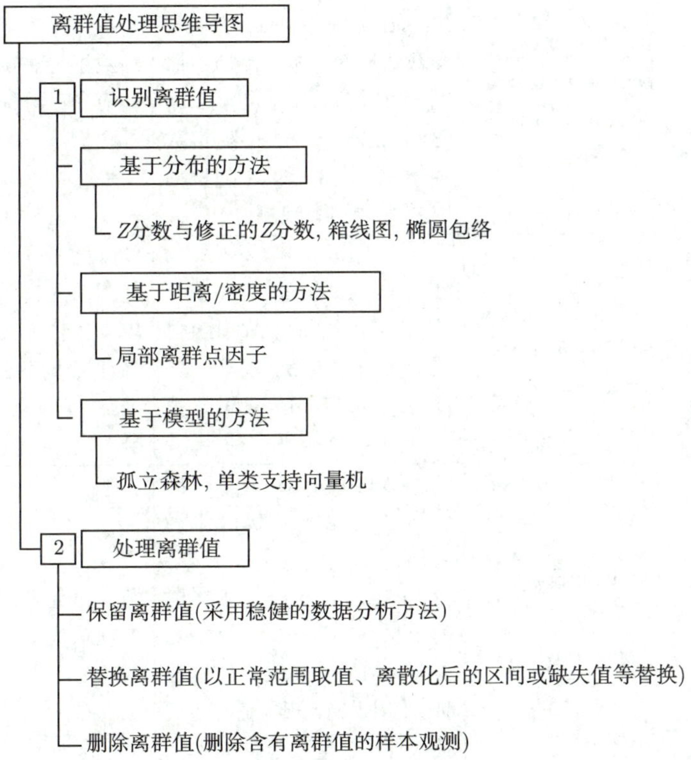

2. Python 函数

表 4.6 列出了离群值识别的 Python 函数.

▶ 表 4.6 离群值识别的 Python 函数

方法	函数名称与所属模块	重要参数	应用提示
Z 分数	StandardScaler (scikit-learn 库 preprocessing)	(1) with_mean: 是否中心化. 默认值为 True, 即进行中心化. (2) with_std: 是否尺度归一化. 默认值为 True, 即除以标准差, 实现尺度归一化	函数不自动判别离群值
箱线图	boxplot (matplotlib 库 pyplot)	—	(1) 函数可允许缺失值, 但含有缺失值的变量不能呈现箱线图. (2) 为同时展示多个尺度不一变量的箱线图, 可先对变量作标准化
椭圆包络	EllipticEnvelope (scikit-learn 库 covariance)	(1) contamination: 离群值所占的比例, 默认值为 0.1. (2) support_fraction: 用于参数估计的样本观测所占比例, 默认值为 $(n+p+1)/(2n)$. (3) random_state: 随机数种子, 用于 MCD 中随机抽取或排列样本观测	函数不允许缺失值, 使用前应先处理缺失值
局部离群点因子	LocalOutlierFactor (scikit-learn 库 neighbors)	(1) contamination: 离群值所占的比例, 默认值为 0.1 或 auto (根据版本). (2) n_neighbors: 邻居数量	(1) 函数不允许缺失值, 使用前应先处理缺失值. (2) 由于 LOF 中涉及距离计算, 应对定量变量标准化, 否则数据量纲会影响距离
孤立森林	IsolationForest (scikit-learn 库 ensemble)	(1) contamination: 离群值所占的比例, 默认值为 auto. (2) n_estimators: 孤立树的数量. (3) random_state: 随机数种子, 用于构建孤立树时随机抽取分枝变量和分枝临界值	函数不允许缺失值, 应先处理缺失值
单类支持向量机	OneClassSVM (scikit-learn 库 svm)	(1) nu: 离群值所占比例的上界、支持向量所占比例的下界, 默认值为 0.5. (2) kernel: 核函数, 默认值为 rbf	(1) 函数不允许缺失值, 应先处理缺失值. (2) 参数的优化求解要求对定量变量作标准化或最小值–最大值规范化

习题

1. 对于识别出的离群值, 可以采用一定的方法予以处理. 下列哪一项不是合理的离群值处理方法? (　　)

A. 保留离群值, 采用较为稳健的数据分析方法

B. 删除含有离群值的样本观测

C. 删除含有离群值的变量

D. 进行数据离散化, 以区间替换离群值

2. 椭圆包络方法中, "纯净" 总体的代表, 即集合 H 中的元素是 (　　).

A. 距离当前 μ 的估计值最近的 h 个样本观测

B. 距离总体的一个中心最近的 h 个样本观测

C. 距离总体的多个中心最近的 h 个样本观测

D. 样本观测之间的平均距离最小的 h 个样本观测

3. 下列关于 LOF 值的说法, 错误的一项是 (　　).

A. 一个样本观测的 LOF 值较大, 表明相对于其邻居而言, 它的局部可达密度较小

B. 一个样本观测的 LOF 值较大, 表明它为离群值的可能性较大

C. LOF 值大到何种程度的样本观测属于离群值, 这并不明确

D. 预设离群值所占的比例, 不能提供 LOF 的判断临界值

4. 由孤立树中的路径长度可反映离群值, 其原理是 (　　).

A. 离群值是小概率事件

B. 离群值距离其他样本观测值较远且数量较少, 因此更有可能被划分到样本量少的节点中, 从而具有更小的路径长度

C. 离群值对预测结果的影响更大, 因此对分枝的影响更大、路径长度会更小

D. 离群值可能是由欺诈所致, 因此与其他样本观测的分布不同

5. 单类支持向量机中参数 ν 的含义是什么? 如何获得 ν 的值?

6. 对同一个数据集, 不同的离群值识别方法所检测出的离群值可能存在差异. 你认为应该如何综合处理各方法的离群值识别结果? 例如, 以各方法所识别离群值的交集作为离群值, 这一处理方法有何优点和缺点?

7. 基于例 4.1 中的 5 个样本观测, 采用 MCD 方法估计 $\boldsymbol{\mu}$ 和 $\boldsymbol{\Sigma}$. 设置 $h=4$, 设初始抽取到序号为 $1,2,5$ 的样本观测, 得到

$$\hat{\boldsymbol{\mu}}_{\text{old}} \approx \begin{pmatrix} 3.00 \\ 4.57 \end{pmatrix}, \quad \hat{\boldsymbol{\Sigma}}_{\text{old}} = \frac{1}{n}(\boldsymbol{X}-\bar{\boldsymbol{X}})^{\mathrm{T}}(\boldsymbol{X}-\bar{\boldsymbol{X}}) \approx \begin{pmatrix} 4.99 & 4.37 \\ 4.37 & 3.84 \end{pmatrix}.$$

各样本观测的 MD^2 值分别为 $2.00, 2.00, 2.38, 5.92, 2.00$. 请计算:

(1) 集合 H;

(2) 基于集合 H, 更新参数估计值. 在此基础上, 得到各样本观测的 MD^2 值分别为 $0.89, 3.00, 1.12, 8.08, 2.99$. 基于这一结果, 集合 H 有变化吗? 如果迭代继续进行, 参数的估计值会有变化吗?①

8. 设有 5 个样本观测, 取值分别为 1,2,3,5,6, 取 $k=2$, 采用曼哈顿 (Manhattan) 距离, 请回答:

(1) 各样本观测的 LOF 值为多少? (请制作类似于表 4.4 的表格展示过程.)

(2) 请采用 scikit-learn 中的 LocalOutlierFactor 函数计算 LOF 值. 对比 (1) 中的计算结果, 你有何发现?

$$\left(\text{提示: 两个向量 } \boldsymbol{a}=(a_1,\cdots,a_p), \boldsymbol{b}=(b_1,\cdots,b_p) \text{ 的曼哈顿距离是 } \frac{\sum_{i=1}^{p}|a_i-b_i|}{p}.\right)$$

9. 采用例 4.1 中的数据, 请回答:

(1) 基于以下条件, 建立一棵深度为 2 的孤立树:

– 第 1 次抽取的变量为 X_2, 随后在 $[0.7, 10]$ 中随机抽取的值为 1;

– 第 2 次抽取的变量为 X_1, 随后在 $[-2.1, 10]$ 中随机抽取的值为 7.

(2) 在这棵孤立树中, 数据点 $(10, 10)$ 的路径长度是多少?

(3) 合并这棵孤立树与图 4.5 所示的孤立树, 形成孤立森林. 数据点 $(10, 10)$ 的平均路径长度是多少? 异常分是多少?

10. 基于例 4.1 中的 5 个样本观测, 采用 scikit-learn 中的 OneClassSVM 函数, 设置 nu=0.2, kernel='linear', 得到各样本观测对应的 α 值分别为 $0, 0, 0, 0.98, 0.02$. 请回答:

(1) 哪些样本观测是支持向量? 支持向量所占比例是多少?

(2) 哪些样本观测是离群值? 离群值所占比例是多少?

参考文献

[1] BREUNIG M M, KRIEGEL H P, NG R T, et al. LOF: Identifying density-based local outliers. ACM SIGMOD Record, 2000, 29(2): 93–104.

[2] GHOJOGH B, CROWLEY M, KARRAY F, et al. Elements of Dimensionality Reduction and Manifold Learning. Springer, 2023.

[3] HAWKINS D M. Identification of Outliers. London: Chapman and Hall, 1980.

[4] HUBERT M, VANDERVIEREN E. An adjusted boxplot for skewed distributions. Computational Statistics & Data Analysis, 2008, 52(12): 5186–5201.

[5] IGLEWICZ B, HOAGLIN D C. How to Detect and Handle Outliers. Milwaukee: ASQ Press, 1993.

① 本例表明, 由 MCD 方法所得的参数估计值会受到初始抽样的影响; 若初始入样的样本观测中包含离群值, 则由 MCD 方法所得的参数估计值可能受到离群值的影响.

[6] LIU F T, TING K M, ZHOU Z H. Isolation forest. 2008 Eighth IEEE International Conference on Data Mining, 2008: 413–422.

[7] ROUSSEEUW J P, VAN DRIESSEN K. A fast algorithm for the minimum covariance determinant estimator. Technometrics, 1999, 41(3): 212–223.

[8] SCHÖLKOPF B, PLATT J C, SHAWE-TAYLOR J, et al. Estimating the support of a high-dimensional distribution. Neural Computation, 2001, 13(7): 1443–1471.

[9] TUKEY J W. Exploratory Data Analysis. Boston: Addison-Wesley, 1977.

[10] VYSOCHANSKIĬ D F, PETUNIN Y I. Justification of the 3σ rule for unimodal distributions. Theory of Probability and Mathematical Statistics, 1980, 21: 25–36.

[11] 周志华. 机器学习. 北京: 清华大学出版社, 2016.

[12] 周志华. 集成学习: 基础与算法. 李楠, 译. 北京: 电子工业出版社, 2020.

第五章 缺失值处理

数据不完整是现实数据中大量存在的问题, 对缺失值的分析和处理形成了统计学的一个重要分支方向. 基于数据处理的需求, 一般按照以下步骤处理缺失值:

(1) 识别缺失值;

(2) 探索缺失模式;

(3) 分析导致缺失值的原因;

(4) 处理缺失值 (如, 插补缺失值);

(5) 诊断缺失值处理结果.

本章将首先概述缺失值处理, 之后具体介绍几种缺失值插补方法. 虽然缺失值插补方法占据大量篇幅, 但这并不意味着插补缺失值是最重要的一个环节, 因为缺失值处理需要多个环节有机结合, 具体处理中并无特定范式.

5.1 缺失值处理概述

5.1.1 识别缺失值

识别缺失值, 应首先判别一个值是否为缺失值, 然后分析缺失值的缺失机制.

定义 5.1 缺失值是指未观测到、但如果能观测到则将对分析有帮助的值.

根据定义, 缺失值首先是未观测到的值. 注意, "未观测到" 并不意味着 "未被记录" 或 "空缺". 例如, 在对变量取值编码时, 设置 "0" 表示缺失值[①], 此时取值 "0" 实际是缺失值, 需要将其识别为缺失值并作相应处理.

其次, 缺失值掩盖了一个有意义的值. 这意味着**未观测到但无意义的值不属于缺失值**. 一个典型的情况是 "正常空缺" 的值. 例如, 问卷调查中, 若

① 许多数据库系统会自动将空缺值填补为 0.

被调查者去过某商场, 则填写对商场的满意度; 否则, 不必填写. 那些没有去过该商场的被调查者未填写满意度, 就属于 "正常空缺". 再比如, 我们无法获取患者在死亡时点之后的追踪调查结果, 这也属于 "正常空缺". "正常空缺" 的值是无意义的, 因此它们不属于缺失值. 但是, "正常空缺" 的值可能会影响数据分析的实施, 因此仍然需要作专门的处理, 如:

(1) 通过筛选数据, 避免 "正常空缺" 值的影响. 例如, 对商场满意度作分析时, 筛选出曾经去过该商场的被调查者分析满意度.

(2) 衍生替代变量. 例如, 为含有 "正常空缺" 值的定性变量增加类别 "正常空缺"; 对于定量变量, 可通过离散化转换为定性变量, 再增加类别 "正常空缺". 请注意, 新类别 "正常空缺" 是为变量增加的一个取值, 并非缺失值. 转换后的变量取值是完整的, 可以正常进行后续分析.

注 5.1 *若采用缺失值插补方法插补 "正常空缺" 值, 往往被视作过度处理. 这样的做法不是解决了问题, 反而可能引发问题, 应避免.*

数据的缺失机制包括三种: 完全随机缺失、随机缺失、非随机缺失. 三者具有顺序关系, 从完全随机缺失到非随机缺失, 缺失值所造成的问题越严重, 对缺失值的处理也越困难.

完全随机缺失 (missing completely at random, MCAR) 的特点是: 缺失值的发生与任何观测变量无关. 例如, 已知某公司招聘机制是: 应聘者有资格同时参加笔试与面试, 且面试是一次性的, 不存在多个关卡. 由于面试成绩中的缺失值与笔试成绩无关, 也与面试成绩本身无关, 所以它属于 MCAR. 在 MCAR 缺失机制下, 缺失值的产生是一个随机事件, 其分布可以看作与已观测数据的分布一致. 这类缺失容易处理, 但过于理想, 在现实中并不经常发生.

随机缺失 (missing at random, MAR) 的特点是: 变量出现缺失的概率与其他观测变量相关, 但与该变量自身不相关. 继续以招聘为例, 假设招聘机制改为: 应聘者先参加笔试, 笔试合格后才能参加面试, 且面试是一次性的, 不存在多个关卡. 由于面试成绩中的缺失值与笔试成绩有关, 但与面试成绩本身无关, 所以它属于 MAR. 大部分统计分析方法在随机缺失机制假定下进行缺失值处理, 此时往往需要借助于相关变量信息处理缺失值.

非随机缺失 (missing not at random, MNAR) 的特点是: 变量出现缺失的概率与该变量的观测值有关. 继续以招聘为例, 假设招聘机制改为: 面试有多个关卡, 上一关面试通过后才能继续参加下一关面试, 否则中途退出, 没有最终的面试成绩. 此时, 由于在前面关卡中面试成绩比较低的应聘者才会出现面试成绩缺失, 因此该缺失与面试成绩本身有关, 属于 MNAR. 在非随机缺失机制下, 面临的最大问题是已观测数据的分布与缺失数据分布可能不同, 因而难以通过已观测的数据处理缺失值. 用于非随机缺失数据处理的特定方法较少，一般需要借助其他变量的信息、先验知识和经验等.

可以看到，在不同的缺失机制下，缺失值的特点有所不同，相应的处理也会不同. 因此，在进行缺失值处理前，分析缺失机制是必要的.

5.1.2 探索缺失模式

缺失模式有多种分类.

第一种分类是将缺失模式分为单变量缺失与多变量缺失. 当只有一个变量存在缺失值时，为单变量缺失模式；当有两个及以上的变量存在缺失值时，为多变量缺失模式. 图 5.1 中，每一行表示一个样本观测，每一列表示一个变量，蓝色表示数值被观测到，灰色表示数值缺失. 可以看到，(a) 图为单变量缺失模式，(b)、(c) 、(d) 图为多变量缺失模式.

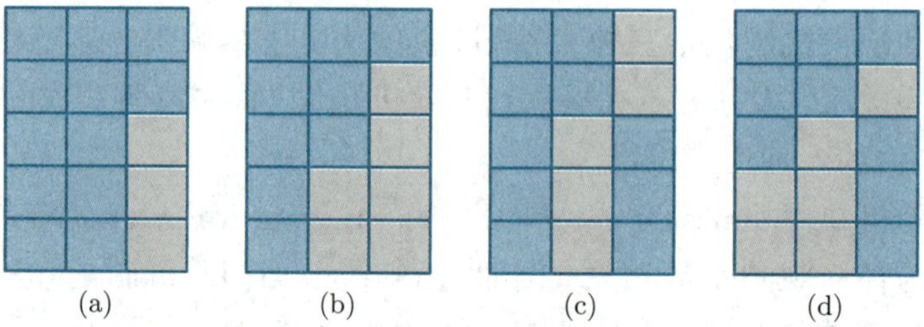

▶ 图 5.1
缺失模式示意图

第二种分类是将缺失模式分为单调缺失与非单调缺失. 按照缺失数据比例从小到大的顺序将变量排序后，若一个样本观测在某一变量上缺失，则必定也在后续所有变量上缺失，此为单调缺失模式. 不满足单调缺失模式的情况即为非单调缺失模式，也称为一般缺失模式. 单调缺失模式常发生在按时间采集的纵向数据之中，例如，由于被调查者中途退出导致其某一时间点之后的所有数据都缺失. 图 5.1 中，(a) 图和 (b) 图为单调缺失模式，(c) 图和 (d) 图为非单调缺失模式.

第三种分类是将缺失模式分为连通缺失与非连通缺失. 对任意观测值，若可以通过在观测值之间水平或纵向移动到达该观测值，则称为连通缺失模式；反之，称为非连通缺失模式. 非连通缺失模式往往发生在两个变量无法同时被观测的情况，例如，试验的观测结果变量与潜在结果变量；多源数据合并时也可能出现非连通缺失. 图 5.1 中，(a)—(d) 图均为连通缺失模式. 注意到 (c) 图第二列和第三列观测值必须经由第一列连通，若将第一列去掉，则形成非连通缺失模式. 但若去掉 (d) 图中的第一列，经由第一个样本观测的连接，仍为连通缺失模式[①]. 在一些统计推断中，连通缺失模式往往是必要的. 例如，

① 注意：可以调整变量（列）和观测（行）的摆放顺序，从而判断连通性. 例如，可将 (c) 图中的第一列挪到第二列和第三列之间，以形成连通；将 (d) 图中的第一个样本观测挪到第二个样本观测之后，也可形成连通.

为计算两个变量的相关系数, 则要求两个变量直接连通或二者经由其他变量连通.

探索缺失模式有助于发现产生缺失的原因, 以及数据收集过程中的问题等. 探索缺失模式还有一个重要功能: 为缺失值的后续处理, 尤其是缺失值插补, 提供依据. 可以借助一些指标实现 (van Buuren, 2018). 记 r_{kj} 为第 k 个样本观测在第 j 个变量 X_j 上的观测情况, $r_{kj}=1$ 表示第 k 个样本观测在 X_j 上有观测值, $r_{kj}=0$ 表示第 k 个样本观测在 X_j 上缺失 $(k=1,\cdots,n)$. 首先来看刻画两个变量缺失模式的指标.

(1) 以 X_i 插补 X_m 的可用样本比例 (proportion of usable cases)

$$I_{mi}=\frac{\sum\limits_{k=1}^{n} r_{ki}(1-r_{km})}{\sum\limits_{k=1}^{n}(1-r_{km})}.$$

可以看到, I_{mi} 等于在 X_m 上缺失但在 X_i 上有观测值的样本数量, 除以在 X_m 上缺失的样本数量. 若 X_i 在所有 X_m 值缺失的样本中也为缺失, 则 I_{mi} 等于 0; 若 X_i 在所有 X_m 值缺失的样本中都有观测值, 则 I_{mi} 等于 1. I_{mi} 是一种流入统计量 (inbound statistic), 显示了其他变量可为插补 X_m 中缺失值所提供的信息大小, 有利于快速筛选用于插补的变量. 我们往往希望选择信息量更大的变量用于插补, 因此 I_{mi} 值大的变量应优先用于插补 X_m 中的缺失值. 例如, 图 5.1(d) 中, 以第二列为含缺失且待插补的变量, 得到第一列和第三列变量的 I_{mi} 分别为 1/3 和 1, 从而应优先考虑由第三列变量获得第二列变量的插补值.

(2) 变量 X_i 对 X_m 的流出统计量 (outbound statistic)

$$O_{im}=\frac{\sum\limits_{k=1}^{n} r_{ki}(1-r_{km})}{\sum\limits_{i=1}^{n} r_{ki}}.$$

O_{im} 等于在 X_m 上缺失但在 X_i 上有观测值的样本数量, 除以在 X_i 上有观测值的样本数量. 若 X_i 在所有 X_m 值缺失的样本中也为缺失, 则 O_{im} 等于 0; 若 X_i 在所有 X_m 值缺失的样本中都有观测值, 则 O_{im} 等于 1. O_{im} 刻画了 X_i 中有多大比例的观测值可用于插补 X_m, 刻画了以 X_i 插补 X_m 的能力. 例如, 图 5.1(d) 中, 以第二列为用于缺失值插补的变量 (X_i), 得到第一列和第三列变量的 O_{im} 分别为 0 和 0.5, 从而第二列变量为第三列变量插补比为第一列变量插补所作的贡献更大.

设变量维度为 p, 可相应地定义刻画多个变量缺失模式的指标.

(1) 变量 X_m 的流入系数 (influx coefficient):

$$I_m = \begin{cases} \dfrac{\sum\limits_{d=1}^{p}\sum\limits_{k=1}^{n}(1-r_{km})r_{kd}}{\sum\limits_{d=1}^{p}\sum\limits_{k=1}^{n}r_{kd}}, & \sum\limits_{d=1}^{p}\sum\limits_{k=1}^{n}r_{kd} > 0, \\ 1, & \sum\limits_{d=1}^{p}\sum\limits_{k=1}^{n}r_{kd} = 0. \end{cases}$$

流入系数等于在 X_m 上有缺失的样本在其他变量中所拥有的观测值总量, 除以数据集中的观测值总量. 若 X_m 不存在缺失值, 则 $I_m = 0$; 若 X_m 不存在观测值, 则 $I_m = 1$. 若两个变量有相同的缺失值数量, 则流入系数更高的变量与其他变量的连通性能更好, 更易获得好的插补值.

(2) 变量 X_i 的流出系数 (outflux coefficient):

$$O_i = \begin{cases} \dfrac{\sum\limits_{d=1}^{p}\sum\limits_{k=1}^{n}r_{ki}(1-r_{kd})}{\sum\limits_{d=1}^{p}\sum\limits_{k=1}^{n}(1-r_{kd})}, & \sum\limits_{d=1}^{p}\sum\limits_{k=1}^{n}(1-r_{kd}) > 0, \\ 1, & \sum\limits_{d=1}^{p}\sum\limits_{k=1}^{n}(1-r_{kd}) = 0. \end{cases}$$

流出系数等于在 X_i 上有观测值的样本在其他变量中所拥有的缺失值总量, 除以数据集中的缺失值总量. 若 X_i 不存在缺失值, 则 $O_i = 1$; 若 X_i 不存在观测值, 则 $O_i = 0$. 若两个变量有相同的缺失值数量, 则流出系数更高的变量与其他变量的连通性能更好, 能为其他变量的插补提供更多信息.

实践中, 可以从样本观测和变量两个角度分析缺失值情况, 辅助探索缺失模式. 从样本观测角度而言, 主要是探索含有缺失值的样本数量和比例, 以及单元无应答 (unit nonresponse) 和项目无应答 (item nonresponse) 的样本数量和比例. 单元无应答样本是指绝大部分变量信息缺失的样本, 项目无应答样本是指少数变量信息缺失的样本, 二者往往在后续处理中被区别对待: 通常删除单元无应答样本, 保留项目无应答样本并作缺失值处理. 从变量角度而言, 需要探索单个变量的缺失值比例, 以及多个变量共同缺失的比例和模式等.

例5.1 基于 R 语言中的 airquality 数据集 (包含 Ozone, Solar.R, Wind, Temp, Month 和 Day 6 个变量和 153 个样本观测), 采用 R 语言 mice 包

中的函数探索缺失模式. 图 5.2 和图 5.3 中, 灰色表示缺失的情况. 图 5.2 中 (a) 图展示了各变量缺失值的比例, 可以看到, Ozone 的缺失值数量最高, 为 37 个; Solar.R 的缺失值数量为 7 个; 其他变量不存在缺失值. 图 5.2 中 (b) 图展示了两个变量共同缺失的比例和模式, 可以看到, 有 2 个样本观测在 Ozone 和 Solar.R 上的取值同时缺失, 其他的 40 个样本观测仅在一个变量上缺失. 图 5.3 进一步展示了 Ozone 和 Solar.R 的缺失模式, 包括两个变量取值都完整的样本观测的散点图, 以及在某一变量上取值缺失的样本观测在另一变量上的取值分布情况. 例如, 横坐标方向有两张箱线图, 蓝色箱线图是基于 Solar.R 和 Ozone 两个变量都被观测到的样本数据, 展示了它们在 Ozone 变量上的分布; 灰色箱线图是基于在 Solar.R 上缺失、但在 Ozone 上被观测到的 5 个样本观测, 展示了它们在 Ozone 变量上的分布. 这样的对比有助于探索含缺失值样本的分布特点.

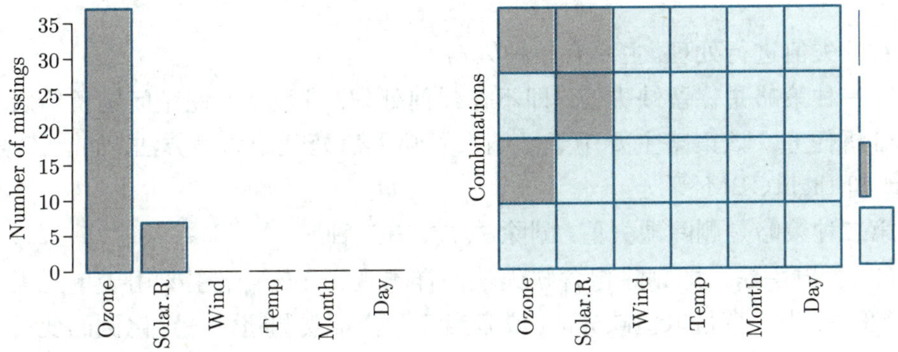

◀ 图 5.2
单变量与双变量缺失模式探索

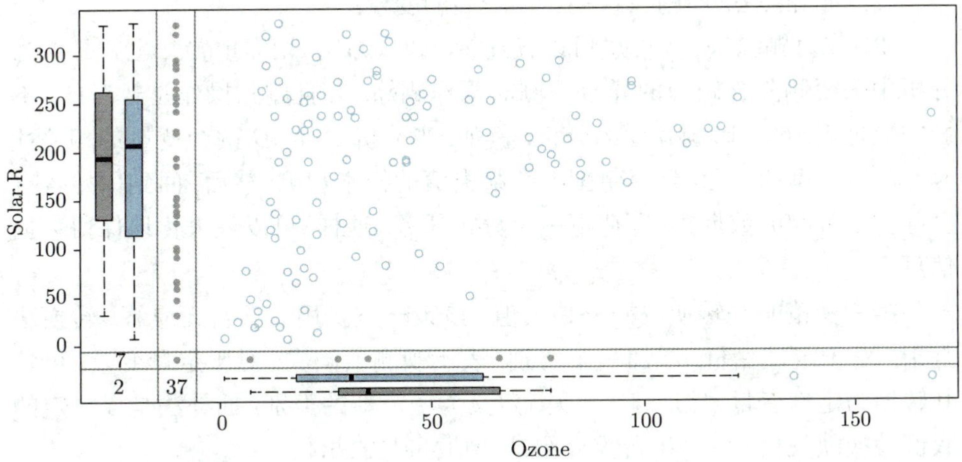

◀ 图 5.3
与缺失相关的变量分布探索

5.1.3 分析导致缺失值的原因

分析导致缺失值的原因, 可以帮助我们判断缺失机制, 从而合理选择后续的分析方法. 某些情况下, 分析导致缺失值的原因并从中提取信息, 这本身就是数据分析的一部分. 例如, 生产设备的传感器在设备出现问题时可能产生较多的缺失值, 从而查找导致缺失值的原因有助于分析设备和生产过程出现的问题.

如何分析导致缺失值的原因呢? 我们可以从研究主题和数据收集过程入手, 也可以通过探索缺失模式或者结合业务经验等进行分析. 总之, 需要结合具体的目标和问题, 依据可获得的信息, 尽可能深入地调查分析. 当然, 也可能因信息过少无法分析导致缺失值的原因, 此时可跳过这一步骤.

5.1.4 处理缺失值

对缺失值进行处理, 主要有三种策略.

第一种策略是保留缺失值. 即不作任何处理, 将数据不完整问题留给后续的分析任务. 该策略主要用于已纳入了缺失值处理的模型方法, 如, XG-Boost 和 LightGBM 等.

第二种策略是删除缺失值. 删除法主要有三种:

(1) 行删除法. 即删除包含缺失值的样本观测, 该策略主要用于单元无应答. 例如, 当因变量取值缺失时, 或者当一个样本观测超过一定比例的变量有缺失时, 可以采用行删除法. 需要注意的是, 删除样本观测后, 样本结构可能发生改变, 可以对剩余样本观测加权予以调整.

(2) 列删除法. 即删除缺失比例较高的变量.

(3) 成对删除法. 其思想可以描述为 "即取即用, 用完重置", 也就是说当分析中需要删除含缺失的样本观测时再作删除, 并且删除操作是暂时的, 不影响数据集, 也不影响其他的分析. 例如, 当分析 A 和 B 两个变量的相关性时, 删除在 A 和 B 上至少存在 1 个缺失值的样本观测; 然后, 回到原始含有全部样本观测的数据集, 等待下一个分析任务. 这样, 可以最大化地保留数据信息.

第三种策略是转换或插补缺失值. 该策略主要用于项目无应答. 转换法是指: 对于定性变量, 增加一个类别, 表示观测值缺失; 对于定量变量, 可将其转换为定性变量, 然后将 "缺失" 定义为一个新的类别. 插补法是以一定的数值替换缺失值. 后续将着重介绍缺失值插补方法.

注5.2 删除缺失值的方式可能导致偏差较大的样本, 应尽量避免. 转换或插补缺失值也可能引发样本偏差, 但通常偏差程度相对更小.

5.1.5 诊断缺失值处理结果

缺失值处理的最后一步是诊断缺失值处理结果. 缺失值处理方式不同, 诊断的内容和方法亦不同. 若采用插补法处理缺失值, 诊断的内容包括:

(1) 插补值是否越界. 如果插补值越出了数据集的取值范围, 需要诊断插补值是否符合数据逻辑. 若不符合, 应考虑修改插补值.

(2) 插补值是否产生了不一致问题①. 经过插补后的两个样本观测, 其自变量取值完全相同, 但因变量取值存在差异, 这就是由插补所导致的不一致问题. 可以通过编写代码检查这一问题.

(3) 插补值是否产生了取值矛盾. 例如, 为正常消费客户插补了小于 0 的消费额, 或为患者插补了超过限定范围的用药剂量, 都属于取值矛盾的插补. 对这类问题的诊断需要借助于业务知识或变量间的逻辑关系.

(4) 是否因插补改变了分析结果. 诊断插补值对分析结果 (如, 变量的分布、变量间的关系和目标量的估计值等) 的影响, 可以有多种角度, 例如: 将含插补值与不含插补值的分析结果予以对比, 或者将同一插补方法下不同插补值的分析结果予以对比, 以及将不同的插补方法所产生的分析结果予以对比. 当插补值产生了较大影响时, 需要特别谨慎, 应审视缺失值处理是否恰当.

对插补值进行诊断的方法有: 描述插补值的分布, 比较插补值与观测值的差异, 结合后续的数据分析效果作诊断, 等等.

当一个缺失值有多个不相同的插补值时, 可以量化诊断缺失值和插补值对最终结果的影响. 其主要思路是通过对目标量估计值的方差作分解, 获得各次插补值对目标量估计的影响, 在此基础上构建各种指标进行量化诊断. 记 $\hat{Q}$ 为目标量的估计值, $\boldsymbol{X}_{\text{obs}}$ 为观察到的数据, $\boldsymbol{X}_{\text{mis}}$ 为缺失的数据. 根据方差分解公式, 可将方差分解为组内方差 (within variance) 和组间方差 (between variance), 得到

$$\text{Var}(\hat{Q}|\boldsymbol{X}_{\text{obs}}) = E[\text{Var}(\hat{Q}|\boldsymbol{X}_{\text{obs}}, \boldsymbol{X}_{\text{mis}})|\boldsymbol{X}_{\text{obs}}] + \text{Var}[E(\hat{Q}|\boldsymbol{X}_{\text{obs}}, \boldsymbol{X}_{\text{mis}})|\boldsymbol{X}_{\text{obs}}]. \tag{5.1}$$

(5.1) 式等号右边第一项刻画了插补后所得目标量的平均波动; 第二项刻画了由于各次插补值不同所造成的目标量的波动, 它为诊断缺失值和插补值的影响提供了依据.

设产生了 m 次插补值, 第 l 次插补后获得的目标量估计值为 $\hat{Q}_l$ $(l = 1, \cdots, m)$, 最终的目标量估计值为 $\hat{Q} = \sum_{l=1}^{m} \hat{Q}_l/m$. 记$B = \sum_{l=1}^{m}(\hat{Q}_l - \hat{Q})^2/(m-$

① 2.3 节给出了不一致问题的定义.

1), $\bar{U} = \sum_{l=1}^{m} U_l/m$, U_l 是第 l 次插补中 $\hat{Q}_l$ 的方差. 那么, 总方差 $\mathrm{Var}(\hat{Q}|\boldsymbol{X}_{\mathrm{obs}})$ 的估计值为

$$T = \bar{U} + B + B/m. \tag{5.2}$$

(5.2) 式等号右边第一项是对 (5.1) 等号右边第一项的估计; (5.2)式等号右边第二和第三项是对 (5.1) 式右边第二项的估计, 其中 B/m 是由于对期望值 $E(\hat{Q}|\boldsymbol{X}_{\mathrm{obs}})$ 作估计而额外产生了不确定性①.

由此可以获得诊断缺失值和插补值影响的指标, 例如:

(1) 缺失导致的变异性比例 (proportion of total variance due to missingness):

$$\lambda = \frac{B + B/m}{T}.$$

(2) 无响应导致的变异性相对增量 (relative increase in variance due to nonresponse):

$$r = \frac{B + B/m}{\bar{U}} = \frac{\lambda}{1 - \lambda}.$$

(3) 无响应导致的目标量信息缺失比例 (fraction of information about Q missing due to nonresponse):

$$fmi = \frac{r + 2/(df + 3)}{1 + r},$$

其中 df 为自由度, 有多种取值方法②, 例如, 可取 $df = \dfrac{n-k+1}{n-k+3}(n-k)(1-\lambda)$, 其中 n 为样本量, k 为分析中需拟合的参数个数. 可以根据 fmi 的值评估缺失的影响: 当 $0.2 \leqslant fmi < 0.3$ 时, 认为数据缺失问题是适中的; 当 $0.3 \leqslant fmi < 0.5$ 时, 认为数据缺失问题适度地大; 当 $fmi \geqslant 0.5$ 时, 认为数据缺失问题很大③.

5.2 缺失值插补方法概述

缺失值插补 (imputaion) 是缺失值处理中常用的方法. 相对于删除法而言, 插补法不但不会损失已有的数据信息, 还可以更有效地利用已有信息.

以插补的方式处理缺失值也存在弊端. 首先, 插补缺失值改变了数据, 不恰当的插补值可能有损后续的数据分析; 其次, 若借助于某些变量的信息插

① (5.2) 式的证明可参见 Rubin (1987).

② 可参看 van Buuren (2018) 2.3.6 节.

③ 借助于 R 语言的 mice 包可以计算出这些指标.

补缺失值，可能导致某些变量在数据分析中的作用过度地大，造成过拟合. 因此，我们应该谨慎地插补缺失值.

5.2.1 缺失值插补方法分类

缺失值插补的总体思路是从缺失值的预测分布中产生插补值. 可将缺失值插补方法分为两大类.

第一类是单一插补 (single imputation)，即以单一值插补一个缺失数据. 由于单一插补无法获得缺失值和插补值对目标量估计值的影响，因此这一影响将在后续分析中被忽略，从而可能导致系统性地低估目标量估计值的标准误.

第二类是多重插补 (multiple imputation)，即以多个值插补一个缺失数据，可通过多次执行单一插补实现. 图 5.4 展示了多重插补的过程，并与单一插补作比较. 由多重插补可以获得缺失值和插补值对目标量估计的影响，从而有助于更全面准确地评价分析结果，5.1.5 节中对缺失值处理结果的量化诊断就必须依赖多重插补. 需要注意的是，只有当单一插补的结果在各次插补中可能发生变化时，组合多个单一插补结果所得到的多重插补才会有意义.

下面仅介绍单一插补方法，它可以分为三类.

第一类方法是冷卡插补 (cold-deck imputation). 它利用历史数据、业务经验或先验信息等外部资源中的数值插补缺失值. 冷卡插补适用于各种缺失机制. 尤其是在非随机缺失机制下，我们利用外部资源信息推断得到的插补值，可能比由当前数据中的观测值所获得的插补值更为准确.

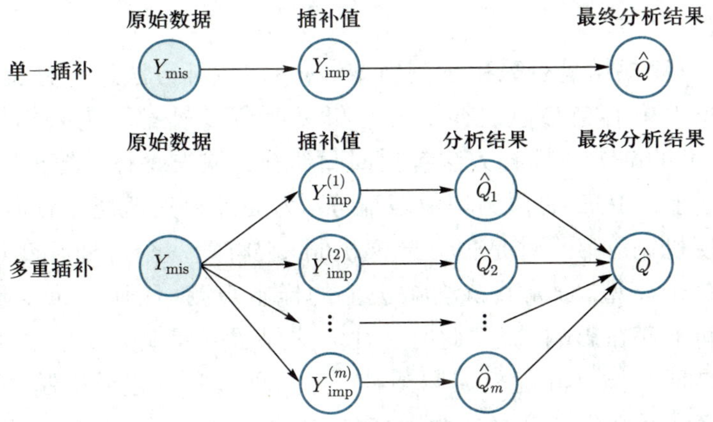

◀ 图 5.4 单一插补与多重插补示意图

第二类方法是以分布的中心趋势值插补. 按照中心趋势值的获得是否基于某种条件，可分为两种方法. 第一种方法是以非条件中心趋势值插补缺失值, 典型的插补值是全体观测值的均值、中位数和众数等. 第二种方法是以条件中心趋势值插补缺失值. 这里的条件是比较宽泛的, 比如:

(1) 根据若干变量的取值设置条件. 若条件变量的取值 (组合) 较少, 可按照条件变量对群体分层, 然后以各子群体的中心趋势值插补缺失值. 例如, 当被调查者的收入缺失时, 可以按照被调查者所在地区人群的平均收入进行插补, 这样的插补值可能比使用全体被调查者的平均收入更接近真实情况. 若条件变量的取值 (组合) 较多, 可以条件变量为自变量、以待插补的变量为因变量建立模型, 由模型所得的条件均值的预测值作为插补值. 后面将要介绍的回归插补和缺失森林就属于这种方法.

(2) 以是否为近邻关系作为条件. 此时, 以近邻的中心趋势值插补缺失值, 这就是 k 近邻插补方法.

第三类方法是基于从预测分布中抽取的样本获得插补值, 典型的方法包括两种: 第一种方法是从模型预测值的分布中随机抽取样本作为插补值, 如随机回归插补和 MICE; 第二种方法是基于预测分布抽样以确定邻居, 并以邻居的观测值作为插补值, 后面将要介绍的预测均值匹配就属于这种方法.

除上述分类方式以外, 还可以根据插补值是否等于观测值进行分类. 若从已观测的值中选取一个值作为缺失数据的插补值, 该方法被称为热卡插补 (hot-deck imputation). 在热卡插补方法中, 选取值的方式可以是在已观测到的有限个值中进行随机抽样, 也可以通过某种标准选择与缺失数据最匹配的观测值. 例如, 在 k 近邻插补中设置 $k = 1$, 则按照距离最近的标准, 以最近的邻居取值作为插补值, 它属于热卡插补. 若在 k 近邻插补中采用近邻的众数作为插补值, 那么不论 k 的取值为多少, 插补值仍然来自已有的观测值, 也属于热卡插补. 此外, 预测均值匹配方法也属于热卡插补. 当插补方法不能保证插补值等于某一观测值时, 应特别注意诊断插补值的合理性, 防范 “外推” 的风险[①].

此外, 可以根据是否采用预测模型, 对单一插补方法进行分类. 冷卡插补、以非条件中心趋势值插补缺失值和 k 近邻插补都不需要构建预测模型, 基于模型的缺失值插补方法包括回归插补、缺失森林、随机回归插补、MICE 和基于 MICE 的预测均值匹配等. 为插补缺失值建立预测模型, 包含两种建模机制. 第一种是独立建模机制, 它将每一个待插补变量作为因变量建立一个模型, 通常排除含缺失值的样本观测, 因而各个变量的插补值相互之间不存在影响关系, 此时往往无法保留多元缺失变量之间的关联. 典型方法是回归插补和随机回归插补. 另一种是联合建模机制, 一种直观的方法是将多元缺失的变量作为因变量, 建立具有多元目标的模型, 它依赖于特定的建模方法, 建模复杂度可能较高. 联合建模机制中更为常用的一

① 这里的 “外推” 表示插补值从未在已有观测值中出现过.

种方法采用链式建模, 即轮流以每一待插补变量为因变量建立模型, 使各变量的插补值联动加入建模之中, 将这一过程多次迭代, 直至各模型收敛. 可以看到, 联合建模机制更有利于保留多元缺失变量之间的关联, 典型的方法是缺失森林和 MICE.

5.2.2 缺失值插补方法应具备的特点

理解缺失值插补方法应具备的特点, 对于选择或设计缺失值插补方法具有重要意义. 一个理想的缺失值插补方法应具备三个特点:

(1) 依据对观测变量的某种条件计算插补值. 其目的是保留待插补变量与观测变量的关联, 以降低不响应造成的偏差, 从而提升精度.

(2) 当多个变量含有缺失值时, 保留多元变量插补值之间的关联性. 例如, 采用联合建模机制的缺失值插补方法更有利于保留多元缺失变量之间的关联.

(3) 基于抽样 (而非采用中心趋势值) 获取插补值. 由于抽样具有随机性, 因此从预测分布抽样可能获得不同的插补值, 从而为实现多重插补奠定基础.

表 5.1 展示了几种常用的缺失值插补方法是否具有以上三个特点. 可以看到, MICE 和基于 MICE 的预测均值匹配同时满足这三个特点.

插补方法	以观测变量为条件	保留多元变量插补值之间的关联	基于抽样
以非条件中心插补	×	×	×
以群体分层后的中心插补	✓	×	×
k 近邻插补	✓	×	×
回归插补	✓	×	×
随机回归插补	✓	×	✓
缺失森林	✓	✓	×
MICE	✓	✓	✓
基于 MICE 的预测均值匹配	✓	✓	✓

◀ 表 5.1 常用缺失值插补方法的特点

例 5.2 采用 R 语言中 airquality 数据集, 分别采用均值插补、基于 MICE 的预测均值匹配、回归插补、随机回归插补和 k 近邻插补方法, 插补 Ozone 变量的缺失值[①], 结果如图 5.5 所示. 图中, 以灰色直方图展示观测值的分布, 蓝色直方图展示插补值的分布. 可以看到, 本例中回归插补和随机回归插补产生了越出观测值范围的插补值; 以均值作为插补值的分布与观测值的分布差异最大; 相对而言, 基于 MICE 的预测均值匹配和 k 近邻插补方法所得到的插补值分布与观测值的分布更为接近.

① 由 R 语言 mice 包中的函数实现.

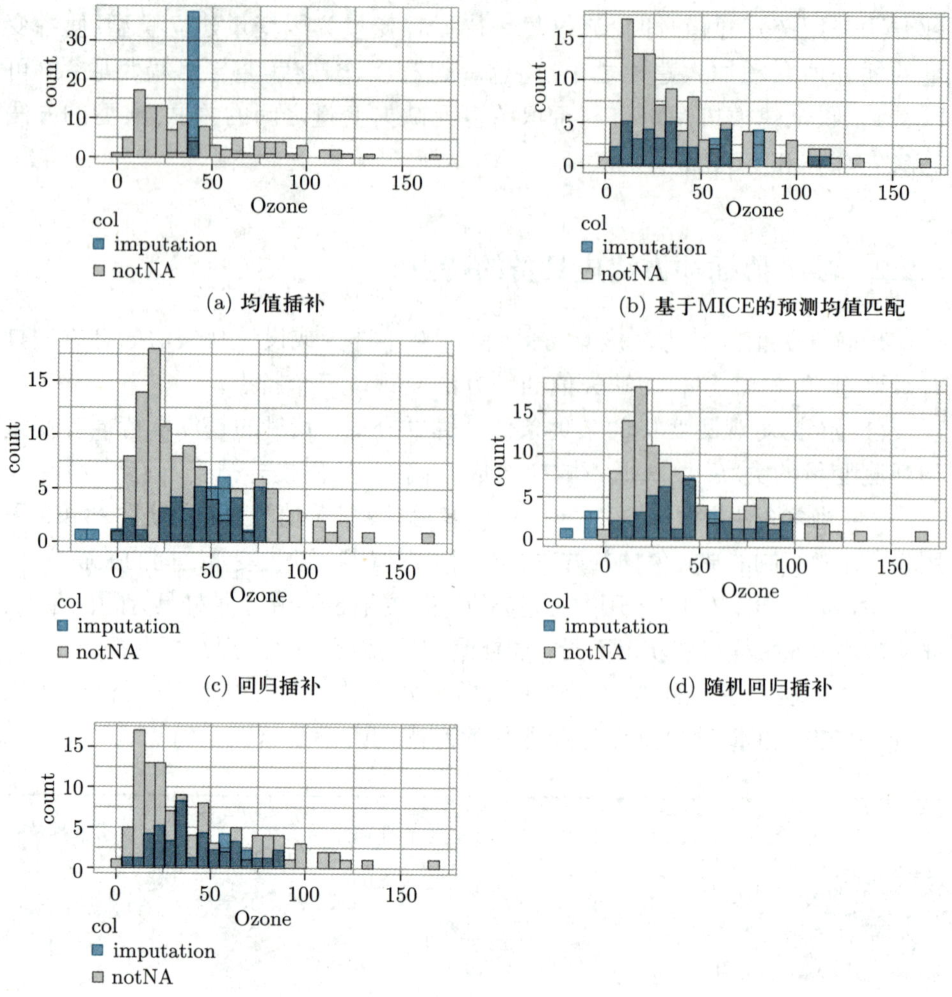

(a) 均值插补

(b) 基于MICE的预测均值匹配

(c) 回归插补

(d) 随机回归插补

(e) k 近邻插补

▶ 图 5.5
基于 airquality 数据 Ozone 变量的缺失值插补

后续将逐一介绍几种常用的缺失值插补方法.

5.3　k 近邻插补

k 近邻插补方法由 Troyanskaya et al. (2001) 提出, 其主要思想是: 根据待插补样本中观测值的信息确定 k 个近邻, 然后利用 k 个近邻在待插补变量上的值插补缺失值. 近邻关系由距离决定, 距离最近的 k 个样本观测即为近邻. k 近邻插补方法的具体步骤如下:

步骤 1: 将所有数据规范化. k 近邻方法通常采用闵氏距离. 为了保证在距离运算中各变量保持基本一致的作用, 需要对变量规范化①, 例如, 将定量

① 可参看第七章 “数据规范化”.

变量作标准化或最小值–最大值规范化处理; 对定性变量作独热编码, 转换为虚拟变量.

注 5.3 将定性变量转换为虚拟变量, 应注意两点:

(1) 虚拟变量个数应等于定性变量的类别数, 这是为了保证当两个样本观测的取值不同时都会产生相同的距离值[①].

(2) 应考虑虚拟变量取值与定量变量尺度的一致性. 根据 Stekhoven & Bühlmann (2012), 若采用欧氏距离, 且将定量变量作标准化变换, 则应取虚拟变量值为 -1 和 1. 其原因是, 假定经标准化变换后的定量变量服从标准正态分布, 则约有 84% 的数据落入 $[-\sqrt{2},\sqrt{2}]$, 这一范围内数据的距离平方和最大值为 $\left(\sqrt{2}-(-\sqrt{2})\right)^2=8$. 若取虚拟变量值为 -1 和 1, 定性变量对应的所有虚拟变量距离平方和的最大值为 $(1-(-1))^2\times 2=8$, 与定量变量的作用相当. 实际上, 只要大致遵从量纲一致性的要求, 可以灵活地处理, 例如, 将定性变量变换为取值为 0 和 1 的虚拟变量, 则在欧氏距离下可将定量变量作 $[0,\sqrt{2}]$ 的最小值–最大值规范化处理. 其中的原因, 作为习题留给读者思考.

步骤 2: 找出在待插补变量上未缺失的所有样本观测, 记该集合为 Q.

步骤 3: 计算待插补样本观测与 Q 中所有样本观测的距离. 欧氏距离是较好的选择.

注 5.4 为解决距离运算中的缺失值问题, 可采用允许缺失值的欧氏距离, 即按照未缺失的数值计算各维度上的距离平方和, 然后乘以调节系数, 它等于总维数除以在两个样本中都具有观测值的维数. 例如, 考虑两个样本观测 (3, NaN, NaN, 6) 和 (1, NaN, 4, 5), 其中 NaN 表示缺失值, 二者的欧氏距离为

$$\sqrt{\frac{4}{2}\times((3-1)^2+(6-5)^2)}.$$

步骤 4: 找出 k 个近邻, 按照近邻在待插补变量上的加权中心趋势值作为插补值. 例如, 对于定性变量, 可以取近邻的加权众数作为插补值; 对于定量变量, 可以取近邻的加权平均值作为插补值. 这里的权重可以取为 $1/k$, 即所有近邻等权重; 也可以采用与距离成反比的权重值, 使得更近的邻居对插补值产生更大的影响.

例 5.3 选取 golf 数据集的前 8 个样本观测, 假定其中含有 3 个缺失值, 如表 5.2 所示 (* 表示缺失值). 由于 Play 是后期建模分析中的因变量, 不能参与 k 近邻插补, 故去掉 Play. 采用欧氏距离, 将定量变量 Temperature 和 Humidity 作标准化变换, 变换后的变量分别记为 ST 和 SH. 将定性变量

---

① 7.2.1 节作了详细阐述.

转换为取值为 -1 和 1 的虚拟变量: 由 Outlook 得到 3 个虚拟变量 Rainy, Sunny 和 Overcast, 由 Windy 得到两个虚拟变量 W 和 NW. 转换后的数据如表 5.3 所示.

▶ 表 5.2
含有缺失值的 8 个样本观测

序号	Temperature	Humidity	Windy	Outlook	Play
1	*	*	False	Sunny	No
2	80	*	True	Sunny	No
3	83	86	False	Overcast	Yes
4	70	96	False	Rainy	Yes
5	68	80	False	Rainy	Yes
6	65	70	True	Rainy	No
7	64	65	True	Overcast	Yes
8	72	95	False	Sunny	No

▶ 表 5.3
转换后的数据

序号	ST	SH	Rainy	Sunny	Overcast	W	NW
1	*	*	−1	−1	1	1	−1
2	−1.23	*	−1	−1	1	−1	1
3	1.68	0.34	1	−1	−1	1	−1
4	−0.25	1.20	−1	1	−1	1	−1
5	−0.55	−0.17	−1	1	−1	1	−1
6	−1.00	−1.03	−1	1	−1	−1	1
7	−1.15	−1.46	1	−1	−1	−1	1
8	0.04	1.11	−1	−1	1	1	−1

首先, 插补序号为 1 的样本观测在 Temperature 上的缺失值. 此时, 序号为 2 至 8 的样本观测组成了备选近邻的集合 Q. 序号为 1 和 2 的样本观测之间的欧氏距离为

$$\sqrt{\frac{6}{5}((-1-(-1))^2+(-1-(-1))^2+(1-1)^2+(1-(-1))^2+(-1-1)^2)}$$
$$\approx 3.10.$$

序号为 1 的样本观测与其余样本观测的距离可类似计算, 结果展示在表 5.4 中. 根据距离的值, 若取近邻数量 $k=1$, 则序号为 8 的样本观测为近邻, 故插补值为 72. 若取 $k=2$, 则序号为 8 的样本观测与序号为 2 至 5 的任意一个样本观测为近邻. 例如, 以序号为 8 和 3 的样本观测为近邻: 若采用相等的权重, 则插补值为二者均值 77.5; 若以距离倒数并作归一化后的值为权重, 由于序号为 1 的样本观测与序号为 8 的样本观测之间的距离为 0, 而与其他样本观测的距离大于 0, 则序号为 8 的样本观测权重为 1, 另一个近邻的权重为 0, 因此插补值为 72.

序号	2	3	4	5	6	7	8
欧氏距离	3.10	3.10	3.10	3.10	4.38	4.38	0

◀ 表 5.4
序号为 1 的样本观测与其他样本观测的欧氏距离值

注 5.5 当插补定性变量的缺失值时, 若将定性变量转换为虚拟变量进行处理, k 近邻方法可能失效. 这是由于 k 近邻插补只能独立地处理各个虚拟变量, 有可能导致矛盾的插补值. 例如, 各个虚拟变量的插补值都相同, 那么这些插补值无法对应原始定性变量的某个类别.

Troyanskaya et al. (2001) 认为, 近邻数量 k 对插补结果影响不太大. 实践中, 一般通过交叉验证选择恰当的近邻数量 k, 以实现更好的插补效果.

k 近邻插补方法速度快, 在各种缺失规模的情况中都可以呈现较好的插补效果. 但是, k 近邻插补方法也存在一些局限性, 包括:

(1) 高维情况下, 所找到的近邻可能不准确, 从而导致插补值效果欠佳. 这是因为在高维情况下, 所有的样本观测稀疏地分布于空间中, 可能不存在真正意义上的近邻.

(2) k 近邻插补未考虑缺失机制, 可能导致有偏的分析结果.

5.4 回归插补与随机回归插补

回归插补和随机回归插补都适用于待插补变量与其他变量存在关联性和预测关系的情况, 通过建立模型获得插补值. 回归插补和随机回归插补都采用独立建模机制, 即对每一变量独立进行插补, 某一变量的插补值并不影响其他变量的插补值. 在此机制下, 当建立插补模型时, 不能使用含有缺失值的样本观测.

5.4.1 回归插补

回归插补以待插补的变量为因变量建立模型, 以模型的预测值作为插补值. 插补模型可采用任意恰当的模型.

例 5.4 基于表 5.2 中的数据, 采用回归插补方法进行缺失值插补. 由于 Play 是后期建模分析中的目标变量, 不能参与插补模型, 故去掉 Play. 本例中, 以普通最小二乘回归 (OLS) 模型作为插补模型. 根据模型的要求, 应将定性变量转换为虚拟变量. 为避免共线性问题, 虚拟变量数量应为定性变量类别数减 1. 由于 Windy 只有两个取值, 故直接将 Windy 的取值转换为 0 和 1, 其中 0 对应于原取值 False, 1 对应于 True. 对于 Outlook, 可任取所产生的三个虚拟变量中的两个. 例如, 取其中一个虚拟变量 Rainy, 当 Outlook 取值为 Rainy 时, 该虚拟变量取值为 1, 否则为 0; 另一个虚拟变量取为 Sunny,

取值也为 0 或 1. 由此得到转换后的数据, 展示在表 5.5 中.

序号	Temperature	Humidity	Windy	Rainy	Sunny
1	*	*	0	0	1
2	80	*	1	0	1
3	83	86	0	0	0
4	70	96	0	1	0
5	68	80	0	1	0
6	65	70	1	1	0
7	64	65	1	0	0
8	72	95	0	0	1

▶ 表 5.5
对定性变量作预处理后的数据

下面插补变量 Humidity 中的缺失值. 考虑两种情况.

第一种情况, 建立一个模型, 插补 Humidity 中所有缺失值. 注意到, 在序号为 1 的样本观测中, Humidity 与 Temperature 两个变量的取值同时缺失, 因此 Temperature 不能用于插补 Humidity 的值. 基于序号为 3 至 7 的样本观测, 采用 Windy、Rainy 和 Sunny 构建关于 Humidity 的 OLS 模型:

$$\widehat{\text{Humidity}} = 85.14 - 19.29 \times \text{Windy} + 3.29 \times \text{Rainy} + 9.86 \times \text{Sunny}. \quad (5.3)$$

根据这一模型, 得到序号为 1 和 2 的样本观测中, Humidity 的插补值分别为 95.00 和 75.71.

第二种情况, 分别根据每一个样本观测的缺失情况, 构建有针对性的模型. 先考虑序号为 1 的样本观测, 由于其 Temperature 值缺失, 故只能采用 Windy、Rainy 和 Sunny 的信息, 所构建的模型为 (5.3) 式, 插补值也为 95.00. 再考虑序号为 2 的样本观测, 由于其 Temperature 值已被观测到, 可以采用 Temperature、Windy、Rainy 和 Sunny 的信息, OLS 模型为

$$\begin{aligned}\widehat{\text{Humidity}} = 50.88 + 0.44 \times \text{Temperature} - 14.75 \times \text{Windy} + \\ 6.58 \times \text{Rainy} + 12.78 \times \text{Sunny}. \quad (5.4)\end{aligned}$$

由此得到序号为 2 的样本观测 Humidity 的插补值为 84.11. 可以看到, 它与第一种情况所得的插补值有所不同.

为插补变量 Temperature 中的缺失值, 应以 Temperature 为因变量, 以 Windy、Rainy 和 Sunny 为自变量, 基于序号为 2 至 8 的样本观测, 建立模型. 具体过程留给读者练习.

5.4.2 随机回归插补

随机回归插补的基本思想是在回归插补的基础上引入随机性，通常是在回归模型预测值的基础上加入噪声，将模型预测值的不确定性纳入插补值. 例如，取噪声为服从正态分布的随机变量，其均值为 0，方差为回归模型误差项方差的估计值.

例 5.4 (续) 采用随机回归插补方法插补变量 Humidity 中的缺失值. 先考虑序号为 1 的样本观测. 模型 (5.3) 误差项的方差估计值 $\hat{\sigma}_1^2 = 65.29$. 从 $N(0, 65.29)$ 中随机抽取一个样本观测，例如取到 14.25. 从而，序号为 1 的样本观测 Humidity 的插补值为 $95.00 + 14.25 = 109.25$. 模型 (5.4) 误差项的方差估计值 $\hat{\sigma}_2^2 = 59.00$. 从 $N(0, 59.00)$ 中随机抽取一个样本观测，例如取到 13.55，从而，序号为 2 的样本观测中 Humidity 的插补值为 $84.11 + 13.55 = 97.66$.

回归插补与随机回归插补具有简单快速的特点. 但是，它们也存在一些局限性，包括:

(1) 插补的值可能越出观测值的取值范围. 对于这个问题，解决的办法有多种. 例如，在回归插补中，当模型预测值落入已观测值取值范围以外时，可以取与预测值最为接近的观测值，也就是观测值中的最大值或最小值，作为插补值. 在随机回归插补中，可以基于模型预测值构造截尾型分布，从中随机产生的插补值可满足取值范围要求.

(2) 建立插补模型时无法使用含有缺失值的样本观测. 当含缺失值的变量较多时，样本信息的利用可能并不充分. 如何解决这一问题呢? 下面将要介绍的缺失森林和 MICE 方法或许能提供一些思路.

5.5 缺失森林

缺失森林 (missforest) 由 Stekhoven & Bühlmann (2012) 提出. 缺失森林采用联合建模机制，其主要思想是: 对多个含缺失值的变量逐一、轮流进行多次迭代插补，所采用的插补模型为随机森林 (random forest). 当迭代收敛后，以模型的预测值作为插补值. 由于随机森林模型可预测定量和定性变量，故缺失森林方法适用于插补定量和定性数据.

记 $\boldsymbol{X} = (X_1, \cdots, X_p)$ 为 n 行 p 列的数据矩阵. 对其中任一变量 X_s，记 X_s 中缺失数据的下标集合为 $i_{\text{mis}}^{(s)} \subseteq \{1, \cdots, n\}$，将数据集分为 4 个部分:

(1) X_s 中的非缺失数据，记为$y_{\text{obs}}^{(s)}$;

(2) X_s 中的缺失数据，记为$y_{\text{mis}}^{(s)}$;

(3) 下标属于 $\{1, \cdots, n\} \backslash i_{\text{mis}}^{(s)}$ 的样本观测在除 X_s 以外变量上的数据，记

为$\boldsymbol{X}_{\text{obs}}^{(s)}$ (其中可能含有缺失值);

(4) 下标属于 $i_{\text{mis}}^{(s)}$ 的观测在除 X_s 以外变量上的数据, 记为$\boldsymbol{X}_{\text{mis}}^{(s)}$.

缺失森林算法的步骤如下:

步骤 1: 按缺失数据比例从小到大将所有变量排序, 记排序后的变量为 $X_1, \cdots, X_p$. 显然, 未含有缺失数据的变量将排在最前面.

步骤 2: 初始插补 $\boldsymbol{X}$. 可以非条件中心趋势值作为初始插补值, 例如, 以均值 (对定量变量) 或众数 (对定性变量) 插补.

步骤 3: 对每一个变量 $X_s\,(s=1,\cdots,p)$, 采用 $\left(\boldsymbol{X}_{\text{obs}}^{(s)}, y_{\text{obs}}^{(s)}\right)$ 建立随机森林模型, 其中 $\boldsymbol{X}_{\text{obs}}^{(s)}$ 为模型的自变量, $y_{\text{obs}}^{(s)}$ 为模型的因变量. 基于所建立的模型, 获得 $\boldsymbol{X}_{\text{mis}}^{(s)}$ 对应的预测值 $\hat{y}_{\text{mis}}^{(s)}$.

重复步骤 3, 直到满足停止条件.

这里的停止条件设置规则是, 当迭代前后的插补值差异较小时, 停止迭代. Stekhoven & Bühlmann (2012) 定义了衡量插补值差异的指标. 记 N 为定量变量的下标集合, F 为定性变量的下标集合. 对于定量的待插补变量, 定义

$$\varDelta_N = \frac{\sum\limits_{j\in N}\sum\limits_{i\in i_{\text{mis}}^{(s)}}\left(\hat{y}_{\text{mis},ij}^{(j)\text{new}} - \hat{y}_{\text{mis},ij}^{(j)\text{old}}\right)^2}{\sum\limits_{j\in N}\sum\limits_{i\in i_{\text{mis}}^{(s)}}\left(\hat{y}_{\text{mis},ij}^{(j)\text{new}}\right)^2},$$

其中 $\hat{y}_{\text{mis},ij}^{(j)\text{old}}$ 是前一轮迭代中获得的第 i 个样本观测在变量 X_j 上的插补值, $\hat{y}_{\text{mis},ij}^{(j)\text{new}}$ 是其下一轮迭代中所获得的插补值. 对于定性的待插补变量, 定义

$$\varDelta_F = \frac{\sum\limits_{j\in F}\sum\limits_{i\in i_{\text{mis}}^{(s)}} I\left(\hat{y}_{\text{mis},ij}^{(j)\text{new}} \neq \hat{y}_{\text{mis},ij}^{(j)\text{old}}\right)}{\#\text{NA}},$$

其中, $I(\cdot)$ 为示性函数, #NA 为所有定性变量中缺失数据个数.

基于实证结果, Stekhoven & Bühlmann (2012) 认为, 在对定量变量的插补中, 迭代五次即可收敛.

例 5.5 基于表 5.2 中的数据, 采用缺失森林方法插补缺失值. 由于 Play 是后期建模分析中的因变量, 不能参与建立插补模型, 故去掉 Play.

步骤 1: 按照缺失数据比例从小到大将变量排序. Outlook 和 Windy 不含有缺失值, 应排在前两位, 二者的顺序可以任意交换. Temperature 与 Humidity 含有的缺失值数量分别为 1 和 2, 分别排在第三和第四位.

步骤 2: 以非条件中心趋势值对所有缺失数据作初始插补. 由于 Temperature 与 Humidity 都是定量变量, 因此以样本均值作为初始插补值, 得到

Temperature 的初始插补值为 71.71, Humidity 的初始插补值为 82. 基于初始插补值更新数据集, 如表 5.6 所示.

步骤 3: 通过随机森林模型实施第一轮插补. 本例中, 设置随机森林模型的个体学习器数量为 2, 最大树深度为 1, 节点中抽取的分枝变量数为 2, 且不作 Bootstrap 采样. 首先, 以第一个变量为因变量建立随机森林模型. 本例中, 以 Windy 为因变量, 以 Outlook、Temperature 和 Humidity 为自变量, 建立随机森林模型. 由于 Windy 中不含有缺失值, 因此, 应采用所有的样本观测建立随机森林模型. 类似地, 继续以第二个变量 Outlook 为因变量, 建立随机森林模型.

序号	Windy	Outlook	Temperature	Humidity
1	False	Sunny	71.71	82.00
2	True	Sunny	80	82.00
3	False	Overcast	83	86
4	False	Rainy	70	96
5	False	Rainy	68	80
6	True	Rainy	65	70
7	True	Overcast	64	65
8	False	Sunny	72	95

◀ 表 5.6
步骤 2 更新后的数据集

注 5.6 可以看到, 以训练集中不含缺失值的变量为因变量所建立的随机森林模型, 对其他变量的插补模型和插补值并无影响. 那么, 为什么要建立这样的模型呢? 这是因为在未来的应用中, 例如应用于测试集时, 这些变量可能出现缺失值, 则由所训练的模型可获得插补值.

接着, 以第三个变量 Temperature 为因变量, 以 Humidity、Windy 和 Outlook 为自变量, 基于表 5.6 中序号为 2 至 8 的样本观测, 建立随机森林模型. 假定所建立的随机森林模型中的两棵决策树如图 5.6 所示①. 由此得到随机森林模型的预测结果为 (76+76.25)/2=76.125, 因此序号为 1 的样本观测 Temperature 插补值应从初始插补值 71.71 更新为 76.125. 更新后的数据集如表 5.7 所示.

最后, 以第四个变量 Humidity 为因变量, 以 Temperature、Windy 和 Outlook 为自变量, 基于表 5.7 中序号为 3—8 的样本观测建立随机森林模

① 由 scikit-learn 库中的 RandomForestRegressor 函数获得. 注意到自变量中 Windy 和 Outlook 为定性变量, 按照 RandomForestRegressor 函数要求, 需对它们作变换. 本例中, 将 Windy 的取值转换为 0 和 1, 其中 0 对应于原取值 False, 1 对应于 True; 由 Outlook 产生三个虚拟变量: Outlook_Sunny, Outlook_Rainy 和 Outlook_Overcast. 若采用 MissForest 函数实现缺失森林, 不需要对定性变量作独热编码, 因为 MissForest 函数可自动处理, 但需要在函数中声明哪些为定性变量.

型. 假定所得到的随机森林模型中的两棵决策树如图 5.7 所示[①]. 由此得到随机森林模型的预测结果为分别为 79.92 和 90.79. 因此, 序号为 1 和 2 的样本观测 Humidity 插补值应从初始插补值 82 分别更新为 79.92 和 90.79. 更新后的数据集如表 5.8 所示. 至此, 步骤 3 结束, 得到了第一轮插补模型和插补结果.

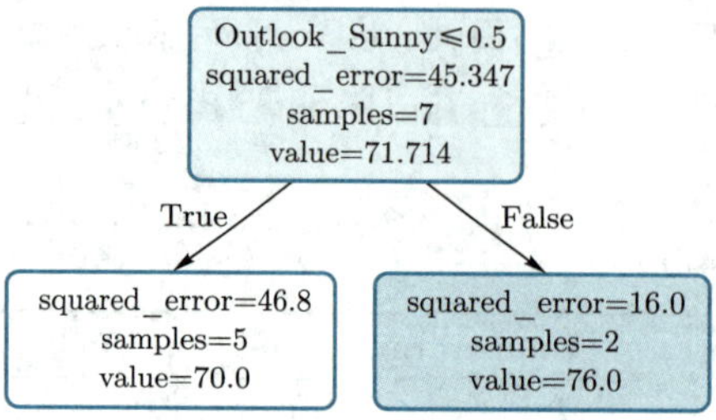

(a) 第一棵决策树

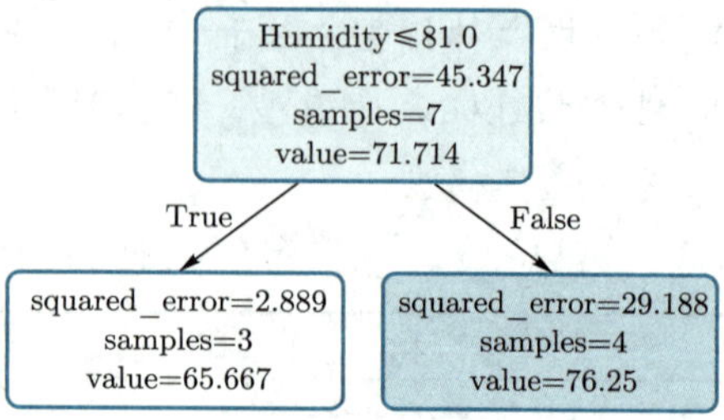

(b) 第二棵决策树

▶ 图 5.6
以 Temperature 为因变量的随机森林模型

▶ 表 5.7
步骤 3 第三个变量插补后的数据集

序号	Windy	Outlook	Temperature	Humidity
1	False	Sunny	76.125	82.00
2	True	Sunny	80	82.00
3	False	Overcast	83	86
4	False	Rainy	70	96
5	False	Rainy	68	80
6	True	Rainy	65	70
7	True	Overcast	64	65
8	False	Sunny	72	95

可继续执行步骤 3, 即基于步骤 3 中第一轮迭代产生的结果 (表 5.8 所示的数据集), 继续迭代更新, 直到满足迭代停止条件. 具体迭代过程留给读者练习.

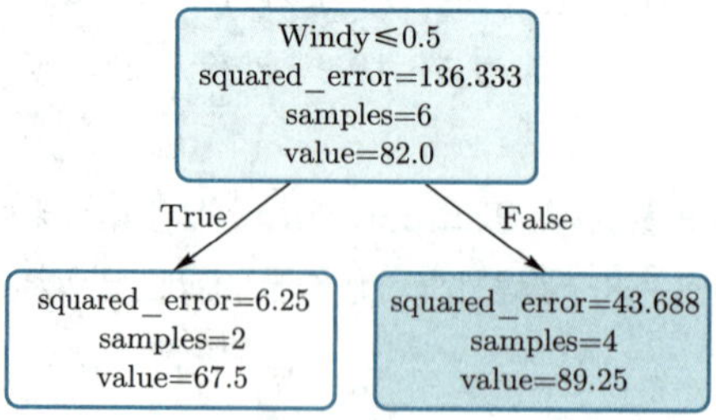

(a) 第一棵决策树

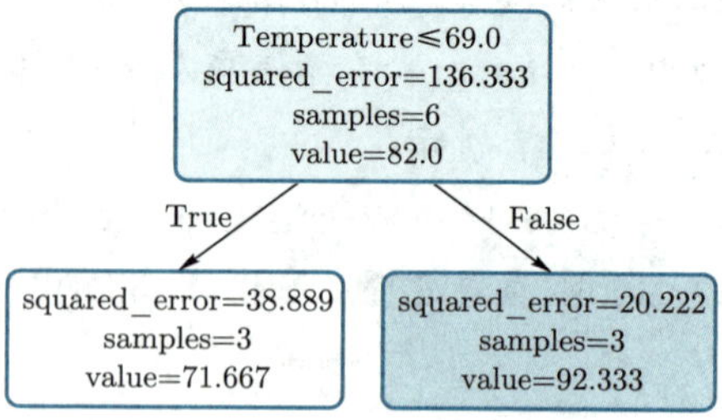

(b) 第二棵决策树

▶ 图 5.7
以 Humidity 为因变量的随机森林模型

① 同样由 scikit-learn 库中的 RandomForestRegressor 函数获得, 对定性变量的处理与以 Temperature 为因变量的随机森林模型一致.

序号	Windy	Outlook	Temperature	Humidity
1	False	Sunny	76.125	79.92
2	True	Sunny	80	90.79
3	False	Overcast	83	86
4	False	Rainy	70	96
5	False	Rainy	68	80
6	True	Rainy	65	70
7	True	Overcast	64	65
8	False	Sunny	72	95

◀ 表 5.8
步骤 3 第四个变量插补后的数据集

注 5.7 由例 5.5 可知, 每一个随机森林模型的构建都涉及当前缺失值的插补值, 形成了模型与插补值同时迭代更新. 需注意, 变量的摆放顺序、模型的参数设置、迭代停止规则等都可能会对插补结果产生影响.

基于几个实际数据集, Stekhoven & Bühlmann (2012) 展示了缺失森林方法的效果. 从运算效率而言, 缺失森林方法的运行时长远低于 MICE, 但高于 k 近邻插补方法. 从插补效果而言, 若以插补值与真实值之间的误差作为评价指标①, 总体上看, 缺失森林方法在定量变量和定性变量上的缺失值插补效果优于 k 近邻插补和 MICE.

5.6 MICE 与预测均值匹配

本节介绍一种经典的缺失值插补方法——MICE, 以及基于 MICE 的预测均值匹配方法.

5.6.1 MICE

MICE (multivariate imputation by chained equations) 这一名称来源于 van Buuren et al. (1999), 但该方法的思想及其别名在 1999 年之前就已经出现了. MICE 类似于缺失森林, 采用联合建模机制, 通过建立待插补变量与其他变量的模型, 逐一迭代更新单一变量的插补值, 最终实现多元变量联动的插补. 与缺失森林不同的是, MICE 基于模型预测值的分布, 采用 MCMC (Markov Chain Monte Carlo) 抽样产生迭代过程中的插补值.

设有 p 个向量 $\boldsymbol{X}_1, \cdots, \boldsymbol{X}_p$. 记 $\boldsymbol{X}_j$ 中已有的观测值所构成的向量为 $\boldsymbol{X}_j^{\text{obs}}$, $\boldsymbol{X}_j$ 中的缺失值在第 k 轮插补迭代后所形成的插补值向量为 $\boldsymbol{X}_j^{*(k)}$, 以 $\boldsymbol{X}_j^{(k)} = (\boldsymbol{X}_j^{\text{obs}}, \boldsymbol{X}_j^{*(k)})$ 表示 $\boldsymbol{X}_j$ 在第 k 轮插补迭代后所形成的向量. 假定分

① 正如 van Buuren (2018) 所述, 缺失值插补不是一个预测问题. 因此, 以插补值与真实值之间的误差作为评价指标未必恰当 (当然也不失为一个评价的角度), 这一点需要注意.

别以 $\boldsymbol{X}_1,\cdots,\boldsymbol{X}_p$ 为因变量建立的插补模型含有参数 $\boldsymbol{\theta}_1,\cdots,\boldsymbol{\theta}_p$. 首先获得初始插补值, 从 $\boldsymbol{X}_j^{\text{obs}}$ 中随机抽样得到 $\boldsymbol{X}_j^{*(0)}$ $(j=1,\cdots,p)$. 设第 $k-1$ 轮迭代后产生了 $\boldsymbol{X}_1^{(k-1)},\cdots,\boldsymbol{X}_p^{(k-1)}$, 则第 k 轮迭代过程如下:

(1) 以 $\boldsymbol{X}_1^{\text{obs}}$ 为因变量, $\boldsymbol{X}_{2,1}^{(k-1)},\cdots,\boldsymbol{X}_{p,1}^{(k-1)}$ 为自变量建立模型, 其中 $\boldsymbol{X}_{2,1}^{(k-1)},\cdots,\boldsymbol{X}_{p,1}^{(k-1)}$ 为 $\boldsymbol{X}_1^{\text{obs}}$ 中的样本观测在 $\boldsymbol{X}_2^{(k-1)},\cdots,\boldsymbol{X}_p^{(k-1)}$ 的取值.

(2) 获得模型参数 $\boldsymbol{\theta}_1$ 估计量的分布.

(3) 从 $\boldsymbol{\theta}_1$ 估计量的分布中随机抽取样本, 记为 $\hat{\boldsymbol{\theta}}_1^{(k)}$.

(4) 将 $\hat{\boldsymbol{\theta}}_1^{(k)}$ 代入模型中, 得到 $\boldsymbol{X}_1$ 各缺失值估计量的分布.

(5) 从 $\boldsymbol{X}_1$ 各缺失值估计量的分布中随机抽取样本, 将这些样本作为 $\boldsymbol{X}_1$ 的第 k 轮插补值, 从而获得 $\boldsymbol{X}_1^{*(k)}$ 和 $\boldsymbol{X}_1^{(k)}$.

(6) 继续对 $\boldsymbol{X}_2,\cdots,\boldsymbol{X}_p$ 执行类似操作. 需要注意的是, 建立插补模型时, 应该使用最近更新的插补值. 例如, 在第 k 轮中对 $\boldsymbol{X}_2$ 建立插补模型时, $\boldsymbol{X}_1$ 已经更新到第 k 轮, 此时应以 $\boldsymbol{X}_1^{(k)}$ 作为自变量, 而非 $\boldsymbol{X}_1^{(k-1)}$. 当对所有 p 个变量都执行了插补值更新操作后, 就完成了第 k 轮迭代, 从而获得了 $\boldsymbol{X}_1^{(k)},\cdots,\boldsymbol{X}_p^{(k)}$.

第 k 轮迭代过程中涉及多次抽样. 记 $\boldsymbol{X}_1^{\text{mis}},\cdots,\boldsymbol{X}_p^{\text{mis}}$ 分别表示 $\boldsymbol{X}_1,\cdots,\boldsymbol{X}_p$ 中的缺失值向量, 第 k 轮迭代过程中的抽样展示如下:

$$
\begin{aligned}
\text{抽取}\hat{\boldsymbol{\theta}}_1^{(k)} &\sim P\left(\boldsymbol{\theta}_1|\boldsymbol{X}_1^{\text{obs}},\boldsymbol{X}_{2,1}^{(k-1)},\boldsymbol{X}_{3,1}^{(k-1)}\cdots,\boldsymbol{X}_{p,1}^{(k-1)}\right),\\
\text{抽取}\boldsymbol{X}_1^{*(k)} &\sim P\left(\boldsymbol{X}_1^{\text{mis}}|\boldsymbol{X}_1^{\text{obs}},\boldsymbol{X}_{2,1}^{(k-1)},\cdots,\boldsymbol{X}_{p,1}^{(k-1)},\hat{\boldsymbol{\theta}}_1^{(k)}\right),\\
\text{抽取}\hat{\boldsymbol{\theta}}_2^{(k)} &\sim P\left(\boldsymbol{\theta}_2|\boldsymbol{X}_2^{\text{obs}},\boldsymbol{X}_{1,2}^{(k)},\boldsymbol{X}_{3,2}^{(k-1)},\cdots,\boldsymbol{X}_{p,2}^{(k-1)}\right),\\
\text{抽取}\boldsymbol{X}_2^{*(k)} &\sim P\left(\boldsymbol{X}_2^{\text{mis}}|\boldsymbol{X}_2^{\text{obs}},\boldsymbol{X}_{1,2}^{(k)},\boldsymbol{X}_{3,2}^{(k-1)},\cdots,\boldsymbol{X}_{p,2}^{(k-1)},\hat{\boldsymbol{\theta}}_2^{(k)}\right),\\
&\cdots,\\
\text{抽取}\hat{\boldsymbol{\theta}}_p^{(k)} &\sim P\left(\boldsymbol{\theta}_p|\boldsymbol{X}_p^{\text{obs}},\boldsymbol{X}_{1,p}^{(k)},\boldsymbol{X}_{2,p}^{(k)},\cdots,\boldsymbol{X}_{p-1,p}^{(k)}\right),\\
\text{抽取}\boldsymbol{X}_p^{*(k)} &\sim P\left(\boldsymbol{X}_p^{\text{mis}}|\boldsymbol{X}_p^{\text{obs}},\boldsymbol{X}_{1,p}^{(k)},\boldsymbol{X}_{2,p}^{(k)},\cdots,\boldsymbol{X}_{p-1,p}^{(k)},\hat{\boldsymbol{\theta}}_p^{(k)}\right).
\end{aligned}
$$

研究发现, 一般迭代 10 至 20 次, 即可收敛.

通常, 可由所建立的模型相关理论获得参数估计量和预测值的分布. 例如, 若使用普通最小二乘回归模型, 则 $\boldsymbol{\theta}_j$ 为回归系数, 可在模型误差满足正态性、方差齐性和独立性的条件下, 得到

$$
\hat{\boldsymbol{\theta}}_j^{(k)} \sim N\left(\boldsymbol{\theta}_j^{(k)},\operatorname{Cov}\left(\hat{\boldsymbol{\theta}}_j^{(k)}\right)\right),
$$

以及

$$\boldsymbol{x}_{ij}^{*(k)}|\hat{\boldsymbol{\theta}}_j^{(k)} \sim N\left(\boldsymbol{z}_{ij}^{(k)}\hat{\boldsymbol{\theta}}_j^{(k)}, \left(\sigma_j^{(k)}\right)^2\right),$$

其中 $\boldsymbol{z}_{ij}^{(k)}$ 是 $\boldsymbol{Z}_j^{(k)} = \left(\boldsymbol{X}_1^{(k)}, \cdots, \boldsymbol{X}_{j-1}^{(k)}, \boldsymbol{X}_{j+1}^{(k-1)}, \cdots, X_p^{(k-1)}\right)$ 的第 i 个样本观测, $\left(\sigma_j^{(k)}\right)^2$ 是 $\boldsymbol{X}_j$ 第 k 轮插补模型误差的方差.

但由于 $\mathrm{Cov}\left(\hat{\boldsymbol{\theta}}_j^{(k)}\right)$ 和 $\sigma_j^{(k)}$ 往往是未知的, 因此上述两个正态分布不能用于 MICE 算法中抽取随机样本, 需要先估计未知参数并根据相关分布采样. 例如, 当满足一定的条件时, $\hat{\boldsymbol{\theta}}_j^{(k)}$ 应基于霍特林 T^2 分布产生, $\boldsymbol{x}_{ij}^{*(k)}|\hat{\boldsymbol{\theta}}_j^{(k)}$ 应基于 t 分布产生. 但是, 许多模型 (包括大部分机器学习模型) 参数估计量的分布难以获得. 此时, 可将模型参数的抽样与预测值抽样合并, 将第 k 轮迭代过程中的抽样简化为: 建立以第 1 个变量 $\boldsymbol{X}_1$ 为因变量, 以 $\boldsymbol{X}_2^{(k-1)}, \cdots, \boldsymbol{X}_p^{(k-1)}$ 为自变量, 基于 $\boldsymbol{X}_1^{\mathrm{obs}}$, 建立模型. 由此获得 $\boldsymbol{X}_1$ 各缺失值估计量的分布, 并从该分布中随机抽取样本, 将这些样本记为 $\boldsymbol{X}_1^{*(k)}$. 其他变量的处理类似. 具体过程为

$$\begin{aligned}
&\text{抽取 } \boldsymbol{X}_1^{*(k)} \sim P\left(\boldsymbol{X}_1^{\mathrm{mis}}|\boldsymbol{X}_1^{\mathrm{obs}}, \boldsymbol{X}_{2,1}^{(k-1)}, \boldsymbol{X}_{3,1}^{(k-1)} \cdots, \boldsymbol{X}_{p,1}^{(k-1)}\right),\\
&\text{抽取 } \boldsymbol{X}_2^{*(k)} \sim P\left(\boldsymbol{X}_2^{\mathrm{mis}}|\boldsymbol{X}_2^{\mathrm{obs}}, \boldsymbol{X}_1^{(k)}, \boldsymbol{X}_{3,2}^{(k-1)}, \cdots, \boldsymbol{X}_{p,2}^{(k-1)}\right),\\
&\quad \cdots,\\
&\text{抽取 } \boldsymbol{X}_p^{*(k)} \sim P\left(\boldsymbol{X}_p^{\mathrm{mis}}|\boldsymbol{X}_p^{\mathrm{obs}}, \boldsymbol{X}_1^{(k)}, \boldsymbol{X}_{2,p}^{(k)}, \cdots, \boldsymbol{X}_{p-1,p}^{(k)}\right).
\end{aligned}$$

例如, 以普通最小二乘回归模型作为插补模型, 对 $\boldsymbol{x}_{ij}^{*(k)}$ 采样. 首先建立 $\boldsymbol{X}_j^{\mathrm{obs}}$ 关于 $\boldsymbol{Z}_j^{(k)}$ 的回归模型, 由模型得到 $\boldsymbol{x}_{ij}^{(k)}$ 的预测值 $\hat{\boldsymbol{x}}_{ij}^{(k)}$. 当模型误差满足正态性、方差齐性和独立性时, 有

$$\frac{\hat{\boldsymbol{x}}_{ij}^{(k)} - \boldsymbol{x}_{ij}^{(k)}}{\sqrt{\left(\hat{\sigma}_j^{(k)}\right)^2\left(\boldsymbol{z}_{ij}^{(k)}\left(\boldsymbol{Z}_j^{(k)\mathrm{T}}\boldsymbol{Z}_j^{(k)}\right)^{-1}\boldsymbol{z}_{ij}^{(k)\mathrm{T}} + 1\right)}} \cdot \sqrt{m_j - q_j - 1} \sim t\left(m_j - q_j - 1\right),$$

其中, $\left(\hat{\sigma}_j^{(k)}\right)^2$ 为模型误差方差的估计值, m_j 为拟合插补模型时的样本量, q_j 为 $\boldsymbol{Z}_j^{(k)}$ 的维数 (m_j 和 q_j 与迭代次数无关). 因此, 可以从 t 分布中抽取样本构造插补值 $\boldsymbol{x}_{ij}^{*(k)}$.

除了满足一定假设的特定模型 (例如, 满足误差正态性、方差齐性和独立性的普通最小二乘回归模型), 许多模型预测值的精确分布不易获得. 解决此问题的一种思路是使用近似分布, 例如, 将模型预测值看作近似服从正态

分布. 为避免插补值落入观测值范围以外, 可以使用截尾型分布①.

MICE 考虑了多元插补值之间的关联, 通过引入随机性减弱了对模型的过度依赖, 也为实现多重插补奠定了基础. 可以预先筛选 MICE 中建立模型所使用的自变量, 以提升插补的准确度和效率. MICE 可以用于非随机缺失, 但仍然需要谨慎处理.

5.6.2 基于 MICE 的预测均值匹配

基于模型的插补方法往往存在插补值 "外推" 的风险, 即插补值是一个从未在已有观测值中出现的值. 注意到, 插补值落入已有观测值的取值范围之外只是 "外推" 的特例, 前面已经提到, 可通过截尾型分布等方式解决这一问题. 但是, 截尾方法并不能解决插补值在取值范围内的 "外推" 问题. 例如, 已知某一部门仅有两种级别的员工, 工资取值只有两个, 那么即便工资插补值落入两个值的中间, 也属于不合理的 "外推", 因为我们知道该部门不存在这种工资取值的员工. 热卡插补方法可以解决这一问题.

本节介绍热卡插补中的一种方法——预测均值匹配 (predicted mean matching, PMM). 该方法由 Little (1988) 提出, 其主要思想是: 通过模型的均值预测值刻画匹配度, 然后以最匹配的观测值作为插补值.

在 Little (1988) 中, 预测均值匹配方法与 MICE 搭配使用. 具体而言, 预测均值匹配遵循 MICE 方法中的迭代方式, 通过逐步迭代更新模型和插补值; 与 MICE 不同的是, 预测均值匹配通过匹配的方式选取已有的观测值作为插补值. 在初始插补阶段, 预测均值匹配从已有的观测值中随机抽样产生初始插补值. 下面介绍预测均值匹配如何实现某一轮迭代中对某一个缺失值的插补. 设待插补的变量为 X, 用于建立插补模型的自变量为 $\boldsymbol{Z}$. 设全体数据的样本量为 n, 在变量 X 上有观测值的样本下标集合为 R, 相应的观测值为 x_i $(i \in R)$. 基于下标属于 R 的样本观测, 以 X 为因变量, 以 $\boldsymbol{Z}$ 为自变量, 建立插补模型. 根据模型, 获得全体样本观测在 X 上的预测值 $\hat{\mu}_i$, 它是对均值 μ_i 的预测 $(i = 1, \cdots, n)$. 则预测均值匹配方法的插补值为

$$x_i^* = x_{k_i},\ i \in \bar{R}, \tag{5.5}$$

其中 $k_i = \underset{s \in R}{\operatorname{argmin}}\,(\tilde{\mu}_i - \hat{\mu}_s)^2$, $\tilde{\mu}_i$ 是从预测值 $\hat{\mu}_i$ 所服从的分布中随机抽取的一个样本观测.

可以看出, 预测均值匹配与 MICE 搭配使用, 具有 MICE 的特点; 同时, 通过从已有观测值中选取插补值, 预测均值匹配可以减弱对插补模型预测值

① scikit-learn 中的 IterativeImputer 函数采用截尾正态分布, 分布的均值为模型预测值, 分布的方差为预测值的方差, 以观测值的最小和最大值为截尾值.

分布的依赖, 并且较好地解决了插补值“外推”问题.

5.6.3 基于普通最小二乘回归模型的特例

基于普通最小二乘回归 (OLS) 模型, 假设数据满足模型所要求的误差正态性、方差齐性和独立性, 本节介绍如何结合参数估计值和模型预测值的分布实施 MICE 和基于 MICE 的预测均值匹配.

设自变量维数为 q, 样本量为 m, 建立的 OLS 模型为

$$\hat{\boldsymbol{X}}_{m\times 1} = \boldsymbol{Z}_{m\times(q+1)}\hat{\boldsymbol{\theta}}_{(q+1)\times 1},$$

其中 $\hat{\boldsymbol{\theta}}_{(q+1)\times 1}$ 的第一个维度为截距项, 数据矩阵 $\boldsymbol{Z}_{m\times(q+1)}$ 的第一列是取值全为 1 的向量. 例如, 对于含有 p 维变量 $(X_1, \cdots, X_p)$ 的数据集, 应用 MICE 对 X_j 作插补时, 以 X_j 为因变量, 以 $\left(X_1^{(k)}, \cdots, X_{j-1}^{(k)}, X_{j+1}^{(k-1)}, \cdots, X_p^{(k-1)}\right)$ 为自变量, 建立 OLS 模型, 系数 $\hat{\boldsymbol{\theta}}_j^{(k)}$ 对应于回归系数的估计值.

当模型误差满足正态性、方差齐性和独立性时, 根据 OLS 模型理论, 有

$$\hat{\boldsymbol{\theta}} \sim N\left(\boldsymbol{\theta}, \operatorname{Cov}(\hat{\boldsymbol{\theta}})\right),$$

以及

$$\hat{X}_{\boldsymbol{z}}|\hat{\boldsymbol{\theta}} \sim N\left(\boldsymbol{z}\hat{\boldsymbol{\theta}}, \sigma^2\right),$$

其中 $\hat{X}_{\boldsymbol{z}}$ 是自变量取值为 $\boldsymbol{z}_{1\times(q+1)}$ 的 (个体) 预测值, σ^2 是模型误差的方差.

但由于 $\operatorname{Cov}(\hat{\boldsymbol{\theta}})$ 和 σ^2 往往是未知的, 需要先估计未知参数, 并根据相关分布采样. 例如, 当满足一定的条件时, $\hat{\boldsymbol{\theta}}$ 的样本应基于霍特林 T^2 分布产生随机数并作一定转换得到, $\hat{X}_{\boldsymbol{z}}|\hat{\boldsymbol{\theta}}$ 的样本应基于 t 分布产生随机数并作一定转换得到.

可以看到, 对 $\hat{\boldsymbol{\theta}}$ 采样比较麻烦. 若直接对模型的预测值采样, 会让问题简化. 当模型误差满足正态性、方差齐性和独立性时, 有

$$\frac{\hat{X}_{\boldsymbol{z}} - X_{\boldsymbol{z}}}{\sqrt{\hat{\sigma}^2\left(\boldsymbol{z}\left(\boldsymbol{Z}^{\mathrm{T}}\boldsymbol{Z}\right)^{-1}\boldsymbol{z}^{\mathrm{T}} + 1\right)}} \cdot \sqrt{m-q-1} \sim t(m-q-1),$$

其中 $\hat{\sigma}^2$ 为模型误差方差的估计值. 因此, 可以从 t 分布中抽取样本构造插补值 $\hat{X}_{\boldsymbol{z}}$.

在基于 MICE 的预测均值匹配方法中, 需要对均值 μ 的预测值 $\hat{\mu}$ 采样. 以 OLS 模型为插补模型, 当模型误差满足正态性、方差齐性和独立性时, 自变量取值为 $\boldsymbol{z}$ 的预测均值 $\hat{\mu}_{\boldsymbol{z}}$ 的分布满足

$$\frac{\hat{\mu}_{\boldsymbol{z}}-\mu_{\boldsymbol{z}}}{\sqrt{\hat{\sigma}^2\left(\boldsymbol{z}\left(\boldsymbol{Z}^{\mathrm{T}}\boldsymbol{Z}\right)^{-1}\boldsymbol{z}^{\mathrm{T}}\right)}}\cdot\sqrt{m-q-1}\sim t\left(m-q-1\right).$$

可以从 t 分布中采样构造 $\tilde{\mu}$, 并按照 (5.5) 式通过匹配获得插补值.

例 5.6 选取 golf 数据集中两个定量变量和前八个样本观测, 假定其中含有三个缺失值, 如表 5.2 前三列所示. 下面, 采用基于 MICE 的预测均值匹配方法插补缺失值, 以 OLS 模型作为插补模型.

首先, 从观测值中随机抽样, 作为初始插补值. 假定抽中序号为 6 的样本观测的 Temperature 值, 以及序号为 7 和 6 的 Humidity 值, 初始插补后的数据集如表 5.9 第二和第三列所示.

▶ 表 5.9
初始插补后的数据集与 Temperature 的第一轮预测值

序号	Temperature	Humidity	$\widehat{\text{Temperature}}$
1	65	65	69.14
2	80	70	69.89
3	83	86	72.29
4	70	96	73.79
5	68	80	71.39
6	65	70	69.89
7	64	65	69.14
8	72	95	73.64

实施第一轮插补. 以 Temperature 为因变量, Humidity 为自变量, 基于表 5.9 中的序号为 2 至 8 的样本观测, 建立 OLS 模型

$$\widehat{\text{Temperature}}=59.39+0.15\times\text{Humidity}.$$

由模型得到 Temperature 的预测值, 列于表 5.9 第四列中.

序号为 1 的样本观测的均值预测值为 $\hat{\mu}=69.14$, 用于建立模型的样本量为 7, $q=1$, 因此从 $t(5)$ 分布中抽取一个随机样本, 例如为 1.66. 模型误差方差的估计值为 295.23. 因此

$$\tilde{\mu}=69.14+\frac{1.66\times\sqrt{295.23\times\boldsymbol{z}\left(\boldsymbol{Z}^{\mathrm{T}}\boldsymbol{Z}\right)^{-1}\boldsymbol{z}^{\mathrm{T}}}}{\sqrt{7-1-1}}\approx 77.17,$$

其中, $\boldsymbol{z}=(1,65)$, $\boldsymbol{Z}$ 的第一列是取值全为 1 的向量, 第二列是序号为 2 至 8 的样本观测的 Humidity 值. 需要注意的是, 本例中我们并未确认模型误差满足正态性、方差齐性和独立性, 因此, 预测均值的分布可能并不精确, 是近似分布.

可以看到, $\tilde{\mu}$ 与序号为 4 的样本观测的预测值最为接近, 因此, 以序号为 4 的样本观测的 Temperature 值 70 作为插补值. 从而, 更新数据集, 如表 5.10 所示.

序号	Temperature	Humidity
1	70	65
2	80	70
3	83	86
4	70	96
5	68	80
6	65	70
7	64	65
8	72	95

◀ 表 5.10 第一轮插补 Temperature 后的数据集

类似地, 可基于表 5.10 的数据集, 对 Humidity 的插补值进行更新, 留给读者练习.

5.7 案例分析

基于 car 数据集, 划分训练集和测试集. 将训练集中的自变量放入 X_train, 将测试集中的自变量放入 X_test. 首先采用基于训练集插补缺失值, 然后应用到测试集中.

本例中, 仅有 Reliability 含有缺失值. 这里将 Reliability 作为定量变量处理, 其原因是希望完整地呈现各方法 (KNNImputer 函数只能插补定量变量的缺失值).

1. 以非条件中心趋势值插补

采用 SimpleImputer 函数, 设置参数 strategy = 'most frequent', 以众数插补缺失值.

```
imputer = SimpleImputer(strategy='most_frequent')
numeric_features = np.where(X_train.dtypes != object)[0]
X_train_imp = pd.DataFrame(imputer.fit_transform(X_train.iloc[:,
    numeric_features]),columns=X_train.iloc[:,numeric_features].
    columns)
```

2. *k* 近邻插补

采用 KNNImputer 函数实现 k 近邻插补. 由于涉及欧氏距离运算, 需要先作预处理: (1) 对除待插补变量以外的定量变量标准化; (2) 对除待插补变量以外的定性变量作独热编码, 为使得各原始自变量在距离运算中权重基本相等, 将所有独热编码变量变为 -1 和 1 两个取值. 将待插补的变量与预处理后的变量合并为 X_trainpreprocess.

```
numeric_features = np.where(X_train.drop(['Reliability'], axis=1).
    dtypes != object)[0]
numeric_transformer = Pipeline(steps=[('scaler', StandardScaler())])

categorical_features = np.where(X_train.drop(['Reliability'], axis=1).
    dtypes == object)[0]
categorical_transformer = Pipeline(steps=[('onehot', OneHotEncoder
    (handle_unknown='ignore'))])
preprocessor = ColumnTransformer(
    transformers=[
        ('num', numeric_transformer, numeric_features),
        ('cat', categorical_transformer, categorical_features)])
x1 = X_train[['Reliability']]
x2 = pd.DataFrame(preprocessor.fit_transform(X_train.drop(['
    Reliability'], axis=1)))
x2.iloc[:,len(numeric_features):] = (x2.iloc[:,len(numeric_features)
    :]-0.5)*2
X_trainpreprocess = pd.merge(x1,x2,left_index=True, right_index=True,
    how='outer')
```

取近邻数量 $k=3$, 设置 weights = 'uniform' (等权重), 采用近邻的平均值作为插补值.

```
imputerknn = KNNImputer(n_neighbors=3, weights='uniform')
X_train_impknn = pd.DataFrame(imputerknn.fit_transform
    (X_trainpreprocess))
```

3. 回归插补与随机回归插补

可以将回归插补看作预测的任务, 通过建立模型获得插补值. 本例中, 通过 IterativeImputer 函数实现回归插补. IterativeImputer 函数一般用于联合建模机制中的链式方法, 但通过将迭代次数设置为 1, 且放入的数据中只有待插补变量含缺失值 (删除在其他变量有缺失值的样本观测), 则可以实现回归插补. 由于本例中仅有待插补变量 Reliability 含有缺失值, 因此可以使用训练集中所有的样本观测. 为了建立回归模型, 需要将定性变量作独热编码, 注意去掉其中一个独热编码变量, 以避免共线性. 设预处理后的训练集为 X_iter. 在 IterativeImputer 函数中, 设置最大迭代次数 max_iter 为 1; 设置

sample_posterior=False, 则采用模型的截尾预测值 (不超过所设置的最大和最小值) 作为插补值; 插补的最小值 min_value 为 1, 最大值 max_value 为 5. 这里, 未设置模型, 即以默认的 BayesianRidge 函数建立模型.

```
iterreg = IterativeImputer(max_iter=1, sample_posterior=False,
    min_value=1, max_value=5)
iterreg.fit(X_iter)
iter_imputation = pd.DataFrame(iterreg.transform(X_iter.iloc[X_train
    ['Reliability'].isnull().values==True,:]))
```

类似地, 在 IterativeImputer 函数中设置 max_iter=1 和 sample_posterior=True, 可实现随机回归插补. 为重现随机抽样的结果, 可以为随机数种子 random_state 赋值. 设置预测分布为截尾型分布, 其最小值 min_value 为 1, 最大值 max_value 为 5.

```
iterrandreg = IterativeImputer(sample_posterior=True, max_iter=1,
    random_state=0, min_value=1, max_value=5)
iterrandreg.fit(X_iter)
iter_randimputation = pd.DataFrame(iterrandreg.transform(X_iter.iloc
    [X_train['Reliability'].isnull().values==True,:]))
```

4. 缺失森林

由 MissForest 函数实现缺失森林. MissForest 函数可以直接处理数值型的定性变量, 因此不需要对定性变量作独热编码. 但是, 它不接受字符串, 需先对定性变量作有序编码, 变为数值型.

```
categorical_features = np.where(X_train.dtypes == object)[0]
categorical_transformer = Pipeline(steps=[('ordinal', OrdinalEncoder
    (handle_unknown='use_encoded_value', unknown_value=np.nan))])
preprocessor = ColumnTransformer(transformers=[('cat',
    categorical_transformer, categorical_features)])
X_traincategorical = pd.DataFrame(preprocessor.fit_transform(X_train),
    columns=X_train.columns[categorical_features])
```

将定量变量与预处理后的定性变量 X_traincategorical 合并, 获得预处理后的训练集 X_trainpreprocess. 在 MissForest 函数中, 设置最大迭代次数 max_iter 为 10, 随机数种子 random_state 为 1. 特别注意, 应在 fit 函数中声明定性变量. 本例中, 定性变量所在的列号为 5 和 6, 因此设置 cat_vars=[5,6]. 随后, 通过 transform 函数可实现对缺失值的插补.

```
imputer = MissForest(max_iter=10, random_state=1)
imputer.fit(X_trainpreprocess, cat_vars=[5,6])
imp_missforest = imputer.transform(X_trainpreprocess)
```

5. MICE 与预测均值匹配

可采用两种方式实现 MICE. 第一种方式通过 IterativeImputer 函数实现 MICE. 但由于 IterativeImputer 函数必须采用一个指定的模型, 因此不便于同时插补定性和定量的缺失值 (除非建模函数可以自适应因变量类型). 第二种方式通过 miceforest 包中的函数实现基于 MICE. 下面, 采用第二种方式插补缺失值.

miceforest 包采用 LightGBM 模型作为插补模型. 数据预处理应根据 LightGBM 模型的要求. 这里, 只需要将定性变量的类型设置为 'category' 即可.

```
X_train.iloc[:,categorical_features] = X_train.iloc[:,
    categorical_features].astype('category')
```

ImputationKernel 函数主要用于实现预测均值匹配. 当设置近邻数量为 0 时, 以模型预测值作为插补值, 此时可以实现 MICE. 因此, 设置 mean_match_scheme 的其他参数为默认值, 近邻数量为 0; 设置随机数种子 random_state=0; 为实现多重插补, 设置 datasets=2, 此时对每一个缺失数据可获得两个插补值.

```
scheme_mmc = mean_match_default.copy()
scheme_mmc.set_mean_match_candidates(0)
miceimp = mf.ImputationKernel(X_train, mean_match_scheme=scheme_mmc,
    random_state=0, datasets=2)
```

需要通过 mice 函数获得插补值. 设置 MICE 的迭代次数 iterations = 5, 以及 LightGBM 中个体学习器的数量 n_estimators = 10. 所获得的两组含有插补值的数据集分别记为 X_trainmice1 和 X_trainmice2.

```
miceimp.mice(iterations=5, n_estimators=10)
X_trainmice1 = miceimp.complete_data(0)
X_trainmice2 = miceimp.complete_data(1)
```

类似可以实现预测均值匹配. 这里, 设置近邻数量为 1, 随机数种子 random_state=0, datasets=1 (为单一插补).

```
scheme_mmc = mean_match_default.copy()
scheme_mmc.set_mean_match_candidates(1)
pmm = mf.ImputationKernel(X_train, mean_match_scheme=scheme_mmc,
    random_state=0, datasets=1)
pmm.mice(iterations=5, n_estimators=10)
X_trainpmm = pmm.complete_data()
```

以上完成了缺失值插补的训练. 采用 transform 函数可以插补测试集中缺失值. 例如, 采用预测均值匹配插补训练集中的缺失值. 首先对测试集作预处理, 将定性变量设置为 'category'. 这里涉及一个问题, 若测试集中出现了训练集中未含有的类别, 运行插补函数时会报错. 因此, 将训练集中未含有的类别设置为 NaN.

```
X_country = pd.Categorical(X_train.iloc[:,0])
X_type = pd.Categorical(X_train.iloc[:,3])
cat_country = CategoricalDtype(categories=X_country.categories)
cat_type = CategoricalDtype(categories=X_type.categories)
X_test.iloc[:,0] = X_test.iloc[:,0].astype(cat_country)
X_test.iloc[:,3] = X_test.iloc[:,3].astype(cat_type)
```

对预处理后的测试集 X_test, 通过 transform 函数产生插补值.

```
X_testpmm = pmm.transform(X_test)
```

表 5.11 和表 5.12 分别展示了训练集和测试集的缺失值插补结果, 其中 k 近邻插补、回归插补、随机回归和 MICE 插补值四舍五入为整数, 避免产生 "外推" 的插补值. 显然, 以众数作为插补值不具有变异性; 回归插补和随机回归插补虽然采用了相同的插补模型, 但插补值存在较大差异, 且与其他方法的差异较大; MICE 和预测均值匹配都采用 LightGBM 作为插补模型, 插补值最为接近, 它们与 k 近邻插补和缺失森林的插补值较为接近.

序号	以众数插补	k 近邻插补	回归插补	随机回归插补	缺失森林	MICE	预测均值匹配
22	5	4	5	4	4	3	3
58	5	5	4	5	5	5	5
59	5	4	4	5	5	5	5
20	5	3	4	3	2	3	2
57	5	5	4	4	5	5	5
9	5	5	4	4	5	5	5

◀ 表 5.11 训练集缺失值插补结果

表 5.12 测试集缺失值插补结果

序号	以众数插补	k 近邻插补	回归插补	随机回归插补	缺失森林	MICE	预测均值匹配
48	5	2	3	3	2	3	3
44	5	3	3	5	4	4	3
33	5	5	5	2	3	3	3
53	5	3	3	2	2	3	3
21	5	5	4	1	4	5	5

本章小结

1. 思维导图

缺失值处理思维导图

- 1 识别缺失值
  - 识别缺失机制: MCAR, MAR, MNAR
- 2 探索缺失模式
  - 单变量/多变量缺失, 单调/非单调缺失, 连通/非连通缺失
  - 缺失模式探索指标: I_{im}, O_{mi}, I_m, O_i
- 3 分析导致缺失值的原因
  - 借助于数据收集过程、缺失模式或业务经验等
- 4 处理缺失值
  - 保留缺失值
  - 删除缺失值
  - 插补缺失值
    - 单一插补
      - 冷卡插补
      - 以中心趋势值插补: 非条件中心趋势值插补, k 近邻插补, 回归插补, 缺失森林
      - 从预测分布抽样插补: 随机回归插补, MICE, 预测均值匹配
    - 多重插补
- 5 诊断缺失值处理结果
  - 插补值是否越界、产生了不一致问题或取值矛盾、改变了分析结果
  - 诊断插补值和缺失值影响的指标: λ, r, fmi

2. Python 函数

表 5.13 列出了缺失值处理相关的 Python 函数.

方法	函数名称与所属模块	重要参数	应用提示
删除含缺失值的样本观测或变量	dropna (pandas)	(1) axis: 按行或按列删除缺失值. 默认值为 0, 即按行删除含有缺失值的样本观测. 若取值为 1, 则按列删除含有缺失值的变量. (2) how: 筛选方式. 默认值为 'any', 即样本观测或变量含有 1 个缺失值, 则删除相应的样本观测或变量. 若取值为 'all', 当样本观测或变量中所有数值都缺失时才会删除相应的样本观测或变量. (3) thresh: 非缺失值最低数量. 如果样本观测或变量中的非缺失值小于该值, 会删除相应的样本观测或变量. 默认值为 None. (4) subset: 限定删除操作所涉及的数据子集, 默认值为 None. (5) inplace: 是否原地替换. 默认值为 False, 即不以删除后的数据集替换原始数据集, 但可以输出展示删除后的数据集. 若取值为 True, 以删除后的数据集替换原始数据集	—
以非条件中心趋势值插补缺失值	SimpleImputer (scikit-learn 库 impute)	strategy: 插补的统计量. 默认值为 'mean', 以全体非缺失值的均值插补, 仅适用于定量变量. 还可设置为 'median' 'most_frequent' 和 'constant', 分别对应以中位数、众数和某一设置的常数作为插补值	设置 strategy = 'constant', 可实现冷卡插补

◀ 表 5.13 缺失值处理的 Python 函数

续表

方法	函数名称与所属模块	重要参数	应用提示
k 近邻插补	KNNImputer (scikit-learn 库 impute)	(1) n_neighbors: 邻居数量, 默认值为 5. (2) weights: 加权平均时的权重. 默认值为 'uniform', 即各邻居等权重影响插补值. 可设置为 'distance', 以距离的倒数为权重	(1) 函数采用近邻 (加权) 平均值进行插补, 因而仅适用于定量数据的缺失值插补. (2) 由于涉及距离的计算, 应对定量变量作规范化; 函数不能直接处理定性变量, 应对定性变量作独热编码, 需考虑虚拟变量数量, 以及与定量变量尺度一致的问题
回归插补与随机回归插补	IterativeImputer (scikit-learn 库 impute)	(1) estimator: 采用的插补模型. 默认值为 BayesianRidge(), 属于线性回归模型. (2) max_iter: 最大的迭代次数, 默认值为 10. (3) sample_posterior: 是否通过从后验分布中抽样产生插补值. 默认值为 False, 此时直接使用模型预测值 (不超过设置的最大和最小值) 作为插补值. 若设置为 True, 则在模型预测值基础上形成截尾正态分布作为预测值后验分布, 从该分布中随机抽样作为插补值. (4) random_state: 随机数种子 (与 sample_posterior = True 搭配使用). (5) min_value: 插补值的最小值, 默认值为-Inf. (6) max_value: 插补值的最大值, 默认值为 Inf	(1) 设置 max_iter=1, 且放入的数据中只有待插补变量含缺失值 (若已删除在其他变量有缺失值的样本观测), 可实现回归插补. (2) 设置 max_iter=1 和 sample_posterior = True, 且放入的数据中只有待插补变量含缺失值, 可实现随机回归插补. (3) 应按照 estimator 的要求进行数据预处理. 例如, 若 estimator = BayesianRidge(), BayesianRidge 函数不能直接处理定性变量, 应对定性变量作独热编码, 注意虚拟变量的数量应等于变量取值个数减 1, 以避免共线性问题; BayesianRidge 函数不允许缺失值, 注意只需删除在除待插补变量以外的变量上有缺失值的样本观测

续表

方法	函数名称与所属模块	重要参数	应用提示
缺失森林	MissForest (miceforest)	(1) max_iter: 最大迭代次数, 默认值为 10. (2) 建立随机森林模型的系列参数: 与 scikit-learn 库中随机森林模型函数的参数设置基本一致. 例如, 由参数 n_estimators 设置决策树数量, 由 random_state 设置随机数种子	可接受数值型的定性变量, 注意必须在 fit() 中由参数 cat_vars 声明所有的定性变量
MICE 与预测均值匹配	ImputationKernel (miceforest)	(1) mean_match_scheme: 最为重要的是设置匹配时的近邻数量. 在默认的 mean_match_default 情况下, 当近邻数量为 0 时, 则采用模型预测值作为插补值 (即不能实现预测均值匹配); 当近邻数量大于 0 时, 会从这些数量的近邻中随机抽取一个样本观测作为插补值. (2) datasets: 需要的插补值数量. 若设置为 1, 则为单一插补; 若设置为大于 1 的值, 可实现多重插补. (3) random_state: 随机数种子	函数采用 lightgbm 包中的函数建立 LightGBM 模型作为插补模型, 因此数据预处理应根据 lightgbm 的要求: 将定性变量的类型设置为 'category'. 设置后, LightGBM 模型可自动以 'category' 类型的变量作为定性变量

习题

1. 一位考生因为考试成绩低于 60 分, 成绩单上显示为 "不及格", 具体得分为缺失值, 其缺失机制为 (　　).

A. 完全随机缺失

B. 随机缺失

C. 非随机缺失

D. 可能是随机缺失, 也可能是非随机缺失

2. 设一个数据集含有三个自变量 X_1, X_2 和 X_3, 以及因变量 Y. 对变量 X_1 实施 k

近邻插补, 应基于哪些变量计算样本观测之间的距离? (　　)

A.X_2 和 X_3

B.X_1, X_2 和 X_3

C.X_2, X_3 和 Y

D.X_1, X_2, X_3 和 Y

3. 以下哪一项描述与缺失森林不相符? (　　)

A. 一个变量的插补值可能会影响另一个变量的插补值

B. 可以插补定性和定量变量的缺失值

C. 需要从模型的预测值分布中抽样产生插补值

D. 插补模型采用随机森林模型

4. 以下哪一项不符合基于 MICE 的预测均值匹配方法? (　　)

A. 需要按照 MICE 方法框架进行迭代

B. 应从预测均值的分布中随机抽取样本, 通过与其他预测均值匹配找一个近邻

C. 插补值是某一个样本观测的取值

D. 插补值不具有随机性

5. 基于欧氏距离的 k 近邻插补方法对变量的尺度敏感, 需要进行数据规范化. 若对定性变量作独热编码 (每一虚拟变量的取值为 0 和 1), 可对定量变量作取值范围为 $[0, \sqrt{2}]$ 的最小值–最大值规范化, 其原因是什么? (提示: 各变量在距离运算中所产生的最大影响应大致相当.)

6. 若需要插补二分类定性变量的缺失值, 可以在 MICE 方法中对该变量建立逻辑斯谛 (logistic) 回归模型. 假设在第 t 步时, 已经构建好逻辑斯谛模型. 请描述如何基于模型获得该变量在第 t 步的插补值. (提示: 应根据逻辑斯谛模型获得二项分布参数的估计值, 然后从以该估计值为参数的二项分布中采样获得插补值.)

7. 本章所介绍的缺失值插补方法中, 哪些方法可用于构造多重插补? (提示: 插补方法的插补结果具有随机性, 即各次插补结果可能有所差异, 这是构造多重插补的必要条件.)

8. 哪些缺失值插补方法采用了联合建模机制中的链式建模? 请根据这些方法总结基于链式建模插补方法的思路及优缺点.

9. 基于例 5.4 中的数据, 请分别采用回归插补和随机回归插补方法, 对 Temperature 的缺失值进行插补.

10. 表 5.14 中的数据改编自 golf 数据集, 其中 “*” 表示数据缺失, 假定均为随机缺失. 数据分析目标是建立模型, 从而确定 Play 受到哪些因素的影响. 请根据下列要求插补缺失值.

(1) 请以非条件中心趋势值作为插补值;

(2) 若采用回归插补方法插补 Temperature 的缺失值, 需要建立回归模型. 该回归模型中的因变量和自变量各是哪一个或哪一些变量? 应采用哪些样本观测构建该模型?

(3) 若采用缺失森林方法插补缺失值, 需要建立若干个随机森林模型, 每一步骤中按照 Humidity, Temperature 和 Windy 的顺序插补缺失值. 表 5.15 中提供了第一个随机森林模型的相关信息, 请完成后续三个随机森林模型的信息;

序号	Temperature	Humidity	Windy	Play
1	*	85	0	No
2	80	*	1	No
3	83	86	*	Yes
4	70	96	*	*
5	68	80	0	Yes
6	65	70	1	No

◀ 表 5.14
改编的数据集

模型	因变量	自变量	用于建模的样本观测序号
第一个随机森林模型	Humidity	Temperature, Windy	1, 3, 4, 5, 6
第二个随机森林模型	?	?	?
第三个随机森林模型	?	?	?
第四个随机森林模型	?	?	?

◀ 表 5.15
缺失森林中的初始模型信息

(4) 采用基于 MICE 的预测均值匹配方法, 每一步骤中按照 Humidity, Temperature 和 Windy 的顺序插补缺失值. 已知 Humidity 第 t 步的插补值为 87, Windy 在第 $t-1$ 步的两个插补值均为 0. 在第 t 步时, 对 Temperature 作插补时所建立的模型为

$$\hat{\mu} = 34.05 + 0.45 \times \text{Humidity} + 2.84 \times \text{Windy}.$$

在此基础上, 通过随机抽样得到 $\tilde{\mu}$ 为 75. 请计算第 t 步对 Temperature 的插补值.

参考文献

[1] LITTLE R J A. Missing-data adjustments in large surveys. Journal of Business & Economic Statistics, 1988, 6(3): 287–296.

[2] RUBIN D B. Multiple Imputation for Nonresponse in Surveys. New York: John Wiley & Sons, 1987.

[3] STEKHOVEN D J, BÜHLMANN P. MissForest—non-parametric missing value imputation for mixed-type data. Bioinformatics, 2012, 28(1): 112–118.

[4] TROYANSKAYA O, CANTOR M, SHERLOCK G, et al. Missing value estimation methods for DNA microarrays. Bioinformatics, 2001, 17(6): 520–525.

[5] VAN BUUREN S. Flexible Imputation of Missing Data. 2nd ed. New York: Chapman and Hall, 2018.

[6] VAN BUUREN S, GROOTHUIS-OUDSHOORN K. Flexible Multivariate Imputation by MICE. Leiden: TNO report, 1999.

[7] LITTLE R J A, RUBIN D B. 缺失数据统计分析. 3 版. 周晓华, 邓宇昊, 译. 北京: 高等教育出版社, 2022.

第三部分

数据变换

第六章 特征衍生

特征衍生 (feature derivation), 也称为属性构建 (attribute construction), 属于数据变换. 特征衍生是特征工程中重要的一部分, 其典型的应用场景是所获得的原始数据不能直接用于模型构建, 需要通过特征衍生获得可用于建模的数据[①].

此外, 即便是在可以直接建模的数据中, 特征衍生也有用武之地. 例如, 利用原始数据集中用户的留存天数和消费总金额, 可以衍生用户在留存期间平均每天的消费金额. 相对于消费总金额, 所衍生的平均每天消费金额可以更客观地衡量用户的消费能力或对商家的忠诚度. 根据业务需求和知识背景衍生特征, 可以增加建模信息, 对提升模型性能大有益处, 特别是对于那些不具有自动特征学习功能的模型.

6.1 一阶特征衍生

特征衍生应根据实际需求开展. 常见的一阶衍生特征有多种, 例如:

(1) 数量特征. 例如, 计算总和、乘积、除数、差值、最大值、最小值、平均值、标准差、极差等. 例如, 基于购物平台的用户日志数据, 可以计算用户在平台的购物总金额, 以及单次消费的最高金额等.

(2) 类别特征. 通过分箱或分类产生. 例如, 按照用户平均每月消费金额, 将用户划分为深度用户和浅层用户两类.

(3) 时间特征. 例如, 可以衍生用户两次购物之间的平均时间间隔, 反映其购物频次.

(4) 空间特征. 例如, 若数据中包含商家或用户的地理位置, 则可以获得商家或用户所在的省份和城市等空间信息.

(5) 文本特征. 例如, 从用户对商品的文字评价中提取用户满意度等信息.

---

① 第十二章提供了这类特征衍生案例.

6.2 二阶与高阶特征衍生

除了衍生一阶特征, 还可以衍生二阶特征, 包含由变量自身所衍生的二阶特征 (例如, 一个定量变量的平方项), 以及由两个变量组合所衍生的二阶特征 (称为交叉特征). 在模型中加入二阶特征, 有助于探索自变量与因变量之间更为复杂的作用关系, 从而提升模型效果. 二阶特征的衍生方法应依据变量的类型:

(1) 对于定量变量与定量变量, 应将两个变量相乘.

(2) 对于定性变量与定性变量, 应对两个变量作笛卡儿积, 即采用两个定性变量的所有取值组合.

(3) 对于定性变量与定量变量, 应先对其中一个变量作变换 (将定性变量变换为定量变量, 或将定量变量变换为定性变量), 再根据前述两种情况衍生交叉特征.

在二阶特征组合基础上, 可以获得三阶特征组合. 以此类推, 可以得到更多高阶组合. 所衍生的高阶特征越多, 可能发掘出数据中更多的非线性结构. 但是, 过多的特征极易造成维数灾难 (curse of dimensionality)[①], 影响建模的速度和效果. 一种较好地控制维数的高阶特征衍生方法是通过核函数实现, 例如, 多项式核函数 (polynomial kernel)

$$\kappa(\boldsymbol{a}, \boldsymbol{b}) = (\boldsymbol{a}^{\mathrm{T}}\boldsymbol{b} + c)^d,$$

其中 c 和 d 是需要设置的参数, c 是平移量, d 是阶数. 例如, 对于具有二维特征的数据 $\boldsymbol{X} = (X_1, X_2)$, 若取 $d = 1$, 可得到二阶特征组合:

$$\kappa(\boldsymbol{X}, \boldsymbol{X}) = X_1^2 + X_2^2 + c.$$

若取 $d = 2$, 可得到四阶特征组合:

$$\kappa(\boldsymbol{X}, \boldsymbol{X}) = X_1^4 + X_2^4 + 2X_1^2X_2^2 + 2cX_1^2 + 2cX_2^2 + c^2.$$

由核函数衍生的高阶特征数量较少, 可以避免维数灾难. 但是, 这些高阶特征不够宽泛 (例如, 依赖于一组系数值), 在提升模型效果方面可能作用有限.

注 6.1 应根据模型特点决定是否需要在数据准备阶段衍生二阶与高阶特征. 对于可以自动生成二阶与高阶特征的模型, 例如, 决策树模型[②], 一般并不需要; 但对于无法自动生成二阶与高阶特征的模型, 例如, 普通最小二乘回归模型, 可能是需要的.

下面是一个决策树的例子, 用以说明交叉特征的作用.

---

① 维数灾难是指特征维数过大而导致数据分析出现问题. 例如, 特征维数大于样本量, 使得某些模型无法实施; 过大的特征维数导致近邻关系失效, 使得某些基于近邻关系的模型 (如 k 近邻) 效果欠佳.

② 决策树模型最初由 Morgan & Sonquist (1963) 提出, 方法名称为 Automatic Interaction Detector (AID), 从名称即可以看出它具有自动产生交叉特征的功能.

例 6.1 基于表 2.2 中的 golf 数据集, 采用 CART 算法构建深度为 2 的决策树模型 (如图 6.1 所示). 根节点中的变量 Outlook_Overcast 是对变量 Outlook 作独热编码后产生的一个变量, 取值为 0 表示 Outlook 不等于 Overcast, 取值为 1 表示 Outlook 等于 Overcast. 该模型产生了两个交叉特征, 获得了不同的预测结果: 当 Outlook≠Overcast 且 Humidity⩽ 82.5 时, 80% 的样本观测会打高尔夫球①; 当 Outlook≠Overcast 且 Humidity> 82.5 时, 80% 的样本观测不会打高尔夫球.

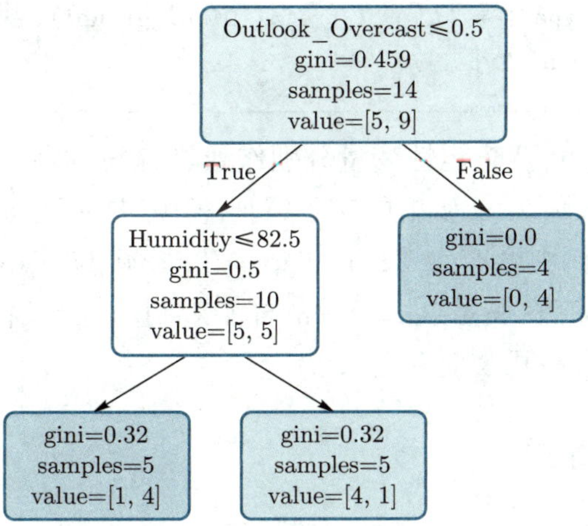

◀ 图 6.1
基于 golf 数据集的决策树示例

6.3 案例分析

我们以数据集 car 为例衍生特征. 首先读入数据集, 将变量 Mileage 作为因变量 y, 其余变量作为自变量. 随后划分训练集和测试集, 将训练集中的自变量放入 X_train.

1. 衍生一阶特征

Disp. (排量) 是一个定量特征, 我们以 134 为临界值, 将 Disp. 衍生为含有两个取值的定性特征 Disp._group.

```
X_train['Disp._group'] = pd.cut(X_train['Disp.'], [0, 134, X_train
    ['Disp.'].max()])
```

① 由图 6.1 中最后一行左边节点可知, 有 5 个样本观测落入该节点, 其中 1 个样本观测 Play="No", 4 个样本观测 Play="Yes".

2. 衍生二阶特征

Disp. 与 Weight (重量) 都是定量特征, 通过二者的乘积衍生交叉特征.

```
X_train['Disp._Weight'] = X_train['Disp.'] * X_train['Weight']
```

为衍生 Disp. 与 Type (车型) 的交叉特征, 注意到 Type 是一个定性特征, 我们将由 Disp. 所衍生的定性特征 Disp._group 与 Type 作笛卡儿积.

```
X_train['Disp._Type'] = '(' + X_train['Disp._group'].astype('str') +
    ' , ' + X_train['Type'] + ')'
```

另一种方法是对两个定性变量分别作独热编码, 然后基于独热编码变量相乘得到一系列取值为 0 和 1 的交叉特征. 但需要注意, 这可能会产生冗余的特征. 例如, 本例中会产生 Disp._Type=(0, 134] 与 Type='Medium' 的交叉特征, 但由于不存在满足这一条件的样本观测, 该交叉特征的取值全为 0, 需要进一步剔除这些冗余变量.

3. 衍生高阶特征

衍生 Disp. 与 Weight 的所有三阶特征.

```
X_train_poly = PolynomialFeatures(degree=3).fit_transform(X_train[[
    'Disp.','Weight']])
```

若分别以 D 和 W 代表变量 Disp. 和 Weight, 所衍生的数据集 X_train_poly 中的变量依次为常数项 $1, D, W, D^2, D \times W, W^2, D^3, D^2 \times W, D \times W^2$ 和 W^3. 取 X_train_poly 中的最后四列, 即可得到 Disp. 与 Weight 的所有三阶特征.

对测试集衍生相应的特征方法类似, 不再赘述.

本章小结

1. 思维导图

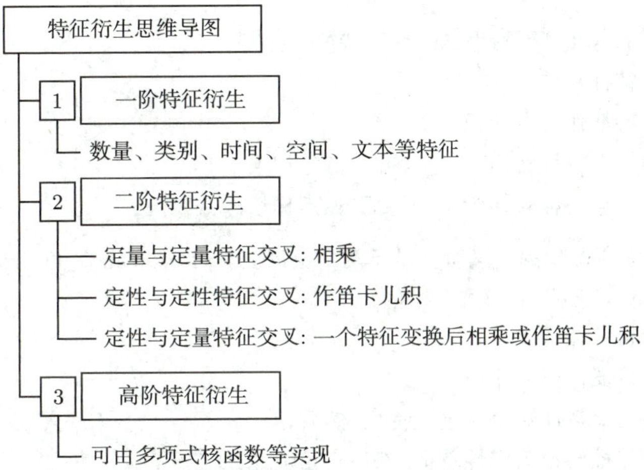

2. Python 函数

表 6.1 列出了特征衍生相关的 Python 函数.

方法	函数名称与所属模块	重要参数	应用提示
分箱 (由定量变量衍生定性特征)	cut (pandas 库)	(1) bins: 可以是组数 (对应等距分组), 也可以是各组的边界值. (2) right: 区间是否包含右端的边界值. (3) labels: 设置分组后的标签值	函数允许缺失值; 原始变量的缺失值在衍生特征中仍为缺失值
衍生多项式特征	PolynomialFeatures (scikit-learn 库 preprocessing)	(1) degree: 设置最高阶数. (2) interaction_only: 是否仅衍生交互特征, 默认值为 False. 若设置为 True, 则高阶项中仅出现两个特征的交互项. (3) include_bias: 是否包含常数项, 默认值为 True. 若设置为 False, 则不会出现 0 次方项 (常数项)	(1) 函数不允许缺失值, 应处理缺失值. (2) 可在所衍生的多项式特征基础上, 通过编程衍生多项式核函数特征

◀ 表 6.1
特征衍生的
Python 函数

习题

1. 若对两个定性特征衍生二阶交叉特征, 应 (　　).

A. 将两个特征相乘

B. 对两个特征作笛卡儿积

C. 将其中一个特征转换为定量特征, 然后相乘

D. 将其中一个特征转换为定量特征, 然后作笛卡儿积

2. 例 6.1 中所产生的交叉特征基于两个定量变量, 即 Outlook_Overcast 和 Humidity. 决策树模型采用 (　　) 产生交叉特征.

A. 将两个特征相乘

B. 对两个特征作笛卡儿积

C. 将其中一个特征转换为定性特征, 然后相乘

D. 将两个特征转换为定性特征, 然后作笛卡儿积

3. 一项分析中需要预测多位用户在未来时刻的某种行为, 所拥有的数据是这些用户过往的行为日志, 每一行代表某位用户在某个时刻点的行为等记录, 每位用户有多条记录. 这一数据不能直接用于建立预测模型, 需要先通过特征衍生提取用户特征, 使得一位用户只在一行数据中出现. 已知用户行为日志数据集中有 m 个变量, 那么可以由它们衍生多少个一阶特征? (　　)

A. 不超过 m 个

B. 不超过 $2m$ 个

C. 不超过 m^2 个

D. 衍生的一阶特征数量与用户行为日志数据集中变量的数量不存在必然关系

4. 下列关于特征衍生的说法, 错误的一项是 (　　).

A. 用户行为日志数据一般不适用于建立模型, 需要衍生特征

B. 决策树模型能自动衍生二阶或高阶特征, 数据准备阶段可不必衍生二阶或高阶特征

C. 普通最小二乘回归模型不能自动衍生二阶或高阶特征

D. 特征衍生是必需的

5. 可以采用哪些方法衍生一阶特征? 如何判断所衍生特征的有效性?

6. 基于定量变量衍生定性特征, 其功能是什么?

7. 特征衍生一般置于特征选择和特征提取之前, 其原因是什么?

8. 特征衍生可以在训练集与测试集划分之前进行吗? 试举例说明. (提示: 在训练集与测试集划分之前或之后衍生特征, 需要根据具体场景, 确保不会产生数据泄露即可.)

9. 针对天猫用户重复购买预测案例, 基于用户行为日志数据集, 设计一阶特征衍生方案. (提示: 本书第十二章详细介绍了一阶特征的衍生, 读者可参考相关内容.)

参考文献

MORGAN J N, SONQUIST J A. Problems in the analysis of survey data, and a proposal. Journal of the American Statistical Association, 1963, 58(302): 415–434.

第七章 数据规范化

对数据作规范化处理, 是某些统计学方法的应用前提, 例如:

(1) 对于以变量尺度为重要依据的方法, 如主成分分析, 需要通过规范化使得变量尺度一致;

(2) 对于与距离 (如, 闵氏距离) 相关的方法, 如 k 近邻和聚类分析, 需要通过规范化处理避免尺度对距离的影响;

(3) 对于模型参数受到变量尺度影响的方法, 如神经网络和支持向量机, 一方面, 大尺度变量可能会过度影响模型, 导致模型效果欠佳; 另一方面, 拟合模型时需要自适应、迭代求解参数值. 通过规范化, 各变量尺度保持一致, 从而各参数尺度也一致, 可以提升模型效果, 并且有助于统一、高效地求解参数值.

变量类型不同, 数据规范化的方法亦不同. 下面分别针对定量和定性变量介绍几种常用的数据规范化方法.

7.1 定量变量的规范化

定量变量的规范化包含线性变换 (标准化、最小值–最大值规范化、白化) 和幂变换. 除了按变量作规范化, 还可以按样本观测作规范化, 即行归一化.

7.1.1 标准化

许多统计学方法要求各维度变量具有统一的中心和 (或) 尺度, 因而需要对变量作位置变换和 (或) 尺度变换. 标准化 (standardization) 涵盖了对变量的位置和 (或) 尺度作变换. 对变量的取值 x 作标准化变换, 计算公式为

$$x' = \frac{x-L}{S},$$

其中 L 表示位置的平移量, S 表示尺度的缩放量.

位置的平移量 L 有多种取值, 例如:

(1) 样本均值. 此时, 标准化后的变量样本均值为 0. 标准化后的变量取值可以反映原变量取值与均值的关系. 但是, 样本均值易受离群值影响, 导致标准化变换不稳健.

(2) 样本中位数. 此时, 标准化后的变量样本中位数为 0. 标准化后的变量取值可以反映原变量取值与中位数的关系. 样本中位数不易受离群值影响, 因而基于样本中位数的标准化变换是稳健的.

(3) 某一设定值. 例如, 取 L 为指标的标准值, 那么标准化后的变量取值可反映指标实际值与标准值之间的差异. 也可以取 $L=0$, 表示不作中心化.

尺度的缩放量 $S\,(S \neq 0)$ 也有多种取值, 例如:

(1) 样本标准差. 此时, 标准化后的变量样本标准差为 1, 可以实现各变量尺度的统一 (若以标准差衡量尺度). 但是, 样本标准差易受离群值影响, 导致标准化变换不稳健.

(2) 样本平均绝对离差, 即 $\dfrac{\sum\limits_{i=1}^{n}|x_i-\bar{x}|}{n}$, 其中 $\bar{x}$ 是样本均值, n 是样本量. 相对于标准差而言, 平均绝对离差受离群值影响的程度更小, 但仍然不是稳健的统计量.

(3) MAD/0.6745[①], 其中 MAD 是以中位数为中心的绝对离差的中位数, 为稳健的统计量.

(4) 四分位距 (IQR), 其值等于 $Q_U - Q_L$, 其中 Q_U 是上四分位数, Q_L 是下四分位数. IQR 刻画了中间 50% 数据的离散程度, 是稳健的统计量.

(5) 某一设定值. 例如, 取 $S=1$, 表示不作尺度变换.

7.1.2 最小值–最大值规范化

最小值–最大值规范化 (min-max normalization) 可以将变量取值变换到指定范围. 若想将变量的取值 $x \in [x_{\min}, x_{\max}]$ 变换到指定的取值范围 $[x'_{\min}, x'_{\max}]$, 那么最小值–最大值规范化的表达式为

$$x' = x'_{\min} + R'\left(\frac{x - x_{\min}}{x_{\max} - x_{\min}}\right), \tag{7.1}$$

其中 $R' = x'_{\max} - x'_{\min}$.

若各个变量最小值–最大值规范化后的取值范围 $[x'_{\min}, x'_{\max}]$ 相同, 例如, 常取作 $[0,1]$, 那么通过最小值–最大值规范化可以保证各个变量取值落入相

① 4.2.1 节中修正的 Z 分数即采用这一尺度作变换.

同的值域区间. 若以极差作为尺度的衡量标准, 最小值–最大值规范化后的变量可保持一致的尺度.

可以看到, 若数据中存在离群值, 最小值–最大值规范化可能使得大部分数据集中于一个很小的范围内, 从而削弱变量取值的区分能力. 此时, 可以考虑将 (7.1) 式中的 $x_{\min}$ 和 $x_{\max}$ 替换为分位数, 例如分别替换为 1% 和 99% 分位数, 但此时不能保证所有的数据落入区间 $[x'_{\min}, x'_{\max}]$ 之中.

注7.1 应基于训练集训练最小值–最大值规范化, 即由训练集获得 $x_{\min}$ 和 $x_{\max}$. 当在验证集或测试集中应用训练好的最小值–最大值规范化时, 可能出现取值越出 $[x'_{\min}, x'_{\max}]$ 的情况. 通常, 这是允许的. 若希望严格控制取值范围, 可将 (7.1) 式更改为

$$x' = x'_{\min} + \max\left\{0,\ \min\left\{x'_{\max} - x'_{\min},\ R'\left(\frac{x - x_{\min}}{x_{\max} - x_{\min}}\right)\right\}\right\}.$$

7.1.3 幂变换

幂变换主要用于改善变量的正态性、对称性和波动稳定性 (方差齐性). 常用的幂变换方法包含 Box-Cox 变换和 Yeo-Johnson 变换.

Box-Cox 变换 (Box-Cox transformation) 由 Box & Cox (1964) 提出. 当变量的取值 $x > 0$ 时, Box-Cox 变换的表达式为

$$x' = \begin{cases} \dfrac{x^{\lambda} - 1}{\lambda}, & \lambda \neq 0, \\ \ln x, & \lambda = 0, \end{cases}$$

其中 λ 是设置的参数值. 通常, 需要基于数据信息获得恰当的 λ, 例如, 为使得变换后的数据尽量符合正态性, 可基于正态分布构建似然函数, 取使得似然函数达到极大值的 λ.

当变量含有小于 0 的取值时, 可采用 Yeo-Johnson 变换 (Yeo-Johnson transformation), 它由 Yeo & Johnson (2000) 提出, 表达式为

$$x' = \begin{cases} \dfrac{(x+1)^{\lambda} - 1}{\lambda}, & \lambda \neq 0,\ x \geqslant 0, \\ \ln(x+1), & \lambda = 0, x \geqslant 0, \\ \dfrac{-(-x+1)^{2-\lambda} - 1}{2-\lambda}, & \lambda \neq 2,\ x < 0, \\ -\ln(-x+1), & \lambda = 2,\ x < 0. \end{cases}$$

注7.2 虽然幂变换有助于改善变量的正态性、对称性和波动稳定性, 但不能保证变换后的变量一定满足这些特性. 应对变换后的变量进行诊断.

注 7.3 幂变换可能影响模型的可解释性. 例如, 对因变量 Y 作幂变换 $f(\cdot)$, 获得变换后的变量 $Y' = f(Y)$. 以 Y' 为因变量, $\boldsymbol{X}$ 为自变量, 建立普通最小二乘回归模型, 可根据模型解释 $\boldsymbol{X}$ 对 $E[Y']$ 的影响. 但由于难以显式表达 $E[Y']$ 与 $E[Y]$ 的关系, 例如, 通常情况下 $E[f(Y)] \neq f(E[Y])$, 因而难以基于模型解释 $\boldsymbol{X}$ 对 $E[Y]$ 的影响.

7.1.4 白化

白化 (whitening transformation), 也称为球化 (sphering transformation). 设 $\boldsymbol{X}_{n\times p}$ 为数据矩阵, 将 $\boldsymbol{X}$ 作白化的一种方式为

$$\boldsymbol{X}' = (\boldsymbol{X} - \bar{\boldsymbol{X}})\boldsymbol{\Sigma}^{-1/2},$$

其中 $\bar{\boldsymbol{X}}$ 为总体 (或样本) 均值, $\boldsymbol{\Sigma}$ 为总体 (或样本) 协方差矩阵.

白化最重要的作用是使得变换后任意两个维度变量的协方差都为 0, 从而可以消除变量间相关的冗余信息, 便于开展后续的统计分析 (如, 独立成分分析). 同时, 白化后每一维变量的方差都为 1, 尺度统一. Ranzato et al. (2010) 采用受限玻尔兹曼机处理图像时发现, 虽然白化并非必要的, 但可以加速算法收敛.

7.1.5 行归一化

行归一化是将数据按行作尺度变换, 使得变换后每行有单位范数 (unit norm), 意味着每行的向量长度相同, 相当于将各样本观测都映射到单位圆上.

例 7.1 对表 7.1 中的变量 X_1 和 X_2, 基于 L_2 范数进行归一化. 对于第一行数据, X_1 与 X_2 取值平方和为 $3^2 + 4^2 = 25$, 因此, X_1 与 X_2 的行归一化值分别为 $\sqrt{3^2/25} = 0.6$ 和 $\sqrt{4^2/25} = 0.8$. 类似可得到第二行数据的行归一化值 (见表 7.1 中行归一化后变量 X_1' 和 X_2' 的取值).

序号	X_1	X_2	X_1'	X_2'
1	3	4	0.6	0.8
2	30	40	0.6	0.8

◀ 表 7.1
行归一化示例

除了使用 L_2 范数, 还可以使用 L_1 范数和最大值等进行归一化.

当我们关心对象的**相对量**时, 可应用行归一化. 例如, 若我们并不关心每个省各产业 GDP 的绝对量, 而是关心各产业 GDP 在总的 GDP 中所占的比重, 也就是经济结构性问题时, 可使用行归一化.

7.2 定性变量的规范化

定性变量的取值仅是区分类别或顺序的符号，不具有量化的信息，难以直接放入模型之中. 一般需要通过变换，以量化的形式表达定性变量. 一种常用的处理方式是将一个定性变量表达为若干个取值为 0 或 1 的虚拟变量，从而将虚拟变量作为定量变量处理，这就是独热编码.

此外，一部分模型针对定性变量进行设计，具备处理定性变量的能力，因而不需要作独热编码. 但是，它们往往不能接受字符串类型的定性变量，此时需要对定性变量作有序编码. 若希望将定序变量转换成定量变量，也可能需要有序编码.

7.2.1 独热编码

独热编码是一种常用的定性变量规范化方法. 它将一个定性变量变换为若干个虚拟变量 (dummy variable)，每一个虚拟变量对应于定性变量的某一个类别，当定性变量取值为该类别时，该虚拟变量取值为 1，否则取值为 0. 这就是“独热”的含义，即取值 1 代表“热”，表示原变量取值为对应类别；取值 0 则代表“冷”，表示原变量取值并非对应类别①.

例 7.2 定性变量 Outlook 含有三个取值: Overcast, Rainy 和 Sunny. 设有三个样本观测，其取值列于表 7.2 第二列中. 对 Outlook 作独热编码，可以获得三个虚拟变量 (见表 7.2 第三至第五列)，其中每一个虚拟变量的名称是原变量名“Outlook”加 Outlook 的一个取值②. 第一个样本观测取值为 Overcast，因此，它在变量 Outlook_Overcast 的取值为 1，在其余两个虚拟变量的取值为 0. 另外两个样本观测的取值可类似获得.

▶ 表 7.2
独热编码示例

序号	Outlook	Outlook_Overcast	Outlook_Rainy	Outlook_Sunny
1	Overcast	1	0	0
2	Rainy	0	1	0
3	Sunny	0	0	1

注意到，若虚拟变量的数量等于定性变量的取值个数，则对于每一个样本观测，这些虚拟变量之和都等于 1，也就是说虚拟变量具有共线性. 对于以变量的线性组合为基础的模型，例如普通最小二乘回归模型和逻辑斯谛回归

① 另一种编码方式称为独冷编码 (one-cold encoding)，以取值 1 代表“冷”，表示原变量取值并非对应类别；取值 0 则代表“热”，表示原变量取值为对应类别. 相对而言，独热编码更为常用.

② 当数据集中的定性变量较多时，以定性变量的名称作为虚拟变量名称的前缀，可以更为清晰地表达虚拟变量的来源，以及与原始变量的关系.

模型, 共线性会导致模型不稳定、误差增大. 为避免共线性, 应该去掉其中任意一个虚拟变量[①].

但是, 在不涉及共线性的场合, 不能轻易删除独热编码中的虚拟变量. 例如, 在 k 近邻等算法中, 需要计算样本观测之间的距离. 对于以定类变量刻画距离的情况, 通常认为取值相同的样本观测距离为 0, 取值不同的样本观测之间的距离大于 0 且为恒定值. 下面的例子将探讨独热编码中虚拟变量的数量对距离运算的影响.

例 7.3 采用闵氏距离

$$d(\boldsymbol{a},\boldsymbol{b})=\left(\sum_{i=1}^{p}|a_i-b_i|^m\right)^{1/m},$$

其中 $\boldsymbol{a}$ 和 $\boldsymbol{b}$ 都是 p 维向量, $m(>0)$ 是闵氏距离中的参数. 若仅取表 7.2 中的两个虚拟变量, 例如取 Outlook_Overcast 和 Outlook_Rainy, 则第一个与第二个样本观测之间的距离为

$$(|1-0|^m+|0-1|^m)^{1/m}=2^{1/m}.$$

第一个与第三个样本观测之间的距离为

$$(|1-0|^m+|0-0|^m)^{1/m}=1.$$

表 7.2 中的三个样本观测取值都不同, 但两两之间的距离应该相同. 由于去掉了一个虚拟变量, 导致距离值有所差异, 这不符合我们对距离运算的要求. 若保留所有的三个虚拟变量, 则每两个样本观测之间的距离都相同, 符合要求.

由例 7.3 可以看出, 当涉及闵氏距离等运算时, 独热编码中的所有虚拟变量都应保留. 实际上, 在不涉及共线性问题的大部分模型 (如, 决策树模型) 中, 都应该保留完整的虚拟变量.

需要注意的是, 当模型或算法具备处理定性变量的能力时, 是否采用独热编码可能导致结果出现差异. 下面的例子说明了这一点.

例 7.4 CART 算法在每一个分枝节点处通过穷举搜索获得当前最优的分枝条件. 设一个数据集仅含有一个定类变量 X, 它含有四个值 a,b,c,d. 若对 X 作独热编码, 产生 X_a,X_b,X_c,X_d 四个虚拟变量. 在根节点处, 需要分别对四个虚拟变量搜索, 对应于将其中一个类别放入一个分枝, 而将其他三个类别放入另一个分枝. 例如, 以 $X_a\leqslant 0.5$ 作为分枝条件, 一个分枝为 $X=b,c$ 或 d, 另一个分枝为 $X=a$. 此时, 存在四种可能的分枝 (表 7.3 中序号为 1 至 4 的分枝). 若不对 X 作独热编码, CART 算法会在一次分枝中穷举所有

---

① 这被称为虚拟编码 (dummy coding), 感兴趣的读者可阅读 Zheng & Casari (2018) 第五章.

可能的类别组合，即表 7.3 中的所有七种分枝，从而可能在根节点产生更优的分枝①.

▶ 表 7.3 根节点可能产生的分枝

序号	分枝 1	分枝 2	是否可能产生分枝		
			对 X 作独热编码	不对 X 规范化	对 X 作有序编码并量化处理
1	a	b, c, d	是	是	是
2	b	a, c, d	是	是	否
3	c	a, b, d	是	是	否
4	d	a, b, c	是	是	是
5	a, b	c, d	否	是	是
6	a, c	b, d	否	是	否
7	a, d	b, c	否	是	否

由例 7.4 可以看出，当模型或算法具备处理定性变量的能力时，应尽量避免使用独热编码②，以维护模型或算法的性能. 此外，独热编码增大了变量的维度，可能为数据分析过程和对结果的解释带来困难.

注 7.4 虽然独热编码使得定性变量以量化的形式参与分析，但不代表它与定量变量具有完全相同的处理方式，其原因是：

(1) 直观地看，虚拟变量的取值不连续，一些运算结果可能无意义，例如，以均值插补虚拟变量中的缺失值.

(2) 由于一个定性变量所衍生的各虚拟变量具有一定的关联性 (在一个样本观测中，有且仅有一个虚拟变量取值为 1)，独立地处理各虚拟变量可能导致问题. 例如，在对缺失值作处理的 k 近邻插补方法中，基于 k 个近邻插补各维度变量 (不考虑变量之间的关联性)，可能会出现违背逻辑的插补值，例如，某一样本观测在由一个定性变量所衍生的各虚拟变量上的插补值之和大于 1.

7.2.2 有序编码

有序编码 (ordinal encoding) 以数值形式表达定性变量的取值. 例如，以取值 $0, 1, 2, \cdots, C-1$ 表达含有 C 个类别的定性变量. 有序编码的优点是不增加变量的维度，并且可以保留定序变量中取值的顺序关系.

若将有序编码应用于定类变量，我们仅使用其数值形式，忽略数值的大小顺序. 典型的应用场景是为具备处理定性变量能力的模型或算法作数据预

① 若采用独热编码，也可实现表 7.3 中的最后三种分枝，但需要通过两次分枝才能实现.

② 是否使用独热编码，还取决于软件中函数的要求. 例如，R 语言 rpart 包中的函数允许定性变量，无需作独热编码即可实现 CART 算法；而 scikit-learn 库中实现 CART 算法的函数不能处理定性变量，需要先对定性变量作独热编码.

处理. 例如, 缺失森林[①]和 SMOTE-NC 算法[②]都可以自动处理定性变量, 但在软件实现中要求以数值形式表达定性变量, 此时需要对以字符串形式表达的定性变量作有序编码.

注7.5 在软件实现中, 一般需要在模型函数中声明定性变量, 否则这些经有序编码后的定性变量会被作为定量变量处理[③].

若将有序编码应用于定序变量, 可以使用数值的顺序信息. 例如, 若希望将定序变量作为定量变量处理, 那么通过有序编码即可实现.

例 7.4 (续) 若 X 为定序变量, 对其作有序编码, 将 a,b,c,d 分别编码为 $0,1,2,3$. 将编码后的变量 X' 作为定量变量处理, 则根节点处的分枝仅有三种选择, 即分别以 0.5, 1.5 和 2.5 作为分枝临界值, 表 7.3 最后一列展示了三种分枝情况. 例如, 以 "$X' \leqslant 0.5$" 作为分枝条件, 则 $X' = 0$ 为一个分枝, $X' = 1,2$ 或 3 作为另一个分枝.

本章小结

1. 思维导图

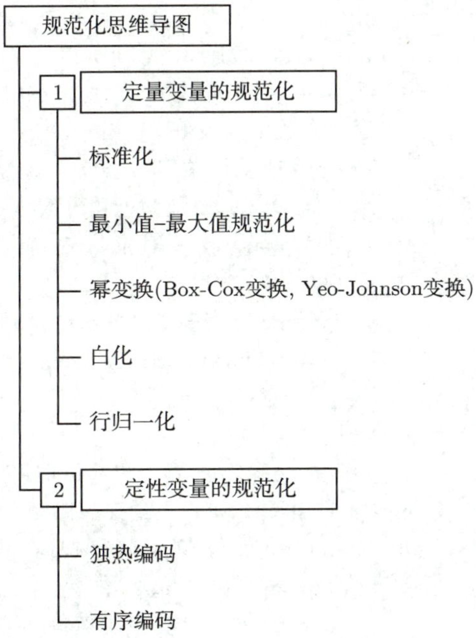

① 见 5.5 节 "缺失森林".

② 见 9.3 节 "过采样: SMOTE 算法".

③ 一般, 函数中设置了用以声明定性变量的参数. 例如, SMOTENC 函数中的 categorical_features (见表 9.2) 和 MissForest 函数中的 cat_vars (见表 5.13).

2. Python 函数

表 7.4 列出了数据规范化相关的 Python 函数.

方法	函数名称与所属模块	重要参数	应用提示
标准化	StandardScaler (scikit-learn 库 preprocessing)	(1) with_mean: 是否中心化. 默认值为 True, 即进行中心化. (2) with_std: 是否尺度归一化. 默认值为 True, 即除以标准差, 实现尺度归一化	—
稳健的标准化	RobustScaler (scikit-learn 库 preprocessing)	(1) with_centering: 是否中心化. 默认值为 True, 以中位数为中心进行中心化. (2) quantile_range: 尺度计算的范围. 为二元向量, 默认值为 (25, 75), 即采用 75% 分位数减去 25% 分位数的值. (3) with_scaling: 是否进行尺度变换. 默认值为 True, 以设置的 quantile_range 作为尺度进行变换	—
最小值–最大值规范化	MinMaxScaler (scikit-learn 库 preprocessing)	(1) feature_range: 规范化后的取值范围, 默认值为 $(0,1)$, 对应区间 $[0,1]$. (2) clip: 是否对规范化后的数值实施截尾. 默认值为 False, 即不作截尾; 若设置为 True, 可实现截尾, 即保证变换后的数据落入设置的取值范围	—
行归一化	Normalizer (scikit-learn 库 preprocessing)	norm: 所采用的归一化范数. 默认值为 'l2', 即以 L_2 范数归一化; 还可以设置为 'l1' 和 'max', 分别对应以 L_1 范数和最大的绝对值归一化	函数不允许缺失值, 需处理缺失值
幂变换	PowerTransformer (scikit-learn 库 preprocessing)	(1) method: 所采用的变换方法. 默认值为 'yeo-johnson', 即采用 Yeo-Johnson 变换. 另一取值为 'box-cox', 即采用 Box-Cox 变换. (2) standardize: 是否进行标准化. 默认值为 True, 输出幂变换结果的标准化值 (均值为 0, 方差为 1). 若取值为 False, 则输出结果为幂变换后的数值. (3) copy: 是否产生复制数据. 默认值为 True, 产生并展示复制的数据集 (含幂变换后的数值), 但不会改变原有数据集. 若取值为 False, 则不产生复制数据集, 将原始数据集中的变量值替换为幂变换后的数值	—

▶ 表 7.4 数据规范化的 Python 函数

续表

方法	函数名称与所属模块	重要参数	应用提示
独热编码	OneHotEncoder (scikit-learn 库 preprocessing)	(1) drop: 指定删除的变量. 默认值为 None, 即不删除任何虚拟变量. 为避免共线性问题, 最简单的方法是设置为 'first', 表示删除每个定性变量变换得到的第一个虚拟变量. 也可以通过数组, 指定删除某一些虚拟变量. (2) handle_unknown: 当出现训练集中不存在的类别 (称为未知类别) 时的处理方式. 默认值为 'error', 即给出报错信息; 若取值为 'ignore', 表明忽略该问题, 此时未知类别对应的虚拟变量取值均为 0. (3) sparse: 返回值的类型. 默认值为 True, 即返回结果为稀疏矩阵, 若要将其转换为 DataFrame 类型, 需要在返回值后加上.toarray(). 若设置为 False, 则返回结果为数组类型	函数允许缺失值, 会将缺失值看作一个类别, 增加一个虚拟变量
有序编码	OrdinalEncoder (scikit-learn 库 preprocessing)	(1) encoded_missing_value: 对缺失数据赋值. 默认值为 np.nan, 即原始缺失数据经编码后仍为缺失值; 若取值为某个整数值, 则以该值为缺失数据赋值. (2) handle_unknown: 当出现未知类别时的处理方式. 默认值为 'error', 即给出报错信息; 若取值为 'use_encoded_value', 则按照参数 unknown_value 中设置的取值对未知类别赋值. (3) unknown_value: 设置未知类别的赋值, 搭配参数 handle_unknown 取值为 'use_encoded_value' 时使用	—

习题

1. 若希望将变量取值变换到 $[-1,1]$, 并且不改变样本观测值的大小顺序, 应采用 (　　).

A. 标准化

B. 最小值–最大值规范化

C. 行归一化

D. 白化

2. 下列哪一种规范化方法可以消除变量间相关的冗余信息? (　　)

A. 标准化

B. 最小值–最大值规范化

C. 行归一化

D. 白化

3. 设训练集中含有四个样本观测, 它们在某个变量上的取值分别为 10, 12, 17 和 20. 采用 (7.1) 式, 基于训练集训练最小值–最大值规范化, 取值范围为 $[0,1]$. 将这一规范化应用于测试集, 则数值 8 经规范化后的值为 (　　).

A. -0.2

B. -0.1

C. 0

D. 0.2

4. 假设定性变量 X 含有 m 个取值. 下列说法中正确的一项是 (　　).

A. 应对 X 作独热编码, 且独热编码变量数量应等于 m

B. 应对 X 作独热编码, 且独热编码变量数量应等于 $m-1$

C. 应对 X 作有序编码

D. 对 X 作何种规范化, 取决于实际需求, 例如模型或算法的要求与特点

5. 为什么由 (7.1) 式所定义的最小值–最大值规范化不稳健? 应如何改进使其更为稳健?

6. 尝试使用 L_1 范数对例 7.1 中的数据作行归一化.

7. 若在例 7.4 中, 仅采用其中三个虚拟变量, 分枝情况会发生什么改变? 你认为在决策树这类模型中, 应该去掉一个由独热编码所产生的虚拟变量吗?

8. 对定性变量作独热编码时需考虑哪些因素? (提示: 可结合不同的应用场景具体说明.)

9. 在本章所提到的规范化方法中, 哪些方法必须遵从基于训练集 (而不能纳入测试集) 训练? (提示: 若一个方法运用了各样本观测的信息, 例如, 由样本观测估计规范化中的参数, 则该方法应基于训练集训练.)

10. 天猫用户重复购买预测案例中, 用于建模的自变量有两个定性变量和若干个定量变量. 试基于某一模型或算法 (如, k 近邻算法) 分析, 应开展哪些必要的规范化处理. (提示: 本书第十二章采用了三种模型, 对每一种模型设计了规范化处理方案, 读者可参考相关内容.)

参考文献

[1] BOX G E P, COX D R. An analysis of transformations. Journal of the Royal Statistical Society: Series B (Methodological), 1964, 26(2): 211–243.

[2] RANZATO M, KRIZHEVSKY A, HINTON G E. Factored 3-way restricted Boltzmann machines for modeling natural images. Proceedings of the Thirteenth International Conference on Artificial Intelligence and Statistics, 2010, 9: 621–628.

[3] YEO I K, JOHNSON R A. A new family of power transformations to improve normality or symmetry. Biometrika, 2000, 87(4): 954–959.

[4] ZHENG A, CASARI A. Feature Engineering for Machine Learning: Principles and Techniques for Data Scientists. Sebastopol: O'Reilly Media, Inc., 2018.

第八章 数据离散化

离散化 (discretization 或 quantization) 也称为分箱 (binning), 是一类适用于定量变量的数据变换方法. 同时, 离散化可以减少数据的取值, 因而也是一种数据归约方法.

8.1 离散化的作用与分类

可以结合一些常用的统计学方法, 直观理解离散化的作用. 例如, 作直方图需要先进行数据离散化, 将变量的取值划分为若干个区间; 在决策树模型中, 对定量变量选取一定的临界值划分区间, 也属于离散化方法; XGBoost 和 LightGBM 算法同时使用直方图和决策树模型, 通过离散化方法提升了模型的性能.

下面, 从两个角度进一步理解离散化的作用.

第一个角度, 离散化有助于更好地利用数据信息, 包括以下三个方面:

(1) 离散化可以过滤噪声和离群值. 例如, 决策树模型不易受自变量的离群值影响, 这正是得益于决策树模型对定量变量的离散化处理.

(2) 离散化有助于缺失值信息的利用和处理. 离散化后的变量以区间形式取值, 成为定性变量, 此时可以将缺失值作为一个类别, 从而使用"缺失"这一信息.

(3) 离散化使得各变量具有相似的度量尺度, 使得变量之间具有更好的可比性.

第二个角度, 离散化有助于提升效率、增进理解, 包括以下五个方面:

(1) 放入离散化后的自变量, 可以在线性模型框架下获得非线性的效果, 有助于提升模型构建的效率. 例如, 多元自适应样条回归 (multivariate adaptive regression splines, MARS) 即采用了这种思路.

(2) 离散化减少了数值, 使得变量的存储与计算效率更高, 建模运算更为简单快速. 例如, LightGBM 具有较快的运算速度, 与它使用了离散化方法

(直方图) 有很大关系.

(3) 离散化具有一定的变量筛选功能. 在有监督离散化中, 自变量经离散化后可能仅包含一个区间, 这表明该自变量对因变量的预测贡献度低. 可见, 特定的离散化结果可以作为一种变量筛选依据.

(4) 离散化以更加粗略的尺度刻画变量信息, 有助于增强模型的稳定性, 减小模型过拟合的风险.

(5) 离散化可以增进对模型的理解和解释. 例如, 评分卡模型使用了离散化的变量信息, 它将一定的取值区间对应于一个评分值, 便于业务人员理解和操作.

但是, 数据离散化也存在一定的缺陷. 首先, 离散化处理会损失数据信息. 定量变量经离散化后, 成为定序变量, 但由于我们对定序变量往往没有较好的处理办法, 最终只能将它们看作定类变量. 这样, 量化信息最终转化为类别信息, 可能造成较大的信息损失. 其次, 研究表明, 离散化后的变量可能对模型产生不良的影响 (Austin & Brunner, 2004).

离散化方法相当丰富, 其分类方式也有多种 (Yang et al. 2010):

(1) 按照是否使用了因变量信息, 可划分为有监督 (supervised) 离散化和无监督 (unsupervised) 离散化. 有监督离散化需要使用后续数据分析中模型因变量 Y 的信息 (Y 必须是定性变量), 无监督离散化则不需要 Y 的信息.

(2) 按照离散化与模型的关联, 可划分为静态 (static) 离散化和动态 (dynamic) 离散化. 静态离散化与后续数据分析中的模型无关, 在建模之前完成离散化处理; 动态离散化方法内嵌于模型 (如决策树 CART 模型) 之中, 在模型构建时产生.

(3) 按照区间的产生过程, 可划分为直接 (direct) 离散化和递增 (incremental) 离散化. 直接离散化也可称为非分层 (non-hierarchical) 离散化, 一般先指定划分的区间数量, 然后产生相应数量的区间. 递增离散化也可称为分层 (hierarchical) 离散化, 往往不能事先确定区间数量, 需要逐步产生区间, 直到满足一定的停止条件.

(4) 按照对区间的处理方向, 可划分为分割 (splitting)、合并 (merging) 与混合 (hybrid) 方法. 所谓的"方向"是将各层次的区间看作一个类似于决策树模型的树状结构, 顶端根节点为包含了全部数值的单一区间, 每一上层区间可分割出更多置于其下层的小区间, 随着从根节点向下移动, 各层的区间数量逐渐增多. 若离散化自树状结构的上层向下层移动, 这称为自上而下 (top-down). 它对应着分割法, 即一般先将变量的所有取值归入一个区间, 然后逐步加入一些分割点, 划分出更多的区间, 直至满足一定的停止条件. 若离散化沿着树状结构的下层向上层移动, 称为自下而上 (bottom-up). 它对应合并法, 即先将每一数值单独作为一个区间, 然后不断合并相邻区间, 直至满足一定的停止条件. 混合法是分割与合并的混合, 一般分为两步: 第一步分割得到若干区间; 第二步合并某些区间, 以改进第一步产生的结果. 显然, 当数据量较大、数据取值较多时, 分割法更为高效, 许多决策树模型 (如 CART 模型) 中的离散化采用分割法.

(5) 按照离散化适用的群体范围, 可划分为全局 (global) 离散化与局部 (local) 离散化. 全局离散化的结果适用于全体样本观测; 局部离散化则允许一个变量在不同的群体中实施有区别的离散化. 例如, 在决策树 CART 模型中, 某一变量在两个中间节点都作为分割变量, 但分割的临界值不同, 从而在两个群体中形成了不同的离散化.

表 8.1 列出了本章将要介绍的几种离散化方法所属类别. 作为对比, 也列出了 CART 模型的离散化方法所属类别.

▶ 表 8.1 几种离散化方法的分类

离散化方法	离散化方法分类方式 ①				
	(1)	(2)	(3)	(4)	(5)
组距分组	无监督	静态	直接	分割	全局
分位数分组	无监督	静态	直接	分割	全局
均值–标准差分组	无监督	静态	直接	分割	全局
K-means 分箱法	无监督	静态	直接	分割	全局
ChiMerge 算法	有监督	静态	递增	合并	全局
CAIM 算法	有监督	静态	递增	分割	全局
基于 MDLP 的离散化方法	有监督	静态	递增	分割	全局
CART 模型的离散化方法	有监督	动态	递增	分割	局部

① 分别对应文中离散化方法分类方式 (1)—(5).

8.2 无监督离散化

无监督离散化方法不使用后续数据分析中模型因变量的信息, 仅使用自变量本身的信息进行离散化. 下面, 介绍四种无监督离散化方法, 包括组距分组、分位数分组、均值–标准差分组和 K-means 分箱.

8.2.1 组距分组

组距分组 (width discretization) 按照设置的组距将数据分为若干个区间, 包括等距 (equal width) 和不等距 (unequal width) 分组. 组距是否应均等, 以及组距具体取值的确定, 可以根据实际业务的需求.

对于等距分组, 可以先确定组数 $k(k \geqslant 2)$, 然后测算出组距 $w=(x_{\max}-x_{\min})/k$, 其中 $x_{\max}$ 和 $x_{\min}$ 分别是数据的最大值和最小值. 由此获得 $k-1$ 个分割点 $x_{\min}+w, \cdots, x_{\min}+(k-1)w$.

对于不等距分组, 由于组距的影响, 各组频数不可比. 可以先消除组距的影响, 再进行组间对比. 例如, 可使用频数密度, 它等于频数除以组距.

直方图是应用组距分组的一个典型. 需要注意, 组数可能会影响变量的分布形态, 组数不应太少或太多, 以保留足够多的分布信息, 同时又起到直观简洁展示分布的作用. 组数的确定可以参考 Sturges 经验公式:

$$k=1+\log_2(n),$$

其中 n 表示样本量.

8.2.2 分位数分组

分位数分组 (quantile binning 或 frequency discretization) 以某些分位数为分割点, 将数据分为若干个区间, 包括等频 (equal frequency) 和不等频 (unequal frequency) 分组.

对于等频分组, 可以先确定组数 $k(k \geqslant 2)$, 则每一组中的样本量约为 n/k, 其中 n 为样本量. 但由于相同的值必须放入同一个区间, 因此最终不一定能保证每一组的频数或频率都相等.

相对于组距分组, 分位数分组可以控制各组的频数或频率大小. 需要注意的是, 当采用样本分位数进行分组时, 分组效果会受到样本分位数估计效果的影响.

8.2.3 均值–标准差分组

均值–标准差分组 (mean-standard deviation binning) 以均值 μ 为中心, 往均值的两边各移动若干倍标准差 σ 的长度, 将这些位置作为分割点, 从而获得若干个组. 例如, 以 $\mu \pm \sigma$ 作为分割点, 可以将变量取值分为三个组, 即 $(-\infty, \mu-\sigma], (\mu-\sigma, \mu+\sigma]$ 和 $(\mu+\sigma, \infty)$. 它们体现了数据值偏离中心的距离和方向.

8.2.4 K-means 分箱

K-means 分箱 (K-means binning) 根据预先设定的组数 k, 基于 K-means 聚类方法, 将变量取值聚为 k 个组. 实际上, 除了 K-means 聚类方法, 其他适用于单变量聚类的方法都可用于离散化.

8.3 有监督离散化概述

有监督离散化需要使用后续数据分析中模型的因变量 Y. 一般要求 Y 为定性变量, 离散化的主要目的是更加高效地预测 Y 的类别.

8.3.1 有监督离散化的基本原则

直观上看, 有监督离散化需满足四条基本原则:

(1) 当按照离散化后的变量对数据分组时, 各个组在因变量 Y 上应能表现出明显的趋势特征. 这表明离散化后的变量与 Y 具有相关性, 即具有一定的预测能力.

(2) 在离散化后变量的相邻区间上, Y 的分布差异应该较大. 这是为了避免不必要的区间分割, 从而尽量减少离散化后变量的取值数量.

(3) 离散化后变量的取值数量应当适中. 取值数量过少导致变量的区分度不足, 过多则不便于管理且可能削弱模型的稳定性.

(4) 各区间内样本数量合理, 不应过多或过少.

由此, 可以将有监督离散化看作一个优化问题. 根据原则 (1), 将有监督离散化的优化目标设置为: 离散化后的变量尽可能大地提升对 Y 的分类预测效果. 根据 (2)—(4), 可以为优化目标设置约束条件. 但适中的区间数量和区间内样本数量, 会因实际问题和数据不同而具有很大差异性, 无法统一界定. 为便于数学上的处理, 我们将约束条件简化为: 离散化后的变量取值尽量少. 这样, 我们将有监督离散化转化为一个带约束的优化问题.

8.3.2 有监督离散化效果评价

常用两类指标评价离散化效果.

第一类评价指标为统计度量 (statistical measure). 最常用的统计度量是离散化后的变量与因变量的相关度, 相关度越大, 表明离散化后的变量对 Y 的分类预测效果越好, 离散化的效果也就越好. 8.4 节和 8.5 节中的 ChiMerge 算法和 CAIM 算法即采用相关度作为评价指标.

第二类评价指标为信息量 (information), 用于刻画变量的变异性. 信息量越小, 表明变量的变异性越小. 因此, 按照离散化后的变量对样本观测分组, 每一组内因变量 Y 的信息量越小, 表明离散化的效果越好. 将离散化前后的信息量之差定义为信息增益 (information gain), 则信息增益越大, 表明离散化的效果越好. 8.6 节中基于 MDLP 的离散化方法即采用了信息增益作为评价指标.

当因变量 Y 只含有两个类别时, 有专门的离散化效果评价指标. 例如, 评分卡模型中的因变量包含两个类别: "好客户" (未违约客户) 和 "坏客户"(违约客户), 可采用证据权重 (weight of evidence, WOE) 辅助评价离散化效果. 对每个离散化后的区间, WOE 的计算公式为

$$\text{WOE} = \ln\left(\frac{\text{好客户占比}}{\text{坏客户占比}}\right) \times 100.$$

例 8.1 假设有 3000 位客户, 一半是好客户, 一半是坏客户[①]. 对收入进行离散化, 划分为三个区间. 表 8.2 是收入类别与是否违约的交叉表. 由此, 可以计算每一个区间的 WOE 值. 例如, 在收入小于 1000 元的客户群体中, 未违约的客户占全体 1500 位未违约客户的 31.1%, 违约的客户占全体 1500 位违约客户的 16.1%, 因此 WOE 值为

$$\text{WOE}_1 = \ln\left(\frac{0.311}{0.161}\right) \times 100 \approx 65.94.$$

可类似获得其余区间的 WOE 值, 列于表 8.2 中. 可以看到, 收入小于 1000 元的客户更倾向于不违约, WOE 值较大; 收入在 1000 至 2400 元的客户更倾向于违约, WOE 值为负值, 且绝对值较大; 而收入大于等于 2400 元的客户违约与不违约的比例相当, WOE 的绝对值较小.

收入		是否违约		合计	WOE_i	IV_i
		未违约	违约			
< 1000	计数	466	241	707	65.94	9.89
	列百分比	31.1%	16.1%	23.6%		
$[1000, 2400)$	计数	411	691	1102	−51.95	9.71
	列百分比	27.4%	46.1%	23.6%		
$\geqslant 2400$	计数	623	568	1191	9.24	0.33
	列百分比	41.5%	37.9%	39.7%		
合计	计数	1500	1500	3000		19.93
	列百分比	100.0%	100.0%	100.0%		

◀ 表 8.2 计算 WOE 和 IV 的示例

例 8.1 显示, 我们可以通过 WOE 的绝对值大致评价经离散化处理的变量各取值对于预测的贡献. WOE 的绝对值越大, 表明对应取值的群体在因变量上呈现了更为明显的特征, 预测的准确率可能更高.

① 数据来源于张文彤等 (2013). 该数据中好客户与坏客户比例一致, 但现实中好客户所占比例往往远高于坏客户比例, 可以把这个数据看作是经过类别不平衡处理后的数据.

进一步汇总各 WOE 值, 形成对离散化变量的整体性评价, 这就是信息值 (information value, IV), 其计算公式为

$$\mathrm{IV}=\sum_{i=1}^{k}(\text{好客户占比}_i-\text{坏客户占比}_i)\times \mathrm{WOE}_i, \tag{8.1}$$

其中 k 为离散化后变量的取值个数.

可以将 IV 看作 WOE 的加权平均, 所采用的 "权重" 是好客户占比与坏客户占比之差. 这一 "权重" 很特殊, 其取值可能大于 0, 也可能小于 0. "权重" 的正负性与 WOE 的正负性恰好一致, 二者相乘大于等于 0. 这就相当于对 WOE 取了绝对值, 从而按照 WOE 的绝对值大小衡量离散化后变量的预测性能. 此外, 由于离散化后的变量取某一值的比例越大, 该值对应的好客户占比与坏客户占比也可能越大, 因此该 "权重" 在一定程度上反映了离散化后变量各取值的规模, 从而将规模效应纳入评价之中.

IV 可用于评价定性自变量对预测因变量 Y 的效果. IV 越大, 表明自变量对预测的贡献越大. 经验上的判断规则为

(1) 当 $\mathrm{IV}<2$ 时, 自变量对预测因变量几乎无帮助;

(2) 当 $2\leqslant \mathrm{IV}<10$ 时, 自变量对预测因变量有一定帮助;

(3) 当 $10\leqslant \mathrm{IV}<30$ 时, 自变量对预测因变量有较大帮助;

(4) 当 $\mathrm{IV}\geqslant 30$ 时, 自变量对预测因变量有很大帮助. 但是, 当 $\mathrm{IV}>50$ 时, 自变量对因变量有过度预测的倾向.

需要注意的是, 当 IV 特别大时, 我们不应盲目乐观. 例如, 若以由 Y 衍生的变量作为自变量, 其 IV 往往较大. 但当模型应用于预测场景时, 由 Y 衍生的变量一般不能在预测之前获得, 因而不能作为模型的自变量.

例 8.1(续) 计算收入类别的 IV. 为便于展示, 我们将(8.1)式求和项中的第 i 项记作 IV_i $(i=1,\cdots,k)$. 例如, 对于第一个区间,

$$\mathrm{IV}_1=(0.311-0.161)\times 65.94\approx 9.89.$$

类似可获得其他 IV_i, 结果列于表 8.2 中. 汇总 IV_i $(i=1,\cdots,k)$, 得到 IV= 19.93, 它大于 10 且小于 30, 表明离散化后的变量对预测因变量有较大帮助.

8.4 ChiMerge 算法

ChiMerge 算法由 Kerber (1992) 提出, 以相关度最大为优化目标, 是针对单一变量、自下而上的有监督离散化方法. ChiMerge 算法的主要思想是: 先对数据排序并将每一数值单独作为一个区间, 自下而上逐步合并无显著差

异的相邻区间, 其中区间差异性通过卡方检验 (Chi-squared test) 或列联表检验 (contingecy table test) 予以识别. 可见, “ChiMerge” 这一名称体现了该算法的特点, 即采用卡方检验判断相邻区间差异性, 并且采用合并区间的方式.

为理解 ChiMerge 算法, 先简要介绍列联表检验方法. 列联表检验用于检验两个定性变量的相关性, 它将假定变量独立的情况与数据真实的情况进行对比, 二者的差异性由卡方统计量予以衡量, 其表达式为

$$\chi^2 = \sum_{i=1}^{a}\sum_{j=1}^{b}\frac{(x_{ij}-e_{ij})^2}{e_{ij}},$$

其中, x_{ij} 和 e_{ij} 分别为列联表第 i 行 j 列中的实际频数和独立性假定下的期望频数 $(i=1,\cdots,a,\ j=1,\cdots,b)$, a 和 b 分别为两个定性变量的取值个数. 卡方统计量越大, 表明两种情况差异越大, 从而认为两个定性变量越有可能不独立、具有相关性. 在一定的条件下, 卡方统计量近似服从卡方分布 $\chi^2((a-1)\times(b-1))$, 其中 $(a-1)\times(b-1)$ 为卡方分布的自由度.

在 ChiMerge 算法中, 为考察两个相邻区间中因变量 Y 的分布是否有显著差异, 应构造一个变量 A, 它只有两个取值, 每一取值对应于一个区间. 将 A 与 Y 作列联表检验, 根据列联表检验的原理, 由于 A 的取值个数为 2, 卡方统计量近似服从 $\chi^2(k-1)$, 其中 k 为 Y 的取值个数. 若卡方统计量显著地大, 则 A 与 Y 的相关性较强, 表明 Y 在两个相邻区间上分布的差异较大, 不应合并区间; 反之, 若卡方统计量并不显著地大, 表明 Y 在两个区间上分布的差异较小, 则可以合并区间. 为判断卡方统计量是否 “显著地大”, 需借助于置信水平 $1-\alpha$(一般取$0.5<1-\alpha<1$), 找到卡方分布在该置信水平下的分位数 $\chi^2_{1-\alpha}(k-1)$. 若卡方统计量大于 $\chi^2_{1-\alpha}(k-1)$, 则不应合并区间; 若卡方统计量小于等于 $\chi^2_{1-\alpha}(k-1)$, 则应该合并区间. 若有多对相邻区间的卡方统计量小于等于 $\chi^2_{1-\alpha}(k-1)$, 应优先合并卡方统计量最小者.

由此, ChiMerge 算法的具体步骤是:

步骤 1: 将待离散化的变量取值排序, 将每一个取值作为一个区间. 也可以通过无监督离散化等方式产生若干初始区间.

步骤 2: 将每一对相邻区间与因变量 Y 构造为列联表, 获得卡方统计量的值.

步骤 3: 合并步骤 2 中卡方值最小且小于等于临界值 $\chi^2_{1-\alpha}(k-1)$ 的一对相邻区间.

步骤 4: 重复步骤 2, 直到仅有一个区间或所有相邻区间的卡方值都大于临界值 $\chi^2_{1-\alpha}(k-1)$.

例8.2 采用 golf 数据集中的 4 个样本观测 (如表 8.3 所示), 因变量为二分类的定性变量 Play, 对定量变量 Humidity 进行离散化. 由于因变量 Play

的取值个数为 2, 所以卡方分布的自由度为 $2-1=1$. 取置信水平为 0.9, 自由度为 1 的卡方分布的 0.9 分位数 $\chi^2_{0.9}(1)=2.71$. 下面, 应用 ChiMerge 算法, 首先执行第一轮:

▶ 表 8.3
golf 数据集中的 4 个样本观测

序号	Humidity	Play
1	85	No
2	90	No
3	86	Yes
4	96	Yes

步骤 1: 按照 Humidity 取值从小到大将数据排序, 将每一个取值作为一个区间. 这里, 我们取相邻数值的中间值为分割点, 形成了四个初始区间 (如表 8.4 "第一轮" 所示).

步骤 2: 将每一对相邻区间与因变量 Play 构造为列联表. 例如, 将前两个区间与 Play 构造为 2 行 2 列的列联表, 得到卡方统计量的值为 0. 类似地, 将第二和第三个区间与 Play 构造列联表, 卡方统计量的值为 2; 将第三和第四个区间与 Play 构造列联表, 卡方统计量的值也为 2.

步骤 3: 合并步骤 2 中卡方值最小且小于等于临界值的一对相邻区间. 可以看到, 前两个区间对应的卡方统计量值最小, 并且小于临界值 2.71, 因此应合并第一与第二个区间.

通过第一轮离散化, 将 Humidity 取值变换为三个区间, 它们是第二轮离散化的初始情况, 列于表 8.4 "第二轮" 中. 类似地构造各对相邻区间与因变量 Play 的列联表, 得到卡方统计量的值分别为 3 和 2. 第二对相邻区间对应的卡方统计量值最小, 并且小于临界值 2.71, 因此应合并第二对相邻区间.

▶ 表 8.4
ChiMerge 算法过程

第一轮			第二轮			第三轮		
Humidity	Play		Humidity	Play		Humidity	Play	
	No	Yes		No	Yes		No	Yes
$80 \to [80,83)$	0	1	$80,86 \to [80,88)$	0	2	$80,86 \to [80,88)$	0	2
$86 \to [83,88)$	0	1						
$90 \to [88,93)$	1	0	$90 \to [88,93)$	1	0	$90,96 \to [88,96]$	1	0
$96 \to [93,96]$	0	1	$96 \to [93,96]$	0	1			

在第三轮离散化中 (如表 8.4 "第三轮" 所示), 只需要进行一次列联表检验, 得到卡方统计量的值为 1.33, 小于临界值 2.71, 因此应合并区间. 从而, 将 Humidity 取值变换为一个区间. 此时, 达到停止条件, ChiMerge 算法完成.

在例 8.2 中, 离散化后的 Humidity 只有一个取值. 这样的结果可以为我们提供一个额外的信息, 那就是 Humidity 对因变量不具有较高的预测能力. 在 8.1 节中提到, 离散化具有一定的变量筛选功能, 实际上就体现在这样的结果中. 若离散化后的变量只有一个取值, 说明其对应的原始自变量对因变量的预测效果不佳, 可以考虑剔除该自变量, 从而提升建模效率.

最后, 讨论 ChiMerge 算法存在的几个问题.

第一个问题是, ChiMerge 算法所获得的列联表检验结果可能不精确. 一方面, 因为在自变量的某对相邻区间内, 因变量可能只取少数的类别值 ①, 此时卡方分布的自由度应小于 $k-1$. 也就是说, ChiMerge 算法所取的卡方分布自由度为所有可能自由度中的最大值. 在相同的置信水平下, 自由度越大, 卡方分布的分位数值越大. 过大的临界值会导致合并更多的区间, 从而造成过度合并问题. 另一方面, 满足自变量取某一值的样本观测可能较少, 导致列联表中的频数较小, 从而不符合卡方统计量渐近服从卡方分布所需要的假设, 影响离散化的效果.

第二个问题是, ChiMerge 算法需要人为设置置信水平, 使得离散化结果受到一定的主观影响.

第三个问题是, 当数据量较大、数据取值较多时, ChiMerge 这类自下而上的方法较为低效.

8.5 CAIM 算法

CAIM 算法由 Kurgan & Cios (2004) 提出. 与 ChiMerge 算法类似的是, CAIM 算法针对单一变量进行离散化, 并且以离散化后的变量与因变量的相关度作为优化目标. 但与 ChiMerge 算法不同的是, CAIM 算法采用 CAIM (class-attribute interdependency maximization) 作为相关度指标. 此外, CAIM 算法采用自上而下的思路, 即先将所有数据点归入一个或若干个区间, 然后逐级动态加入分割点, 划分出更多的区间. 具体而言, CAIM 算法考虑了三个方面: (1) 最大化离散化后的变量与因变量的相关度; (2) 最小化区间数量; (3) 计算开销合理, 可适用于有大量取值的变量.

首先介绍一些记号. 设因变量 Y 有 k 个类别, 取值为 $C_1, C_2, \cdots, C_k$. 设待离散化的变量为 F, 将 F 离散化后的变量记为 D, D 包含 n 个区间 $[d_0, d_1], \cdots, (d_{n-1}, d_n]$. CAIM 算法将离散化后的变量 D 与因变量 Y 构造为列联表 (如表 8.5 所示), 每一行对应 Y 的一个类别, 每一列对应 D 的一个取值. 以 q_{ij} 表示满足 $Y = C_i$ 且 $D = (d_{j-1}, d_j]$ 的样本数量. 将第 i 行的所有 $q_{ij}\,(j = 1, \cdots, n)$ 相加, 得到行和 M_{i+}, 将第 j 列的所有 $q_{ij}\,(i = 1, \cdots, k)$ 相

① 若待离散化的自变量与因变量具有较强的关联, 这种情况可能较为普遍.

加, 得到列和 M_{+j}. 总的样本量为 $M=\sum_{i=1}^{k} M_{i+}=\sum_{j=1}^{n} M_{+j}$.

▶ 表 8.5
CAIM 算法中的列联表

Y	D					行和
	$[d_0, d_1]$	$\cdots$	$(d_{r-1}, d_r]$	$\cdots$	$(d_{n-1}, d_n]$	
C_1	q_{11}	$\cdots$	q_{1r}	$\cdots$	q_{1n}	M_{1+}
$\vdots$	$\vdots$		$\vdots$		$\vdots$	$\vdots$
C_i	q_{i1}	$\cdots$	q_{ir}	$\cdots$	q_{in}	M_{i+}
$\vdots$	$\vdots$		$\vdots$		$\vdots$	$\vdots$
C_k	q_{k1}	$\cdots$	q_{kr}	$\cdots$	q_{kn}	M_{k+}
列和	M_{+1}	$\cdots$	M_{+r}	$\cdots$	M_{+n}	M

基于上述记号, CAIM 算法提出 CAIM 指标, 以度量因变量 Y 与离散化变量 D 的相关性. CAIM 的表达式为

$$\mathrm{CAIM}(Y, D|F)=\frac{\sum_{r=1}^{n} \frac{\max_r^2}{M_{+r}}}{n},$$

其中 $\max_r$ 为第 r 列中各 q_{ir} $(i=1, \cdots, k)$ 的最大值.

可以看到, CAIM 越大, 因变量与离散化后的变量相关性越高. CAIM 指标的构造主要基于以下考虑:

(1) $\max_r$ 越大, 表明落入区间中的样本观测在 Y 上的取值越集中, 从而 Y 与 D 的相关性越强.

(2) 纳入 M_{+r} 是为了考虑在不属于多数类的样本观测上所产生的误判损失.

(3) 由于希望区间数量尽可能小, 因此将区间数量 n 放置在分母, 相当于对较大的区间数量予以惩罚.

CAIM 算法采用贪心搜索, 以获得局部最大的 CAIM 指标. 算法主要包含两个步骤:

步骤 1: 初始化区间, 并计算 CAIM 指标. 允许初始化区间为多个区间.

步骤 2: 加入一个使得 CAIM 指标达到最大的分割点.

重复步骤 2, 直到 CAIM 指标不再增大且区间数大于等于因变量的类别数.

例 8.3 采用例 8.2中的数据, 对定量变量 Humidity 进行离散化. Humidity 有 4 个取值, 排序后为 80、86、90、96. 下面, 执行 CAIM 算法.

步骤 1: 初始化区间. 本例中, 将初始区间设置为一个, 即 [80, 96]. 备选的分割点为 83、88 和 93. 此时, $\max_r=3$, $M_{+r}=4$, $n=1$, 因此 CAIM= 9/4.

步骤 2: 为找到一个使得 CAIM 指标达到最大的分割点, 需要考察每一个备选分割点. 表 8.6 列出了相应的数据汇总表, 由此分别得到以 83、88 和 93 为分割点所对应的 CAIM 指标值, 为 7/6、5/4 和 7/6. 其中最大的 CAIM 指标值为 5/4. 由于 5/4 小于分割前的 CAIM 指标值 9/4, 因此从 CAIM 指标来看, 不需要再加入分割点, 应保持离散化变量取值为一个区间. 但是, CAIM 算法强制要求离散化变量的取值数量不小于因变量的类别数, 因此这里仍然需要分割. 从而, 取使得 CAIM 指标达到最大的分割点 88, 产生 [80, 88) 和 [88, 96] 两个区间.

以 83 为分割点			以 88 为分割点			以 93 为分割点		
Play	[80, 83)	[83, 96]	Play	[80, 88)	[88, 96]	Play	[80, 93)	[93, 96]
No	0	1	No	0	1	No	1	0
Yes	1	2	Yes	1	2	Yes	2	1
$\max_r$	1	2	$\max_r$	2	1	$\max_r$	2	1
M_{+r}	1	3	M_{+r}	2	2	M_{+r}	3	1

◀ 表 8.6 用于计算 CAIM 指标的数据汇总表

按照 CAIM 算法, 应重复步骤 2, 直到满足停止条件. 留作习题.

8.6 基于 MDLP 的离散化方法

基于 MDLP 的离散化方法由 Fayyad & Irani (1993) 提出. 它基于信息增益寻找最优的分割点, 并且采用自上而下的方式, 逐级动态地分割区间. 这类似于依据单一自变量构建决策树 CART 模型的方式. 与 CART 模型的构建所不同的是, 基于 MDLP 的离散化方法需要对信息增益最大的分割点作进一步判断, 其判断准则基于最小描述长度原则 (minimum description length principle, MDLP). 因此, 该方法被称为基于 MDLP 的离散化方法.

8.6.1 基于信息增益的离散化

基于 MDLP 的离散化方法以熵 (entropy) 作为信息量. 熵这一概念来自物理学, 用于描述系统是否处于平衡状态, 熵越大表明系统越平衡, 也就是各个类别 "势力" 相当, 从而表现出越为混沌的状态. 信息学领域采用熵这一名称, 定义了用于衡量取值个数有限的离散型变量信息长度的熵, 其表达式为

$$Ent = -\sum_{i=1}^{k} p_i \log_2 p_i,$$

其中 k 是变量的取值个数, p_i 是变量取第 i 个值的概率 $(i=1,\cdots,k)$. 当 $p=0$ 时, 定义 $p\log_2 p=0$. 由香农定理, 应以 $-\log_2 p_i$ 作为第 i 条信息的长度 ①. 直观来看, 信息出现的概率越大, 那么赋予该信息的长度就越小, 以便于提升信息传送效率. 熵是将信息长度乘以其概率并求和, 表达了信息长度的期望值. 在统计学中, 熵用于刻画定性变量的波动大小, 反映了变量的不纯度 (impurity). 熵的取值范围为 $[0,\log_2 k]$. 当熵为最小值 0 时, 变量只取一个值, 达到最 "纯" 的状态; 当熵为最大值 $\log_2 k$ 时, 变量取各值的概率都为 $1/k$, 处于最平衡、最 "不纯" 的状态. 我们希望离散化后的区间内因变量是 "纯" 的, 因此离散化后的熵越小越好.

对数据集 S, 记因变量的熵为 $Ent(S)$. 按照变量 A 的一个分割点 T, 将 S 分割为两个互不重叠的子集 S_1 和 S_2, 将两个子集的熵按样本量进行加权平均, 可以获得区间分割后的熵, 为

$$\frac{|S_1|Ent(S_1)+|S_2|Ent(S_2)}{N},$$

其中 N 表示数据集 S 的样本量, $|S_1|$ 和 $|S_2|$ 分别表示数据集 S_1 和 S_2 的样本量.

基于 MDLP 的离散化方法以信息增益最大化作为优化目标. 信息增益用于衡量区间分割所造成的增益量, 计算方式为区间分割前的不纯度减去分割后的不纯度. 若以熵作为不纯度的刻画, 信息增益为

$$Gain=Ent(S)-\frac{|S_1|Ent(S_1)+|S_2|Ent(S_2)}{N}.$$

将区间分割前的不纯度作为固定值, 我们希望离散化后的熵越小越好, 也即希望信息增益越大越好.

在基于 MDLP 的离散化方法中, 所选取的分割点需要满足一定的条件:

(1) 区间分割所获得的信息增益应大于 0, 否则分割无效.

(2) 区间分割是最优的. 这表明, 选取的分割点所获得的信息增益大于等于其他候选分割点所获得的信息增益.

(3) 满足 MDLPC 准则中的接受分割点条件.

条件 (1) 和 (2) 与大部分决策树算法类似. 这里的关键是理解条件 (3), 下面作具体介绍.

8.6.2 MDLPC 准则

定义 8.1 (MDLPC 准则) 设有样本量为 N 的数据集 S, 对于待离散化变量 A 的某一分割点 T, 当且仅当

① 当取 $\log_2$ 时, 可以将信息长度看作以 bit 为单位.

$$Gain(A,T;S) > \frac{\log_2(N-1)}{N} + \frac{\Delta(A,T;S)}{N} \tag{8.2}$$

时，接受以分割点 T 进行区间分割；否则，拒绝以分割点 T 进行区间分割. 其中，

$$\Delta(A,T;S) = \log_2(3^k - 2) - (kEnt(S) - k_1 Ent(S_1) - k_2 Ent(S_2)),$$

k, k_1, k_2 分别为数据集 S, S_1, S_2 中因变量的取值个数，满足 $1 \leqslant k_1, k_2 \leqslant k$.

要理解和推导 MDLPC 准则，可以借助于对信息传送的描述. 假设信息发送者掌握了因变量 Y 的全部信息，而信息接收者缺乏 Y 的信息. 发送者需要以最小的描述长度将 Y 的信息传送给接收者. 以 $Ent(S)$ 表示数据集 S 中基于 Y 计算的熵，它刻画了 Y 各取值的平均描述长度. 由于发送者需要传送每一个样本观测的 Y，当有 N 个样本观测时，总共需要的描述长度为 $NEnt(S)$. 此外，由于发送的是 Y 编码后的信息，发送者还需要传送一个编码手册，告诉接收者 Y 的编码与其原始值的对应关系. 若 Y 的取值个数为 k，那么传递编码手册信息的描述长度为 $kEnt(S)$. 因此，若拒绝分割点 T，那么按照一个数据集 S 传送信息所需要的成本，即总的描述长度为 $NEnt(S) + kEnt(S)$，记为 $Cost(NT)$.

如果接受分割点 T，总的描述长度会发生什么变化呢? 我们假设变量 A 在数据集 S 中有 N 个取值，那么候选的分割点共有 $N-1$ 个. 由分割点 T 将数据集 S 划分为 S_1 和 S_2 两个互不重叠的部分，S_1 和 S_2 的样本量分别为 $|S_1|$ 和 $|S_2|$. 接受分割点 T 后总的描述长度由三个部分构成：

(1) 由于待离散化变量 A 有 $N-1$ 个候选的分割点，从而分割点 T 的描述长度等于 $\log_2(N-1)$.

(2) 传送 S_1 和 S_2 中每一个样本观测的 Y，描述长度为 $|S_1|Ent(S_1) + |S_2|Ent(S_2)$.

(3) 传送编码手册的描述长度为 $\log_2(3^k - 2) + k_1 Ent(S_1) + k_2 Ent(S_2)$，其中 k, k_1, k_2 分别为数据集 S, S_1, S_2 中因变量的取值个数.

在传送编码手册的描述长度中，$k_1 Ent(S_1)$ 和 $k_2 Ent(S_2)$ 分别表示 S_1 和 S_2 中 Y 的编码与其原始值对应关系的描述长度. 另一项 $\log_2(3^k - 2)$ 需要着重解释，它来源于发送者需要告诉接收者，S 中 Y 的取值分配到 S_1 和 S_2 中的情况. Y 的某一取值可以只包含于 S_1，或只包含于 S_2，或同时包含于 S_1 和 S_2，因此共有 3^k 种可能. 但由于 S_1 和 S_2 都不能为空集，所以要排除 Y 的所有取值都未包含于 S_1 和 Y 的所有取值都未包含于 S_2 这两种情况，因此总共是 $3^k - 2$ 种可能 ①. 将这些可能的情况传送给接收者，需要的描述长

① 还可以从另一个角度分析：当 $0 < k_1 < k$ 时，那么 Y 的其余 $k - k_1$ 个值都必须包含于 S_2 中；假定数据集 S_2 的样本量较大，满足 $|S_2| - (k - k_1) \geqslant k_1$，则 S_2 还可以含有 S_1 中 Y 的任意多个值，这样的组合数为 2^{k_1}. 当 $k_1 = k$ 时，由于 S_2 不能为空集，所以 S_2 中 Y 的取值情况共有 $2^k - 1$ 种，即在 2^k 种组合的基础上排除 S_2 不包含 Y 的任一取值的情况. 因此，总共有 $\sum\limits_{k_1=1}^{k} \mathrm{C}_k^{k_1} 2^{k_1} - 1 = 3^k - 2$ 种可能.

度为 $\log_2(3^k-2)$.

若接受分割点 T, 那么传送成本, 即总的描述长度 $Cost(HT)$ 就等于以上三部分描述长度之和. 当接受分割点 T 所产生的成本更低时, 即当 $Cost(HT) < Cost(NT)$ 时, 才能接受分割点 T. 经过简单的数学推导, 这一条件等价于 (8.2)式.

8.6.3 方法步骤

基于 MDLP 的离散化方法的具体实施步骤为: 首先初始化, 形成若干个新区间. 例如, 将所有数值合并为一个新区间; 然后执行以下两个步骤:

步骤 1: 针对每一个新区间: 对区间内所有备选的分割点, 计算信息增益值; 然后, 取所有信息增益值的最大值, 记为 $\max Gain$. 若 $\max Gain < 0$, 不产生任何新区间. 若 $\max Gain > 0$, 则采用 MDLPC 准则判断是否可以接受 $\max Gain$ 对应的分割点, 若可以接受, 则按该分割点产生两个新区间; 否则, 不产生新区间.

步骤 2: 若步骤 1 中产生了新区间, 对每一新区间执行步骤 1. 直到不再产生新区间.

Fayyad & Irani (1993) 指出, 分割点 T 的搜索范围可缩小到待离散化变量取值的一个子集之中. 下面, 介绍相关的定义和定理.

定义8.2 将集合 V 中的数值排序为 $v_1, v_2, \cdots$. 若存在某个 i 使得 v_i 与 v_{i+1} 对应因变量的不同类别, 则任一满足 $v_i < T < v_{i+1}$ 的数值 T 称为 V 的**边界点** (boundary point).

下面的定理告诉我们, 只需要在边界点中搜索分割点, 以提升搜索效率.

定理8.1 若分割点 T 使得离散化后的信息增益达到最大, 则 T 一定是待离散化变量的边界点.

直观上看, 在因变量取值相同的两个样本观测之间划分区间, 不能最大程度地减小不纯度, 所以分割点不可能出现在这样的位置.

例8.4 采用例 8.2 中的数据, 对定量变量 Humidity 进行离散化. 首先进行初始化, 将所有数值合并为一个区间, 即 [80,96]. 初始化区间的熵为

$$-\frac{3}{4}\log_2\frac{3}{4}-\frac{1}{4}\log_2\frac{1}{4}\approx 0.81.$$

按照 Humidity 从小到大排序 (如表 8.7 所示), 其中 88 和 93 为边界点.

▶ 表 8.7 按 Humidity 从小到大排序后的数据

Play	Yes	Yes	No	Yes
Humidity	80	86	90	96

下面, 执行步骤 1. 对于新区间 [80, 96], 分别计算候选分割点所产生的信息增益. 以 88 为分割点所产生的信息增益为

$$Gain = 0.81 - (0.5 \times 0 + 0.5 \times 1) = 0.31,$$

以 93 作为分割点所产生的信息增益为

$$Gain = 0.81 - (0.75 \times 0.92 + 0.25 \times 0) = 0.12.$$

因此以 88 作为分割点的信息增益达到最大, 且信息增益值大于 0.

还需要检测 MDLPC 准则中的接受分割点条件. 以 S_1 表示 Humidity 小于 88 的样本观测构成的集合, S_2 表示 Humidity 大于等于 88 的样本观测构成的集合, 从而 $k = 2, k_1 = 1, k_2 = 2, Ent(S) = 0.81, Ent(S_1) = 0, Ent(S_2) = 1$. 由此得到

$$\frac{\log_2(N-1)}{N} + \frac{\Delta(A,T;S)}{N} \approx \frac{\log_2(4-1)}{4} + \frac{3.19}{4} \approx 1.19.$$

分割点 88 所产生的信息增益小于该值, 因此拒绝以 88 为分割点进行分割. 由于不再产生新区间, 因此算法终止. 最终得到的离散化结果是将 Humidity 的值合并为一个区间 [80, 96].

通过这个例子可以看到, 基于 MDLP 的离散化方法通过 MDLPC 准则控制离散化后变量的取值数量, 从而实现了数值归约.

8.7 案例分析

基于 car 数据集, 划分训练集 (自变量放入 X_train, 因变量放入 y_train) 和测试集 (自变量放入 X_test, 因变量放入 y_test). 下面, 基于训练集训练离散化方法, 然后应用到测试集中. 首先, 采用 KBinsDiscretizer 函数实现无监督离散化.

由于 KBinsDiscretizer 函数不允许缺失值, 因此先对训练集作预处理, 取出定量变量, 以中位数插补定量变量的缺失值. 预处理后的训练集为 X_train-preprocess.

```
numeric_features = [2,4,5,6]
numeric_transformer = Pipeline(steps=[
    ('imputer', SimpleImputer(strategy='median'))])

preprocessor = ColumnTransformer(transformers=[('num',
     numeric_transformer, numeric_features)])
```

```
X_trainpreprocess = pd.DataFrame(preprocessor.fit_transform(X_train),
    columns=(X_train.columns[numeric_features].values))
```

1. 等距分组

在 KBinsDiscretizer 函数中设置 strategy='uniform', 可实现等距分组; 由参数 n_bins 可设置各变量的区间数量; 设置 encode='ordinal' 可获得序号形式的离散化结果.

```
ew = KBinsDiscretizer(strategy='uniform', n_bins=[2,3,3,3], encode=
    'ordinal')
X_train_bin = ew.fit_transform(X_trainpreprocess)
```

2. 等频分组

在 KBinsDiscretizer 函数中设置 strategy='quantile', 可实现等频分组.

```
ef = KBinsDiscretizer(n_bins=[2,3,3,3], encode='ordinal', strategy=
    'quantile')
X_train_bin = ef.fit_transform(X_trainpreprocess)
```

3. K-means 分箱

在 KBinsDiscretizer 函数中设置 strategy='kmeans', 可实现 K-means 分箱.

```
km = KBinsDiscretizer(n_bins=[2,3,3,3], encode='ordinal', strategy=
    'kmeans')
X_train_bin = km.fit_transform(X_trainpreprocess)
```

上述无监督离散化返回的结果 X_train_bin 是取值为 $0, 1, \cdots$ 的序号, 表示样本观测被分入哪一个组. 通过属性 bin_edges_ 查看各组边界值, 分组结果是左闭右开的区间.

下面, 实现有监督离散化. 有监督离散化需要定性的因变量. 本例中, 按照油耗 Mileage 是否小于等于 25, 在训练集中形成二分类的因变量 y_train_group (取值为 0 和 1).

```
y_train_group=pd.cut(y_train['Mileage'],bins=[-np.infty,25,np.infty],
    include_lowest=True, labels=[0,1])
```

4. ChiMerge 算法

采用 ChiMerge 函数实现 ChiMerge 算法. ChiMerge 函数不允许缺失值, 因此采用经预处理的训练集 X_trainpreprocess. 取置信水平 confidence_level 为默认值 0.9, 最大区间数 max_intervals=3, 最小区间数 min_intervals=1.

```
trans_cm = ChiMerge(max_intervals=3, min_intervals=1, output_dataframe
    =True)
X_train_cm = trans_cm.fit_transform(X_trainpreprocess,y_train_group)
```

可由属性 boundaries_ 查看分箱边界值 (为每一区间的上限). 所产生的区间为左开右闭 (最后一个区间上限为 inf, 因此右端也为开区间). transform 函数输出区间形式的离散化结果.

5. CAIM 算法

采用 CAIMD 函数可以实现 CAIM 算法.

```
caim = CAIMD()
X_train_caim = caim.fit_transform(X_train.iloc[:,numeric_features],
    y_train_group)
```

通过属性 split_scheme 可查看各区间的下限和上限, 所产生的是左闭右开区间 (最后一个区间两端都为闭区间). 输出值为区间的序号.

6. 基于 MDLP 的离散化方法

采用 MDLP 函数可以实现基于 MDLP 的离散化方法. MDLP 函数不允许缺失值, 因此采用经预处理的训练集 X_trainpreprocess. 设置随机数种子 random_state 为 1, 其他参数取默认值.

```
transformer = MDLP(random_state=1)
transformer.fit(X_trainpreprocess, y_train_group)
```

由属性 cut_points_ 可查看分割点 (为分割处前后两个数值的均值). 可由 transform 函数获得以区间序号为取值的离散化结果, 若采用 cat2intervals 函数则获得区间形式的取值.

由各离散化方法所得的结果如表 8.8 所示. 三种方法对变量 Disp. 和 HP 的分割相似, 但在 Price 和 Weight 两个变量上的区间数量有所差异. 本例中, 自下而上的离散化方法 (ChiMerge 算法) 倾向于产生更多的区间.

▶ 表 8.8
有监督离散化方法产生的分割点

方法	Price	Weight	Disp.	HP
ChiMerge	9410, 11470	2560, 2885	133	108
CAIM	9410	2710	133	108
基于 MDLP 的离散化方法	9995	2902.5	133	109

可由 WOE_Encoder 获得离散化效果的评价指标 WOE 和 IV. 设 result_cm 为区间分割点, 由此计算 WOE 和 IV:

```
trans_woe = WOE_Encoder(output_dataframe=True)
result_woe = trans_woe.fit_transform(result_cm, np.array(y_train_group
    ))
```

由属性 result_dict_ 可以查看区间划分, 以及 WOE 和 IV 值. 例如, 按照表 8.8 中 ChiMerge 算法的区间分割点, 得到 IV 值的排序结果表 8.9 所示. 可以看到, 区间数量多的变量倾向于达到更高的 IV 值.

▶ 表 8.9
基于 ChiMerge 算法离散化结果的 IV 值

Weight	Price	Disp.	HP
18.37	16.65	3.77	1.95

通过 transform 函数, 可将训练好的离散化方法应用于测试集. 例如, 将训练所得的 K-means 分箱应用于测试集 (需要先按照训练好的数据预处理方法处理测试集):

```
X_testpreprocess = pd.DataFrame(preprocessor.transform(X_test),
    columns=(X_train.columns[numeric_features].values))
X_test_bin = km.transform(X_testpreprocess)
```

本章小结

1. 思维导图

- 离散化思维导图
  - 1 无监督离散化
    - 组距分组
    - 分位数分组
    - 均值–标准差分组
    - K-means分箱
  - 2 有监督离散化
    - 基于相关度的方法
      - ChiMerge算法, CAIM算法
    - 基于信息增益的方法
      - 基于MDLP的离散化方法

2. Python 函数

表 8.10 列出了数据离散化相关的 Python 函数.

◀ 表 8.10 数据离散化的 Python 函数

方法	函数名称与所属模块	重要参数	应用提示
无监督离散化	BinsDiscretizer (scikit-learn 库 preprocessing)	(1) strategy: 分组方式. 默认值为 'quantile', 实现等频分组. 若设置为 'uniform', 实现等距分组; 若设置为 'kmeans', 则实现基于 K-means 聚类的分组. (2) n_bins: 离散化后的组数, 默认值为 5. 可取值为向量, 同时为多个变量设置组数 (各变量的组数可以不同). (3) encode: 离散化后变量的类型. 默认值为 'onehot', 以稀疏矩阵类型的独热编码变量表示分组结果. 若设置为 'onehot-dense' 和 'ordinal', 则获得 array 数组类型的独热编码变量和以序号为取值的变量	(1) 函数不允许缺失值, 需处理缺失值. (2) 产生左闭右开的区间

续表

方法	函数名称与所属模块	重要参数	应用提示
ChiMerge 算法	ChiMerge (scorecardbundle 库 feature_ discretization. ChiMerge)	(1) confidence_level: 置信水平, 默认值为 0.9. 以置信水平对应的卡方分布分位数为临界值. (2) max_intervals: 最大区间数, 默认值为 None. (3) min_intervals: 最小区间数, 默认值为 2. (4) initial_intervals: 初始化的区间数量, 通过分位数将数据等频分组. 这样的初始化可以提升离散化速度, 但离散化的结果可能并非最优. 默认值为 100; 可设置为 None, 对应每一个取值为一个区间. (5) output_dataframe: 输出结果的类型. 默认值为 True, 输出结果为数据框类型. 若设置为 False, 则输出结果为数组类型	(1) 区间范围为 (−inf, inf) (2) 产生左开右闭的区间 (最后一个区间上限为 inf, 因此右端也为开区间)
CAIM 算法	CAIMD (caimcaim)	—	(1) 区间范围为训练集中的最小值到最大值, 测试集中的数据可能未落入该范围, 离散化结果为 NaN. (2) 产生左闭右开的区间 (最后一个区间两端都为闭区间)

续表

方法	函数名称与所属模块	重要参数	应用提示
基于 MDLP 的离散化方法	MDLP (mdlp 库 discretization)	(1) continuous_features: 指定待离散化的定量变量. 默认值为 None, 将所有变量作为定量变量, 分别进行离散化. (2) min_depth: 分割的最小深度, 默认值为 0. (3) min_split: 可以产生区间分割的最小样本数量占总样本量的比例, 默认值为 0.001. (4) random_state: 随机数种子. 当某些样本观测的自变量取值相同, 但因变量取值不同时, 需要对这些样本观测数据随机排序后确定分割点, 此时需要随机数种子. 默认值为 None	(1) 函数不允许缺失值, 需处理缺失值. (2) MDLP 函数中停止产生新区间的规则是满足以下条件中任一项: (i) max Gain 小于等于 0; (ii) 区间中的样本量小于等于 min_split 乘以总的样本量; (iii) 变量在区间中只有一个取值; (iv) 深度大于等于 min_depth, 且根据 MDLPC 准则不接受区间中的最优分割点. 这一规则说明, 只有当深度大于等于 min_depth 时才可能触发基于 MDLPC 准则的判断. (3) 区间范围为 (−inf, inf). (4) 产生左开右闭的区间 (最后一个区间上限为 inf, 因此右端也为开区间)
有监督离散化效果评价 (针对二分类因变量)	WOE_Encoder (scorecardbundle 库 feature_encoding.WOE)	(1) epslon: 在除法运算和 logrithm 中加入的值, 以避免运算产生无穷值. 默认值为 1e-10. (2) output_dataframe: 设置经过 transform 所产生的离散化数据是否为 Data-Frame. 默认值为 False, 即产生的数据不是 DataFrame, 而是 numpy ndarray	基于区间分割点计算 WOE 和 IV, 采用左开右闭的区间 (最后一个区间上限为 inf, 因此右端也为开区间)

习题

1. 对定量变量作离散化具有多种作用, 以下哪一项不是其作用? (　　)

A. 过滤噪声和离群值

B. 数值归约

C. 更易于理解和解释变量分布

D. 增加了数据信息

2. 采用 ChiMerge 算法对自变量 X 进行离散化, 设因变量含有两个取值. 初始时 X 含有四个区间, 按取值从小到大排序后记为 x_1, x_2, x_3 和 x_4. 分别将相邻区间与因变量建立列联表, 卡方统计量的值分别为 $0, 2, 2$ 和 3. 取置信水平为 0.9, 已知自由度为 1 的卡方分布的 0.9 分位数为 2.71. 第一轮应合并哪一对区间? (   )

A. x_1 和 x_2

B. x_2 和 x_3

C. x_3 和 x_4

D. 不能合并任一对区间

3. 下列关于 CAIM 算法的描述, 不恰当的一项是 (   ).

A. 采用自上而下的方式进行离散化

B. 需要逐步搜索最优分割点

C. 基于 CAIM 指标选取最优分割点，CAIM 指标越小的分割点越好

D. 不能事先确定区间的数量

4. 设因变量的取值为 no 和 yes. 设五个样本观测在一个待离散化的自变量和因变量上的取值为: (12, no), (15, no), (21, yes), (23, no), (30, yes), 采用基于 MDLP 的离散化方法, 分割临界值一定不会出现在哪个区域? (   )

A. (12, 15)

B. (15, 21)

C. (21, 23)

D. (23, 30)

5. 某项研究中, 研究人员将年龄分为三个组: $[0, 15), [15, 65), [65, 120)$, 分别对应少年儿童人口、劳动年龄人口和老年人口. 它采用的是哪一种离散化方法?

6. 请描述有监督离散化方法中所产生的不一致问题. 如何解决或控制这一问题?

7. 完成例 8.3中的 CAIM 算法. 其离散化结果与 ChiMerge 算法和基于 MDLP 的离散化方法结果一致吗?

8. 请阐述边界点的含义. 在决策树模型 (如, CART 算法) 中, 可以应用定理 8.1的结论简化搜索分枝临界值的运算吗?

9. 采用基于 MDLP 的离散化方法, 在某一步骤中选出了一个分割点. 请分析, 该分割点一定满足下列四项条件中的哪几项?

(1) 所产生的信息增益大于其他备选分割点;

(2) 所产生的信息增益大于 0;

(3) 满足 MDLPC 准则中的接受分割点条件;

(4) 是待离散化变量的一个边界点.

10. 若一个定量变量含有 m 个不同的取值, 则所有可能的离散化结果有多少个? 设初始化区间为一个, CAIM 算法或基于 MDLP 的离散化方法至多进行多少次分割点的

搜索? [①]

参考文献

[1] AUSTIN P C, BRUNNER L J. Inflation of the type I error rate when a continuous confounding variable is categorized in logistic regression analyses. Statistics in Medicine, 2004, 23(7): 1159–1178.

[2] FAYYAD U M, IRANI K B. Multi-interval discretization of continuous-valued attributes for classification learning. Proceedings of the 13th International Joint Conference on Artificial Intelligence, 1993: 1022–1029.

[3] KERBER R. ChiMerge: Discretization of numeric attributes. Proceedings of the tenth National Conference on Artificial Intelligence, 1992: 123–128.

[4] KURGAN L A, CIOS K J. CAIM discretization algorithm. IEEE Transactions on Knowledge and Data Engineering, 2004, 16(2): 145–153.

[5] YANG Y, WEBB G I, WU X. Discretization methods. Data Mining and Knowledge Discovery Handbook. 2nd ed. New York: Springer, 2010.

[6] 张文彤, 钟云飞. IBM SPSS 数据分析与挖掘实战案例精粹. 北京: 清华大学出版社, 2013.

① 本题结果表明, 相较于对所有可能的离散化结果穷举搜索的方法, 自上而下、递增地实施离散化如何提升效率 (当然, 离散化的准确性可能受到影响).

第九章 类别不平衡问题处理

9.1 类别不平衡问题

在现实的分类问题中, 可能存在因变量 Y 的分布很不均衡的情况. 例如, 天猫用户重复购买案例中, 因变量 Y 包含两个类别: 重复购买和未重复购买. 大部分新用户在双十一后的六个月内不会重复购买, 比例约为 94%. 这就形成了占比较高的多数类和占比较低的少数类, 成为类别不平衡.

然而, 类别不平衡现象并不必然导致类别不平衡问题. **只有当对少数类的误判具有比对多数类的误判更高的损失时, 才会产生类别不平衡问题.** 例如, 天猫用户重复购买案例中, 如果我们将实际上会发生重复购买的用户错误地预测为不会重复购买, 那么可能导致商家错失机会, 这样的损失可能远高于将实际不会重复购买的用户预测为会重复购买. 这就形成了类别不平衡问题.

注9.1 *如果只是类别不平衡现象, 那么是不需要特别关注的. 只有当存在类别不平衡问题时, 才需要进行专门的处理.*

处理类别不平衡问题, 一般需要考虑三个方面 (Weiss, 2004):

(1) 损失矩阵 (cost matrix), 即发生误判时的代价. 随着少数类发生误判相对损失的增大, 类别不平衡问题变得愈加严重, 需要有针对性地进行处理.

(2) 训练集规模 (training set size) 和各类别样本数量 (class prior). 例如, 当训练集规模大、少数类样本足够多时, 可以采用减少多数类样本的方法; 反之, 可以采用增加少数类样本的方法.

(3) 分类模型的决策边界 (placement of decision boundary). 例如, k 近邻算法的决策边界仅受到局部数据点, 即近邻的影响, 从而对于类别不平衡问题具有较好的抵御能力, 因而当采用 k 近邻算法时, 可以不必作类别不平衡的处理. 此外, 在许多模型或算法 (例如, 决策树 CART 算法以及以此为基础的集成学习算法) 中, 通过设置各类别的权重 (赋予少数类样本观测更大的权重), 可以缓解类别不平衡问题的影响. 在数据准备阶段, 可结合模型特性考虑如何处理类别不平衡问题.

对于类别不平衡问题, 我们可以在数据准备阶段进行采样, 也可以在模型或算法中予以专门的处理. 针对类别不平衡问题的采样方法包括三种:

(1) 欠采样 (under-sampling 或 down-sampling): 从多数类样本中随机抽取一部分样本, 从而与少数类样本合并形成平衡的建模数据集.

(2) 过采样 (over-sampling 或 up-sampling): 从少数类样本中抽取或合成比少数类样本数量更大的样本.

(3) 混合采样 (hybrid sampling): 将欠采样与过采样混合使用.

9.2 欠采样: EasyEnsemble 算法

欠采样方法是从多数类样本中随机抽取一部分样本, 从而与少数类样本合并形成平衡的建模数据集. 当训练集样本量较大、少数类样本已经充足时, 可以考虑使用欠采样. 欠采样的缺陷是会损失多数类样本的信息. 那么, 有什么办法尽量降低多数类样本的信息损失呢? 类别不平衡学习方法提供了很好的思路, 它们基于每一次欠采样的数据集建立模型 (称为个体学习器), 并将这一过程重复多次, 最终集成多个个体学习器的结果. 这样, 可以在多次欠采样中使用不同的多数类样本信息, 从而减少信息损失.

本节介绍一种基于欠采样的类别不平衡学习方法——EasyEnsemble. 该方法由 Liu et al. (2009) 提出, 其主要思路是: 首先进行欠采样, 即在多数类样本观测中进行随机采样, 样本量与少数类样本数量相同; 然后将入样的多数类样本观测与全体少数类样本观测合并构造为一个训练集, 在此基础上建立一个 AdaBoost 模型; 独立地重复上述过程 T 次, 最终集成 T 个 AdaBoost 模型.

EasyEnsemble 是以 AdaBoost 为个体学习器的 Bagging 集成, 综合利用了 AdaBoost 降低偏差和 Bagging 降低方差的能力. 由于 AdaBoost 模型本身就是集成学习模型, 因此 EasyEnsemble 可以看作为 "集成的集成". 它巧妙地将欠采样融入集成模型之中, 这种处理类别不平衡的思想值得借鉴.

例 9.1 表2.2 golf 数据集中共有 14 个样本观测, 其中 5 个样本观测 Play="No" (序号分别为 1, 2, 6, 8, 14), 为少数类; 另外 9 个样本观测 Play="Yes", 为多数类. 若采用 EasyEnsemble 算法, 设置 AdaBoost 模型数量为 3, 表9.1 列出了可能的抽样结果. 分别基于三次抽样形成的训练集建立 AdaBoost 模型, 并对三个 AdaBoost 模型进行 Bagging 集成, 即可获得 EasyEnsemble 模型.

▶ 表 9.1
EasyEnsemble 算法中可能的抽样结果

序号	少数类	多数类	模型
1	1, 2, 6, 8, 14	4, 5, 9, 11, 12	AdaBoost 模型 1
2	1, 2, 6, 8, 14	3, 4, 10, 11, 12	AdaBoost 模型 2
3	1, 2, 6, 8, 14	5, 7, 9, 12, 13	AdaBoost 模型 3

9.3 过采样: SMOTE 算法

过采样是从少数类样本中抽取或合成比少数类样本数量更大的样本. 最简单的方法是将少数类样本整体性地复制多次, 使得两类样本数量基本相当. 过采样方法的缺陷是对少数类样本可能存在过拟合风险. 为了克服这一缺陷, 通过人工生成少数类样本的方法被提出. 这类方法有多种产生少数类样本的策略, 例如, 在少数类样本的基础上加上随机扰动形成新的 "少数类" 样本或者将两个少数类样本观测的线性组合作为新的 "少数类" 样本.

本节介绍一种过采样方法——SMOTE 算法. 它由 Chawla et al. (2002) 提出, 通过人工合成增加 "少数类" 样本.

对于定量变量, SMOTE 算法产生一个新的 "少数类" 样本观测的步骤是:

第 1 步: 随机选择一个 "少数类" 样本观测 $\boldsymbol{x}$, 获得其 k 个近邻.

第 2 步: 从 k 个近邻中随机选取一个, 记为 $\boldsymbol{z}$.

第 3 步: 生成 $(0,1)$ 中的随机数 r, 在 $\boldsymbol{x}$ 与 $\boldsymbol{z}$ 之间通过线性插值得到一个新的 "少数类" 样本观测 $\boldsymbol{x}_{\text{new}}$:

$$\boldsymbol{x}_{\text{new}} = \boldsymbol{x} + r(\boldsymbol{z} - \boldsymbol{x}).$$

重复以上步骤 N 次, 就可以获得 N 个合成的 "少数类" 样本观测. 需要注意, 各次重复合成新样本是独立的, 也就是说允许多次抽到相同的少数类样本观测, 以及相同的近邻.

若数据中同时含有定量和定性变量, 对于定量维度可按上述 SMOTE 算法合成新样本的相应维度; 对于定性维度, 可以取 k 个近邻在该维度上的众数作为合成样本的相应维度值, 而不需要线性插值, 故无须随机地抽取近邻. 这就是 SMOTE-NC 算法 (Chawla et al., 2002).

需要注意, SMOTE 算法和 SMOTE-NC 算法中都需要寻找近邻, 因而涉及样本观测之间的距离运算. 为了保持各定量变量在距离运算中的影响程度一致, 应对定量变量规范化. 当含有定性变量时, 若采用欧氏距离, SMOTE-NC 算法的处理方法是: 首先计算所有定量变量标准差的中位数 (记为 Med). 对于某一个定性变量, 若两个样本观测在该定性变量上取值相同, 则二者差异为 0; 若取值不同, 则二者差异为 Med. 若已对所有定量变量作标准化处理, 则它们标准差的中位数 $Med = 1$. 此时, 若两个样本观测在定性变量上取值不同, 则二者差异为 1. 这样的处理可以使得定性变量与定量变量在欧氏距离运算中的影响度大致相当.

例 9.2 基于表 2.2 golf 数据集中 5 个 Play="No" 的少数类样本观测 (如表 9.2 所示, 其中第二至五列为原始变量), 按照 SMOTE-NC 算法产生一个新的 "少数类" 样本观测. 取近邻数量 $k = 3$, 基于欧氏距离确定近邻. 可以看到, 数据集中含有两个定量变量, 即 Temperature 和 Humidity, 二者的单位并不相同. 为了在距离运算中尺度一致, 需要对定量变量标准化, 结果如表 9.2 第六至七列所示.

原始序号	Temperature	Humidity	Windy	Outlook	ST	SH
1	85	85	False	Sunny	1.47	−0.14
2	80	90	True	Sunny	0.76	0.44
6	65	70	True	Rainy	−1.36	−1.86
8	72	95	False	Sunny	−0.37	1.01
14	71	91	True	Rainy	−0.51	0.55

ST 和 SH 分别是 Temperature 和 Humidity 的标准化值.

◀ 表 9.2 golf 数据集中 Play ="No" 的 5 个样本观测

对于 Temperature 和 Humidity 两个定量变量, 执行 SMOTE 算法, 步骤为:

第 1 步: 随机选择一个少数类样本观测 $\boldsymbol{x}$, 假定抽到序号为 1 的样本观测.

由于定量变量都已标准化, 标准差为 1, 因此标准差的中位数 $Med = 1$. 由此, 可计算样本观测之间的欧氏距离. 例如, 序号为 1 和 2 的样本观测在变量 Windy 上取值不同, 而在变量 Outlook 上取值相同, 因此它们在这两个变量上的差异分别为 1 和 0. 从而, 二者的欧氏距离为

$$\sqrt{(1.47-0.76)^2+(-0.14-0.44)^2+1^2+0^2} \approx 1.36.$$

类似地, 可得到序号为 1 的样本观测与其他样本观测之间的欧氏距离, 分别为 3.60, 2.17 和 2.53. 可以看到, 序号为 2、8、14 的样本观测成为序号为 1 的样本观测的三个近邻.

第 2 步: 从三个近邻中随机选取一个, 例如, 选中序号为 2 的样本观测.

第 3 步: 生成 $(0,1)$ 中的随机数 r, 例如, $r = 0.6$. 在序号为 1 和 2 的样本观测之间通过线性插值得到一个新的 "少数类" 样本观测, 它在变量 Temperature 上的取值为 $85+0.6\times(80-85)=82$, 在变量 Humidity 上的取值为 $85+0.6\times(90-85)=88$. 对于两个定性变量 Windy 和 Outlook, 应取三个近邻在相应维度上的众数作为合成值, 因而取 Windy 为 "True", Outlook 为 "Sunny".

SMOTE 算法直观易懂, 运算简单, 其思想富有启发性. 但是, SMOTE 算法也存在一些缺点, 例如:

(1) 合成的 "少数类" 样本可能与真实的少数类样本有较大差异, 影响模型效果.

(2) 如果抽中的少数类样本观测是有噪声的, 那么由 SMOTE 所合成的样本观测可能存在较大的噪声, 导致样本中的噪声数据增多.

(3) SMOTE 算法未考虑数据的分布, 可能产生距离相近、甚至相互重叠的样本观测.

(4) 位于边界区域的少数类样本观测可能会为分类提供更多的信息, 但 SMOTE 算法同等地对待所有少数类样本观测, 未能充分利用信息更多的样本观测.

9.4 案例分析

基于 car 数据集, 首先划分训练集和测试集, 样本量分别为 40 和 20. 按照油耗 Mileage 是否小于 30, 形成二分类的因变量 (取值为 0 和 1).

```
alldata = pd.read_csv('car.csv')
y = alldata[['Mileage']]
X = alldata[['Country', 'Reliability', 'Price', 'Type', 'Weight',
    'Disp.', 'HP']]
```

```
X_train, X_test, y_train, y_test = train_test_split(X,y, test_size
    =1/3, random_state=1)

y_train_group= copy.deepcopy(y_train)
y_train_group[y_train_group['Mileage']<30] = 0
y_train_group[y_train_group['Mileage']>=30] = 1
```

可以看到, 训练集中 32 个样本观测的因变量取值为 0, 8 个样本观测的因变量取值为 1, 两个类别不平衡. 假定对少数类发生误判具有比对多数类发生误判更高的损失, 由此产生了类别不平衡问题. 下面, 开展类别不平衡问题处理.

1. 欠采样

采用 RandomUnderSampler 函数实现欠采样, 即从多数类中随机抽取与少数类样本数量相当的样本观测, 从而形成类别平衡的数据集. 由于 RandomUnderSampler 函数不允许缺失值, 因此先进行缺失值处理. 以中位数插补定量变量的缺失值, 以众数插补定性变量的缺失值, 处理后的训练集为 X_trainpreprocess.

```
numeric_features = np.where(X_train.dtypes != object)[0]
numeric_transformer = Pipeline(steps=[
    ('imputer', SimpleImputer(strategy='median'))])

categorical_features = np.where(X_train.dtypes == object)[0]
categorical_transformer = Pipeline(steps=[
    ('imputer2', SimpleImputer(strategy='most_frequent'))])

preprocessor = ColumnTransformer(transformers=[('num',
     numeric_transformer, numeric_features), ('cat',
     categorical_transformer, categorical_features)])

X_trainpreprocess = pd.DataFrame(preprocessor.fit_transform(X_train))
```

设置随机数种子为 1, 在多数类中实施无放回采样. 可以看到, 采样后的两个类别样本量都为 8.

```
rus = RandomUnderSampler(random_state=1)
X_rus, y_rus = rus.fit_resample(X_trainpreprocess, y_train_group)
```

2. 基于欠采样的类别不平衡学习: EasyEnsemble 算法

采用 EasyEnsembleClassifier 函数实现 EasyEnsemble 算法. 由于 EasyEnsembleClassifier 函数使用了 scikit-learn 中的 AdaBoostClassifier 函数, 需按照 AdaBoostClassifier 函数的要求作数据处理, 即处理缺失值, 并对定性变量作独热编码. 只需修改上面预处理中的 categorical_transformer.

```
categorical_transformer = Pipeline(steps=[('imputer2', SimpleImputer(
     strategy='most_frequent')),
    ('onehot', OneHotEncoder(handle_unknown='ignore'))])
```

设置随机数种子为 1, 基于训练集建立 20 个 AdaBoost 模型并作集成.

```
eec = EasyEnsembleClassifier(n_estimators=20, random_state=1)
eec.fit(X_trainpreprocess, y_train_group['Mileage'])
```

将 EasyEnsemble 算法应用到测试集时, 应先按照训练好的缺失值处理方法对测试集作预处理, 随后通过 predict 函数作预测.

```
X_testpreprocess = pd.DataFrame(preprocessor.transform(X_test))
y_predeec = eec.predict(X_testpreprocess)
```

3. 过采样

采用 RandomOverSampler 函数实现过采样. 采用 shrinkage 的默认值 0[①], 以 1 为随机数种子, 基于训练集拟合, 获得了两个类别样本量均为 32 的平衡类别数据集.

```
ros = RandomOverSampler(random_state=1)
X_ros, y_ros = ros.fit_resample(X_train, y_train_group)
```

4. SMOTE 与 SMOTE-NC 算法

采用 SMOTENC 函数实现 SMOTE 和 SMOTE-NC 算法. 需要进行以下数据预处理:

(1) 处理缺失值;

(2) 对取值为字符串的定性变量作有序编码, 其原因是 SMOTENC 函数仅允许数值型的定性变量;

(3) 对定量变量标准化.

```
numeric_features = np.where(X_train.dtypes != object)[0]
numeric_transformer = Pipeline(steps=[
    ('imputer', SimpleImputer(strategy='median')),
    ('standardscaler', StandardScaler())])

categorical_features = np.where(X_train.dtypes == object)[0]
categorical_transformer = Pipeline(steps=[('imputer2', SimpleImputer(
     strategy='most_frequent')),
    ('oe', OrdinalEncoder())])

preprocessor = ColumnTransformer(
    transformers=[
```

① 注意, 若 shrinkage> 0, 函数只能接受定量变量, 且不允许缺失值, 需要先作缺失值处理.

```
        ('num', numeric_transformer, numeric_features),
        ('cat', categorical_transformer, categorical_features)])
X_trainpreprocess = pd.DataFrame(preprocessor.fit_transform(X_train))
```

在 SMOTENC 函数中, 设置 categorical_features=[5, 6], 从而声明第六和第七个变量为定性变量①; 设置随机数种子为 1, 近邻数量为 5. 基于训练集拟合, 获得了两个类别样本量均为 32 的平衡类别数据集.

```
sm = SMOTENC(categorical_features=[5,6], random_state=1, k_neighbors
    =5)
X_sm, y_sm = sm.fit_resample(X_trainpreprocess, y_train_group)
```

预测阶段无须实施类别不平衡采样, 故不需要将上述处理应用到测试集中.

本章小结

1. 思维导图

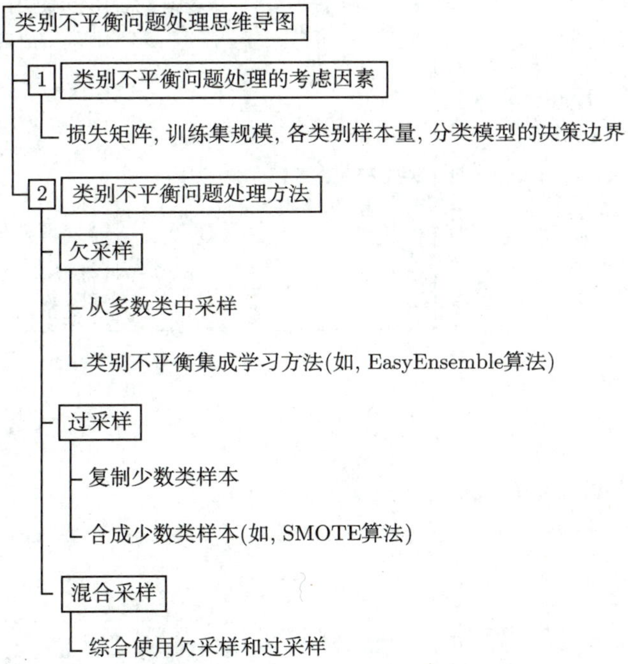

① 务必声明定性变量, 否则会被作为定量变量; Python 中的序号从 0 开始, 因此序号为 5 和 6 的变量是指第六和第七个变量.

2. Python 函数

表 9.3 列出了类别不平衡处理的 Python 函数.

方法	函数名称与所属模块	重要参数	应用提示
欠采样	RandomUnderSampler (imbalanced-learn 库 under_sampling)	(1)sampling_strategy: 采样策略, 默认值为 'auto', 它等同于取值为 'not minority', 即对除少数类以外的其他类都实施欠采样. 还可以设置为 'majority', 'all' 和 'not majority'. 对于二分类问题, 还可以设置为一个数值, 表示采样后少数类样本量与多数类样本量之比. (2) replacement: 是否有放回地采样, 默认值为 False, 即实施无放回采样. (3) random_state: 随机数种子, 默认值为 None	—
Easy Ensemble 算法	EasyEnsembleClassifier (imbalanced-learn 库 ensemble)	n_estimators: 为 AdaBoost 模型数量, 默认值为 10	由于使用了 scikit-learn 中的 AdaBoostClassifier 函数, 需按照 AdaBoostClassifier 函数对数据的要求进行处理: (1) 函数不允许缺失值, 需处理缺失值. (2) 函数不能直接处理定性变量, 需作独热编码

▶ 表 9.3 类别不平衡处理的 Python 函数

续表

方法	函数名称与所属模块	重要参数	应用提示
过采样	RandomOverSampler (imbalanced-learn 库 over_sampling)	(1) sampling_strategy: 采样策略, 默认值为 'auto', 它等同于取值为 'not majority', 即对除多数类以外的其他类都实施过采样. 其余取值与 RandomUnderSampler 函数类似. (2) shrinkage: smoothed Bootstrap 样本计算中的参数. 默认值为 None, 等同于 shrinkage=0, 此时只有 Bootstrap 样本, 即从少数类样本中采样的值. 当 shrinkage> 0 时会获得 smoothed Bootstrap 样本. (3) random_state: 随机数种子, 默认值为 None	当 shrinkage=None 或 0 时, 函数允许缺失值; 当 shrinkage> 0 时, 只能接受定量变量, 且不允许缺失值
SMOTE 算法与 SMOTE-NC 算法	SMOTENC (imbalanced-learn 库 over_sampling)	(1) categorical_features: 指明哪几列为定性变量. 对于定性变量, 将以邻居的众数作为合成值, 而非线性插值. (2) k_neighbors: 邻居数量, 默认值为 5. (3) sampling_strategy: 采样策略. 取值及含义与 RandomOverSampler 函数中的 sampling_strategy 一致. (4) random_state: 随机数种子, 默认值为 None	(1) 函数不允许缺失值, 需处理缺失值. (2) 函数不接受字符串, 需对取值为字符串的定性变量作有序编码. 其原因是函数允许数值型的定性变量, 切记在函数中声明定性变量, 否则会被作为定量变量. (3) 为了距离运算中变量尺度保持一致, 需对定量变量标准化

习题

1. 从多数类中随机抽取一些数据, 与全体少数类的数据合并为一个类别平衡的数据集. 这种方法属于 (　　).

A. 欠采样

B. 过采样

C. 混合采样

D. 以上都不是

2. 随机选出一个少数类样本观测, 取值为 a; 找出其 k 个邻居, 从 k 个邻居中随机选取一个邻居, 其取值为 b; 生成 $(0,1)$ 中的随机数 r; 将 $a+r(b-a)$ 加入数据集之中. 这一方法属于 (　　).

A. 欠采样

B. 过采样

C. 混合采样

D. 以上都不是

3. 采用 SMOTE-NC 算法合成一个二维的 "少数类" 样本 (第一个变量为定量变量, 第二个变量为定性变量): 随机选出一个少数类样本观测, 取值为 (5, "red"); 找出其 k 个邻居, 从 k 个邻居中随机选取一个邻居, 其取值为 (2, "blue"); 生成 (0,1) 中的随机数, 为 0.1. 所合成的 "少数类" 样本为 (　　).

A. (4.7, "red")

B. (4.7, "blue")

C. (5.3, "blue")

D. 题目信息不足, 无法获得样本值

4. 设一个数据集含有 p 维定量变量, 其中的少数类样本观测为 n 个. SMOTE 算法可以合成 (　　) 个不重复的 "少数类" 样本.

A. $n/2$

B. n

C. np

D. 无限

5. 类别不平衡处理需要在什么情况下进行? 确定所采用的类别不平衡处理方式时应考虑哪些因素?

6. 欠采样与过采样各有哪些优缺点? EasyEnsemble 方法给予我们什么样的启发?

7. 设少数类样本数据集为 $\{a,b\}$, 多数类样本数据集为 $\{c,d,e,f,g,h\}$. 请列出 EasyEnsemble 算法中训练一个 AdaBoost 模型所使用的所有可能数据集.

8. SMOTE 算法合成一个样本的过程中, 哪些值需要随机产生, 哪些值需要设置? 可以保证合成的 "少数类" 样本数量满足要求吗?

9. 请阐述 SMOTE-NC 算法中为使得定性变量和定量变量在距离运算中尺度一致的具体做法. 你可以提出其他方法吗? (提示: 5.3 节 k 近邻插补中讨论了使得定性变量和定量变量在距离运算中尺度一致的其他方法.)

10. 天猫用户重复购买预测案例中, 因变量的两个类别数量极不平衡. 若主观上认为, 将实际会发生复购的用户错误地预测为不会复购, 可能致使商家错失商机、造成更大的损失, 这就形成类别不平衡问题. 请根据案例具体情况, 设计类别不平衡问题处理方案. (提示: 第十二章采用了类别不平衡问题处理方法, 读者可参考相关内容.)

参考文献

[1] CHAWLA N V, BOWYER K W, HALL L O, et al. SMOTE: Synthetic minority over-sampling technique. Journal of Artificial Intelligence Research, 2002, 16: 321–357.

[2] LIU X Y, WU J, ZHOU Z H. Exploratory undersampling for class-imbalance learning. IEEE Transactions on Systems, Man, and Cybernetics, Part B (Cybernetics), 2009, 39(2): 539–550.

[3] WEISS G M. Mining with rarity: a unifying framework. ACM SIGKDD Explorations Newsletter, 2004, 6(1): 7–19.

第四部分

数据归约

第十章 特征选择

10.1 特征选择概述

特征选择是一类重要的数据归约方法, 它在尽量不损失信息的前提下, 通过删除不重要或不必要的变量, 或者选择出重要的变量, 实现数据维度上的归约, 从而提升建模的效率和模型的可解释性.

特征选择方法可分为三类: 过滤法、封装法和嵌入法.

过滤法 (filter method) 通过分析变量自身的特点以及与因变量的关系, 在数据准备阶段过滤掉不重要或不必要的变量. 过滤法的特征选择过程独立于数据准备阶段之后的模型训练, 因此与后续分析阶段模型的选择无关. 过滤法的优点是速度快, 缺点是可能会删除有用的变量. 按照是否采用了因变量的信息, 可以将过滤法分为有监督过滤法和无监督过滤法.

封装法 (wrapper method) 需要借助于一定的模型或算法估计变量子集的预测能力, 进而选择预测能力强的变量子集. 作为数据准备阶段所使用的方法, 封装法中所构建的模型一般不是数据分析中最终建立的模型, 但二者又具有一定的关联, 例如, 可以根据最终建立的模型特点选择封装法所使用的模型. 一种典型的应用方式是, 选择与后期分析模型同类的封装法模型, 例如, 对于线性分类模型, 可以采用 LASSO 方法选择变量; 对于非线性分类模型, 可以采用随机森林等方法选择变量. 封装法的优点是可以选出高质量的变量子集, 缺点是速度比较慢.

嵌入法 (embedded method) 是将特征选择嵌入模型本身, 使得模型具有特征选择能力. 例如, 决策树方法在构建过程中会根据一定的优化目标自动选择变量. 此外, 通过对优化目标添加具有变量选择功能的正则项, 也可以使模型具有特征选择功能, 例如, LASSO, 岭回归 (ridge regression) 和弹性网 (elastic net) 等. 嵌入法的优点是将特征选择与模型构建完全融合, 一步到位; 缺点是为模型构建造成了一定的负担, 并且特征选择效果依赖于模型.

例如, 决策树 CART 模型多在局部空间中通过贪心搜索选择变量, 无法保证所选择的变量是全局最优的.

表 10.1 对三类特征选择方法作了详细的对比. 在实际应用中进行特征选择, 可以先借助专家知识初步筛选特征, 然后采用过滤法快速过滤不重要或不必要的变量, 最后采用封装法或嵌入法得到优化的变量子集和模型.

▶ 表 10.1 三类特征选择方法的特点

特征选择方法		优点	缺点	典型方法
过滤法	单变量	(1) 速度快 (2) 可扩展 (3) 与模型独立	(1) 忽略了特征间关系 (2) 忽略了特征与模型的关系	(1) 卡方检验 (2) 信息增益 (3) 相关系数
	多变量	(1) 考虑了特征间关联 (2) 与模型独立 (3) 计算复杂度低于封装法	(1) 计算速度与可扩展性低于单变量方法 (2) 忽略了特征与模型的关系	变量聚类筛选
封装法	确定性算法	(1) 简单 (2) 与模型相关 (3) 考虑了特征间相互作用 (4) 计算密集度低于随机算法	(1) 容易过拟合 (2) 相比随机算法, 容易卡在局部最优子集处 (3) 依赖模型	(1) 由单一模型选择特征 (2) 循序特征选择 (3) 递归特征删除
	随机算法	(1) 不易陷入局部最优点 (2) 与模型相关 (3) 考虑了特征间相互作用	(1) 计算密集型 (2) 依赖模型 (3) 相比确定性算法, 过拟合的风险较高	(1) 遗传算法 (2) 模拟退火
嵌入法		(1) 与模型相关 (2) 计算复杂度低于封装法 (3) 考虑了特征间相互作用	依赖模型	(1) 决策树和基于决策树的集成学习方法 (2) LASSO (3) 岭回归 (4) 弹性网

来源: 美团算法团队 (2018), 略有改动.

10.2 无监督过滤法

无监督过滤法不依赖于因变量, 仅依据自变量的信息过滤特征. 无监督过滤法主要有四种, 下面将分别介绍.

10.2.1 删除缺失值比例较高的变量

一方面, 缺失值比例较高的变量往往信息量较小, 对预测的贡献可能很有限. 另一方面, 缺失值比例较高的变量增加了数据处理的难度. 因此, 删除缺失值比例较高的变量往往是必要的, 它是一种简单高效的过滤方法.

具体应用中, 需要设置一个阈值. 当变量中缺失值比例大于该阈值时, 删除该变量.

注 10.1 需要注意缺失值的定义, "正常空缺" 的值不属于缺失值①. 当计算变量的缺失值比例时, 应排除 "正常空缺" 的情况.

10.2.2 删除方差几乎为零的变量

我们知道, 具有变异性的变量才能为预测提供信息, 变异性越大的变量所提供的信息往往越多, 从而对预测的贡献可能越大. 因此, 可以考虑删除变异性小、对预测的贡献可能较小的变量.

方差常用于刻画变量的变异性, 方差越小, 说明变量的变异性越小. 但是, 方差带有变量的单位和量纲, 不能绝对化地看待. 例如, 分别以米和厘米作为物体的长度单位, 所得到的方差值差异较大. 因此, 对带有单位和量纲的方差而言, 以 "几乎为零" 的标准予以判断, 往往不够准确. 实际应用中, 可以先进行数据规范化, 去掉变量的单位和量纲, 再实施该方法; 或者采用不带单位和量纲的变异性刻画指标, 例如, 变异系数. 判断时, 需要设置阈值, 若变异性指标小于该阈值, 则认为变量 "方差几乎为零", 可删除该变量.

此外, 可以通过一些规则判断变量的变异性是否足够小. 例如, 当同时满足以下两个条件时判定变量 "方差几乎为零" ②:

(1) 变量取值个数与样本量之比不超过 10%.

(2) 频率最高与频率次高的取值频数之比超过 20.

这一规则将变量取值较少且分布过度集中于众数的变量判定为 "方差几乎为零".

10.2.3 去除强相关的变量

强相关意味着一定的信息冗余, 若保留过多强相关的自变量将导致建模效率低、模型复杂且不易解释. 此外, 在线性回归模型中, 强相关的自变量可能导致系数估计值的误差很大、模型很不稳定, 这就是共线性问题.

---

① 关于缺失值的定义, 请参考 5.1.1 节.

② 这是 R 语言 caret 包中对 "方差几乎为零" 的判定规则.

去除强相关的自变量，可以简单有效地解决上述问题. 处理的思路可以有多种，这里介绍其中一种. 这一思路是在删除尽量少的变量基础上，保证所有成对变量间的相关系数绝对值低于某一设定的阈值，例如 0.75. 具体的步骤为

步骤 1: 计算相关系数矩阵，获得所有变量对的相关系数值.

步骤 2: 找出最大相关系数绝对值所对应的两个变量，记为 A 和 B.

步骤 3: 计算变量 A 与其他变量相关系数绝对值的平均值，对变量 B 作同样的计算.

步骤 4: 比较步骤 3 中的结果，删除相关系数绝对值的平均值最大的变量.

重复步骤 1 至步骤 4，直到所有变量对的相关系数绝对值低于所设定的阈值.

10.2.4 通过聚类过滤变量

通过聚类过滤变量的主要思路是: 执行变量聚类方法，将变量分为若干个组，落入同一组中的变量可能具有一定的同质性. 因此，可以在每一个组中过滤掉一部分变量，仅保留一部分具有代表性的变量.

10.3 有监督过滤法

与无监督过滤法不同的是，有监督过滤法依赖于因变量，实施过滤的依据通常是单一自变量对预测因变量的贡献度，若变量对预测的贡献度低，则删除该变量. 有监督过滤法中的关键问题是如何度量单一自变量对预测因变量的贡献度，以及如何确定应过滤的变量数量. 下面是三种思路:

(1) 依据相关性分析的显著性检验结果. 检验中的原假设是两个变量独立，从而检验的 p 值越小说明原假设成立的可能性越小，变量对预测的贡献可能越大. 因此，若相关性检验的 p 值小于显著性水平，表明自变量与因变量具有显著的相关性，则应保留该自变量; 反之，则应过滤该自变量.

(2) 依据相关性度量指标. 采用如皮尔逊 (Pearson) 线性相关系数、斯皮尔曼 (Spearman) 等级相关系数、肯德尔 (Kendall) τ 相关系数、互信息和最大信息系数等反映相关程度的指标，并设置希望保留的自变量数量 k，仅保留与因变量相关性最强的 k 个自变量.

(3) 依据有监督离散化方法结果. 在第八章中提到，若有监督离散化方法将一个变量的所有取值归并为一个区间，则表明该变量对预测因变量的贡献很小，此时可以删除该变量.

表 10.2 展示了前两种思路下常用的方法. 需要注意的是, 应根据自变量和因变量的类型, 选择恰当的方法.

有监督过滤法的缺陷是未考虑多个自变量的组合与因变量的关系. 例如, 当两个自变量与因变量都不具有显著的相关性, 但是两个自变量的交互作用与因变量显著相关时, 有监督过滤会导致遗漏预测贡献度高的交互作用项. 实际应用中, 建议先作特征衍生, 例如, 获得各变量的交互作用项, 然后再实施有监督过滤法, 从而更大程度地保留对预测有效的变量信息.

对于读者较为熟悉的方法, 这里不作展开. 下面, 着重介绍基于多重检验的有监督过滤方法, 以及依赖于互信息和最大信息系数的有监督过滤方法.

序号	自变量 X	因变量 Y	相关性的显著性检验	相关性度量
1	定性	定性	(1) 列联表检验 (2) 费希尔精确检验 (3) 基于相关系数的显著性检验	(1) 优势比 (2) 互信息 (3) 相关系数
2	定性	定量	(1) ANOVA (2) Kruskal-Wallis 检验 (3) 基于相关系数的显著性检验	(1) 互信息 (2) 相关系数
3	定量	定量	基于相关系数的显著性检验	(1) 互信息 (2) 最大信息系数 (3) 相关系数

① 对于含有定性变量的情况, 相关系数、互信息和基于相关系数的显著性检验仅适用于定序变量.

② X 为定量变量、Y 为定性变量所对应的方法与序号 2 的情况相同.

◀ 表 10.2 基于相关性的有监督过滤方法

10.3.1 基于多重检验过滤变量

在有监督过滤方法中, 通常需要逐一检验每一个自变量与因变量的相关性. 随着自变量数量的增加, 所进行的检验数量也会增大. 虽然每一个检验的第 I 类错误概率可以控制得比较小, 但将多个检验合起来看, 整体的第 I 类错误概率可能会比较大. 例如, 将每一个检验的第 I 类错误概率控制在 0.05 的水平, 并且假定各检验相互独立. 当有 10 个检验时, 将以 $1-0.95^{10}\approx 0.4$ 的概率至少发生一次错误地拒绝原假设; 若检验的数量达到 100 个, 那么至少发生一次错误地拒绝原假设的概率将达到 0.99. 为整体控制多个检验的错误概率, 多重检验方法被提出. 下面, 介绍最常用的两种多重检验方法.

第一种方法是 Bonferroni 校正, 其目标是控制簇错误率 (family wise error rate, FWER). FWER 是指至少拒绝了一个正确原假设的概率, 即至少犯一次第 I 类错误的概率. 假定有 m 个假设检验问题 $\{H_{0i}, H_{1i}, i=1,\cdots,m\}$, $p_1,\cdots,p_m$ 是相应检验的 p 值. 令显著性水平为 α, Bonferroni 校正的判断规则是: 当 $p_i \leqslant \alpha/m$ 时, 拒绝原假设 H_{0i}, 否则接受原假设 H_{0i}. 设 m 个原假设中有 m_0 个原假设成立, 对应的下标集合为 T, 则有

$$\mathrm{FWER}=P\left(\bigcup_{i\in T}(p_i \leqslant \alpha/m)\right) \leqslant \sum_{i\in T} P\left(p_i \leqslant \alpha/m\right)=m_0\cdot\alpha/m \leqslant \alpha.$$

可见, Bonferroni 校正可以控制 m 个假设检验问题整体的第 I 类错误概率.

下面是一个例子, 它将 Bonferroni 校正应用到有监督过滤之中.

例10.1 假定有 5 个自变量 X_1 至 X_5, X_1 与因变量 Y 相关性检验的 p 值为 0.04, X_2, X_3, X_4, X_5 与 Y 相关性检验的 p 值均为 0.001. 取显著性水平 $\alpha=0.05$. 若不作 Bonferroni 校正, 由于所有的 p 值都小于 0.05, 因此应拒绝所有的原假设. 在相关性检验中, 原假设为两个变量独立. 因此, 拒绝所有的原假设就意味着所有的自变量都与因变量显著相关, 从而应保留所有的自变量.

若采用 Bonferroni 校正, 检验的临界值应为 $0.05/5=0.01$. 第一个检验的 p 值大于 0.01, 应接受原假设, 即认为 X_1 与 Y 独立, 应过滤 X_1; 其余四个 p 值小于 0.01, 故应保留 X_2, X_3, X_4, X_5.

Benjamini & Hochberg (1995) 指出, Bonferroni 校正过于保守, 因此提出一个新的方法, 称为 Benjamini-Hochberg 方法. 给定显著性水平 α, 首先将 m 个检验的 p 值按从小到大的顺序排列, 并记为 $p(i)$. 然后, 找出

$$k=\max_{1\leqslant i\leqslant m}\left\{i: p(i) \leqslant \frac{i\cdot\alpha}{m}\right\}.$$

判断规则是: 拒绝 $p(1), \cdots, p(k)$ 所对应的 k 个原假设; 对于其余的 $m-k$ 个检验, 不拒绝原假设. Benjamini-Hochberg 方法是为了控制所有检验的假发现率 (false discovery rate, FDR). 所谓的 "发现" 是一个拒绝了原假设的检验, "假发现" 则是一个错误地拒绝了原假设的检验. 令 D 表示 "假发现" 占全部 "发现" 的比例, 则 D 的期望值即为假发现率. Benjamini-Hochberg 假发现率控制定理表明, 当各检验的 p 值相互独立时, 该方法的假发现率小于等于 α.

例 10.1 (续) 按照检验的 p 值从小到大排序获得 $p(i)$, 并将 $p(i)$ 与判断临界值 $(i\cdot\alpha)/m$ 作比较 (见表 10.3). 由于每一个 $p(i)$ 都小于等于 $(i\cdot\alpha)/m$, 因此 $k=5$. 此时, 应拒绝所有检验的原假设, 即认为所有的自变量都与因变量显著相关, 从而应保留所有的自变量. 可以看到, 这一结果与 Bonferroni 校正的结果有所不同.

i	1	2	3	4	5
$p(i)$	0.001	0.001	0.001	0.001	0.04
判断临界值 $(i\cdot\alpha)/m$	0.01	0.02	0.03	0.04	0.05

◀ 表 10.3 Benjamini-Hochberg 方法中 $p(i)$ 与判断临界值

10.3.2 基于互信息过滤变量

互信息 (mutual information) 描述两个变量的关联程度, 可由变量的联合分布与边缘分布获得.

定义 10.1 设两个连续型随机变量 X 和 Y 的边缘密度函数分别为 $p_X(x)$ 和 $p_Y(y)$, 二者的联合密度函数为 $p(x,y)$. X 和 Y 的**互信息**为

$$I(X,Y)=\int_{-\infty}^{\infty}\int_{-\infty}^{\infty}p(x,y)\log\frac{p(x,y)}{p_X(x)p_Y(y)}\,\mathrm{d}y\,\mathrm{d}x.$$

为了进一步理解互信息, 引入熵和条件熵两个概念.

定义 10.2 设连续型随机变量 X 的密度函数为 $p_X(x)$. X 的**熵**为

$$H(X)=-\int_{-\infty}^{\infty}p_X(x)\log p_X(x)\,\mathrm{d}x.$$

熵刻画了随机变量的变异性, 取值为 $[0,+\infty)$ [①].

定义 10.3 设有两个连续型随机变量 X 和 Y, Y 的边缘密度函数为 $p_Y(y)$, Y 给定时 X 的边缘密度函数为 $p_{X|Y=y}(x)$. Y 给定时 X 的**条件熵** (conditional entropy) 为

$$H(X|Y)=-\int_{-\infty}^{\infty}p_Y(y)\int_{-\infty}^{\infty}p_{X|Y=y}(x)\log p_{X|Y=y}(x)\,\mathrm{d}x\,\mathrm{d}y.$$

条件熵刻画了给定其他变量的信息后, 一个随机变量所具有的变异性. 条件熵的取值为 $[0,+\infty)$.

由于 $H(X)=-\int\int p_{Y|X=x}(y)p_X(x)\log p_X(x)\,\mathrm{d}y\,\mathrm{d}x$, 可以得到

$$\begin{aligned}&H(X)-H(X|Y)\\=&-\int_{-\infty}^{\infty}\int_{-\infty}^{\infty}p_{Y|X=x}(y)p_X(x)\log p_X(x)\,\mathrm{d}y\,\mathrm{d}x+\\&\int_{-\infty}^{\infty}\int_{-\infty}^{\infty}p_Y(y)p_{X|Y=y}(x)\log\frac{p(x,y)}{p_Y(y)}\,\mathrm{d}y\,\mathrm{d}x\end{aligned}$$

① 8.6.1 节给出了取值个数为 $k\,(k>0)$ 的离散型变量的熵, 取值范围为 $[0,\log_2 k]$.

$$
\begin{aligned}
&= \int_{-\infty}^{\infty}\int_{-\infty}^{\infty} p(x,y)\log\frac{p(x,y)}{p_X(x)p_Y(y)}\,\mathrm{d}y\,\mathrm{d}x \\
&= I(X,Y).
\end{aligned}
\tag{10.1}
$$

同理, 可以得到

$$
I(X,Y) = H(Y) - H(Y|X). \tag{10.2}
$$

图 10.1 展示了互信息、熵和条件熵的关系. 这表明互信息刻画的是 X 与 Y 重叠和相依的信息, 因而可用于描述 X 与 Y 的关联性. 由互信息的表达式, 以及(10.1)和(10.2)式知, $0 \leqslant I(X,Y) \leqslant \min\{H(X), H(Y)\}$. 当 X 与 Y 独立时, X 与 Y 的联合分布等于二者边缘分布的乘积, 因此互信息的值为 0, 达到最小; 随着 X 与 Y 的联合分布与二者边缘分布乘积的差异增大, 互信息的值也变得越大, 表明变量间的关联越大.

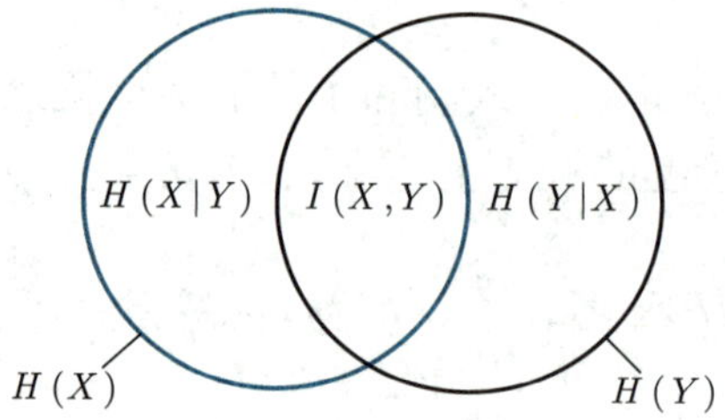

▶ 图 10.1 互信息、熵和条件熵的关系

对于 X 和 Y 中含有一个或两个离散型随机变量的情况, 可类似地定义互信息. 实际应用中, 变量的分布信息往往未知, 因而互信息的计算较为困难. 需要基于一定的分布估计或熵的估计方法, 才能获得互信息的估计值.

例10.2 假定自变量 X 和因变量 Y 都是取 0 和 1 两个值的离散型随机变量, 二者的联合分布如表 10.4 所示. 若采用对数 $\log_2$, X 与 Y 的互信息为

$$
\begin{aligned}
I(X,Y) &= 0.3\times\log_2\frac{0.3}{0.6\times0.6} + 0.3\times\log_2\frac{0.3}{0.6\times0.4} + \\
&\quad 0.3\times\log_2\frac{0.3}{0.4\times0.6} + 0.1\times\log_2\frac{0.1}{0.4\times0.4} \\
&= 0.05.
\end{aligned}
$$

本例中, X 和 Y 的熵都为 1, 因此 $I(X,Y)$ 的取值范围为 $[0,1]$. 所得的互信息值为 0.05, 接近于 0, 表明 X 和 Y 的关联性不太强.

▶ 表 10.4 X 与 Y 的联合分布

	$Y=0$	$Y=1$	合计
$X=0$	0.3	0.3	0.6
$X=1$	0.3	0.1	0.4
合计	0.6	0.4	1

将互信息应用于特征选择，需要计算所有自变量与因变量的互信息值，过滤互信息值最小的若干个自变量. 但是，由于互信息的取值范围与自变量的熵有关，因此这些互信息值的尺度可能具有差异性，导致不可比的问题. 可以考虑采用归一化的互信息. 当 $\min\{H(X), H(Y)\} < +\infty$ 时，归一化的互信息为

$$I^*(X,Y)=\begin{cases}0, & \min\{H(X),H(Y)\}=0,\\ \dfrac{I(X,Y)}{\min\{H(X),H(Y)\}}, & 0<\min\{H(X),H(Y)\}<+\infty.\end{cases} \tag{10.3}$$

归一化后的互信息取值范围为 $[0,1]$. 当应用于特征选择时，可以过滤归一化的互信息值最小的若干个自变量. 对于连续型自变量，可能出现 $\min\{H(X), H(Y)\} = +\infty$ 的情况，可将这类自变量的互信息值进行对比，过滤若干互信息值较小的自变量.

10.3.3 基于最大信息系数过滤变量

可以看到，相对于连续型变量，离散型变量的分布更易于估计和获取. 那么，是否可以将连续型变量转换为离散型变量，从而方便互信息的计算呢? Reshef et al. (2011) 提出的最大信息系数 (maximal information coefficient, MIC) 采用了变量类型转换的思想，也就是将连续型变量离散化，从而基于转换后的离散型变量估计互信息. 但这里存在一个问题，不同的离散化可能得到不同的分布，从而产生不同的互信息估计值，在这些估计值中该如何取舍呢? Reshef et al. (2011) 取所有互信息估计值的最大值，这就是最大信息系数名称的由来.

记 X^* 和 Y^* 分别为 X 和 Y 离散化后的变量，$\#X$ 和 $\#Y$ 分别表示 X^* 和 Y^* 的取值个数. 离散化情况下 $\min\{H(X), H(Y)\} \leqslant \log(\min\{\#X, \#Y\})$. 由此，Reshef et al. (2011) 将 (10.3) 式的归一化修改为

$$\frac{I(X^*,Y^*)}{\log(\min\{\#X,\#Y\})}.$$

定义 10.4 设置离散化网格数量的上限为 B ($B>0$)，考虑所有 $\#X$ 乘以 $\#Y$ 小于 B 的离散化，取其中归一化互信息最大者为**最大信息系数**，即

$$\mathrm{MIC}=\max_{\#X\cdot\#Y<B}\frac{I(X^*,Y^*)}{\log(\min\{\#X,\#Y\})}.$$

可以看到，最大信息系数的取值范围为 $[0,1]$.

例10.3 设有 10 个分布在单位圆上的样本观测, 通过两条相交的直线, 将数据划分入四个区域, 图 10.2 展示了两种可能的离散化, 表 10.5 和表 10.6 分别展示了相应的联合分布. 取对数 $\log_2$, 第一种离散化对应的归一化互信息为

$$
\begin{aligned}
&\frac{I(X^*,Y^*)}{\log_2(\min\{\#X,\#Y\})}\\
=&\frac{1}{\log_2(\min\{2,2\})}\left(0.3\times\log_2\frac{0.3}{0.6\times0.6}+0.3\times\log_2\frac{0.3}{0.6\times0.4}+\right.\\
&\left.0.3\times\log_2\frac{0.3}{0.4\times0.6}+0.1\times\log_2\frac{0.1}{0.4\times0.4}\right)\\
=&0.05.
\end{aligned}
$$

第二种离散化对应的归一化互信息为

$$
\begin{aligned}
&\frac{I(X^*,Y^*)}{\log_2(\min\{\#X,\#Y\})}\\
=&\frac{1}{\log_2(\min\{2,2\})}\left(0.1\times\log_2\frac{0.1}{0.5\times0.4}+0.4\times\log_2\frac{0.4}{0.5\times0.6}+\right.\\
&\left.0.3\times\log_2\frac{0.3}{0.5\times0.4}+0.2\times\log_2\frac{0.2}{0.5\times0.6}\right)\\
=&0.12.
\end{aligned}
$$

若仅尝试这两种离散化且 $B>4$, MIC$=\max\{0.05,0.12\}=0.12$.

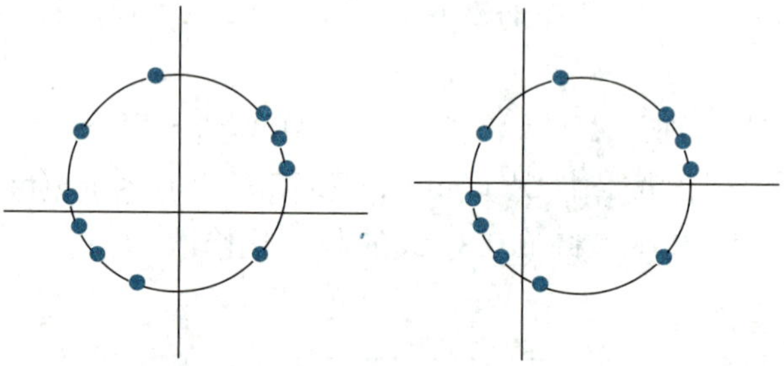

(a) 离散化1　　(b) 离散化2

▶ 图 10.2
两种离散化方式

▶ 表 10.5
离散化 1 对应的联合分布

	$Y=$ 上	$Y=$ 下	合计
$X=$ 左	0.3	0.3	0.6
$X=$ 右	0.3	0.1	0.4
合计	0.6	0.4	1

	Y= 上	Y= 下	合计
X= 左	0.1	0.4	0.5
X= 右	0.3	0.2	0.5
合计	0.4	0.6	1

◀ 表 10.6 离散化 2 对应的联合分布

最大信息系数可以检测几乎所有类型的函数关系. 若 MIC 取值为 0, 说明两个变量不具有相关关系; 取值为 1 说明两个变量的相关关系很强. 图 10.3 将最大信息系数与皮尔逊线性相关系数作了对比. 可以看到, 最大信息系数适用于一般情况, 尤其是可以识别出非线性相关关系. 但当两个变量具有线性相关关系时, 皮尔逊线性相关系数效果会更好.

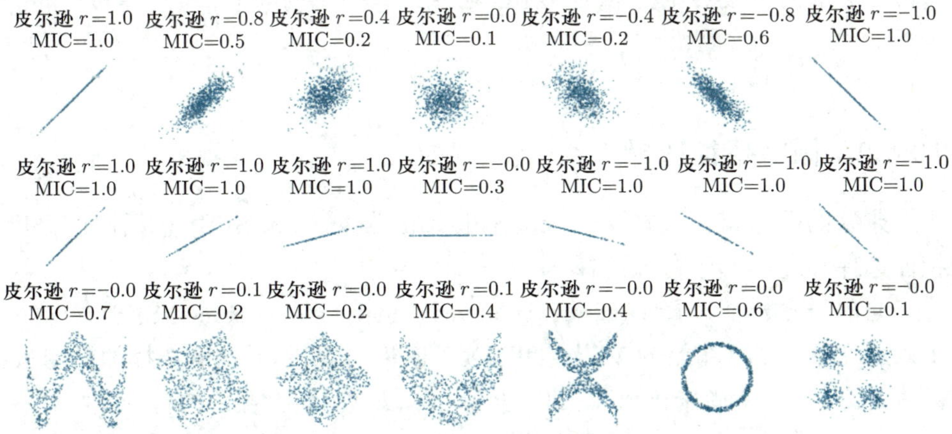

◀ 图 10.3 最大信息系数与皮尔逊线性相关系数的比较 (来源: minepy 文档说明)

将最大信息系数应用于特征选择, 需要计算所有自变量与因变量的 MIC 值, 过滤 MIC 值最小的若干个自变量.

10.4 封装法

封装法将需要借助于一定的模型或算法估计变量子集的预测能力, 进而选择预测能力强的变量子集. 可以通过封装法整合不同类型模型的能力, 从而提升预测效果. 例如, Cardie (1993) 发现通过决策树 C4.5 算法选择变量组合后再实施 k 近邻算法, 优于单独用 C4.5 算法或单独用 k 近邻算法的预测效果.

封装法针对一个优化问题, 优化目标是找到预测能力最好的变量子集. 实际上, 几乎所有的优化方法都可以应用于该优化问题. 例如, 通过穷举搜索所有的自变量组合实现, 这就是最优子集方法. 也可以采用诸如遗传算法和模拟退火等搜索算法实现优化, 找到最优或近似最优的变量组合.

下面, 介绍几种典型的封装法. 它们共同的特点是只需要搜索一部分变量组合, 从而提升搜索效率.

10.4.1 由单一模型选择特征

由单一模型选择特征是最简单的一种封装法. 此时, 只需要建立一个含有所有自变量的模型, 根据模型得到变量对预测的贡献度 (例如, 变量相对重要性), 然后选择贡献度高于某一阈值的若干个自变量.

例 10.4 将四个备选自变量 D, H, P, W 与因变量 Y 建立一个模型, 得到各变量相对重要性分别为: 0.68, 0.04, 0.20 和 0.08. 若设置阈值为所得到的变量相对重要性的中位数 0.14, 也即选择一半的变量, 则变量 D 和 P 入选.

10.4.2 循序特征选择

典型的循序特征选择 (sequential feature selection, SFS) 包括向前循序特征选择和向后循序特征选择.

向前循序特征选择 (forward sequential feature selection, FSFS) 构建一个入选变量集 V. 初始的 V 为空集, 然后逐步向 V 中加入所选择的自变量. 具体是, 对每一个尚未进入 V 的自变量 X, 以 X 与 V 合并的自变量构建模型, 并评价模型效果, 选择预测效果最好的一个自变量加入 V 之中. 重复以上步骤, 直到 V 中的自变量数量已达到预设值.

注 10.2 循序特征选择涉及模型效果评价. 为使得评价指标更为准确客观, 建议采用留出法或交叉验证, 基于训练集建立模型, 并基于验证集计算评价指标.

例 10.4 (续 1) 采用向前循序特征选择方法, 设置入选变量数量为 2. 假定因变量为定量变量, 以决定系数 R^2 作为模型效果的评价指标, 基于三折交叉验证建模并获得 R^2 均值. 初始的入选变量集 $V = \varnothing$.

第 1 步, 从四个备选自变量 D, H, P, W 中选择一个加入 V. 建立并评价所有单一自变量所构建的模型, 所得结果如表 10.7 所示. 可以看到, 由变量 D 所构建的模型的 R^2 均值最大, 因此 D 入选, $V = \{D\}$.

第 2 步, 从剩余的三个备选自变量 H, P, W 中选择一个加入 V. 建立并评价备选变量加入 V 所构建的模型, 所得结果如表 10.8 所示. 可以看到, 以 D 与 W 的组合作为自变量的模型获得了最大的 R^2 均值, 因此 W 入选, $V = \{D, W\}$. 此时, 达到了预设的变量数量, 算法停止.

自变量	D	H	P	W
基于三折交叉验证的 R^2 均值	0.44	0.15	0.20	0.38

◀ 表 10.7 单一自变量的模型效果

自变量组合	$\{D,H\}$	$\{D,P\}$	$\{D,W\}$
基于三折交叉验证的 R^2 均值	0.19	0.44	0.50

◀ 表 10.8 D 与一个变量组合的模型效果

向前循序特征选择采用的是逐步加入自变量的思路, 这是"向前"的含义. 与之相反的是向后循序特征选择 (backward sequential feature selection, BSFS). 所谓"向后", 就是逐步移除自变量. 向后循序特征选择方法也需要构建一个入选变量集 V. 初始的 V 包含了所有的自变量, 需要逐步从 V 中移除预测贡献度最小的自变量. 具体是, 对 V 中的每一个自变量 X, 以集合 $V\backslash\{X\}$ 中的自变量构建模型, 并评价模型效果, 更新 V 为效果最好模型所对应的自变量组合. 重复以上步骤, 直到 V 中的自变量数量已达到预设值.

例 10.4 (续 2) 采用向后循序特征选择方法, 设置入选变量数量为 2. 基于三折交叉验证建模并获得 R^2 均值. 初始时所有变量都已入选, 即 $V = \{D,H,P,W\}$.

第 1 步, 建立并评价从 $V = \{D,H,P,W\}$ 移除一个自变量所构建的模型, 所得结果如表 10.9 所示. 可以看到, 前两个 R^2 均值都达到最大, 因此进一步观察 R^2 标准差, 发现移除 H 所构建模型的 R^2 标准差更小, 模型效果更稳定, 因此 $V = \{D,P,W\}$.

自变量组合	$\{H,P,W\}$	$\{D,P,W\}$	$\{D,H,W\}$	$\{D,H,P\}$
基于三折交叉验证的 R^2 均值	0.54	0.54	0.46	0.41
基于三折交叉验证的 R^2 标准差	0.22	0.10	0.29	0.13

◀ 表 10.9 从 $V=\{D,H,P,W\}$ 移除一个自变量的模型效果

第 2 步, 建立并评价从 $V = \{D,P,W\}$ 移除一个自变量所构建的模型, 所得结果如表 10.10 所示. 可以看到, 移除 D 所构建模型的 R^2 均值最大, 因此 $V = \{P,W\}$. 此时, 达到了预设的变量数量, 算法停止.

自变量组合	$\{P,W\}$	$\{D,W\}$	$\{D,P\}$
基于三折交叉验证的 R^2 均值	0.51	0.50	0.44

◀ 表 10.10 从 $V=\{D,P,W\}$ 移除一个自变量的模型效果

由上述例子可以看到, 在相同的自变量数量要求下, 向前循序特征选择与向后循序特征选择所获得的结果可能不同.

10.4.3 递归特征删除

递归特征删除 (recursive feature elimination, RFE) 由 Guyon et al. (2002) 提出. 类似于向后循序特征选择, 递归特征删除以"向后"的方式, 逐步移除变量. 但与向后循序特征选择所不同的是, 递归特征删除并不需要在各种变量组合中搜索比较, 而是根据各变量的评分, 直接组合评分最高的若干变量作为入选变量集. 评分可以由变量相对重要性、变量显著性检验结果等构造得到, 评分越高表明变量对预测的贡献越大.

递归特征删除方法有多种, 这里介绍其中一种[①]. 设已有每个变量的评分, 每一次移除的变量数为 k 个. 首先将所有变量放入入选变量集 V 中, 然后执行以下步骤:

第 1 步, 采用 V 中的变量作为自变量, 建立模型, 获得模型效果评价指标值.

第 2 步, 移除 V 中评分最低的 k 个变量, 更新 V.

重复第 1 步和第 2 步, 直到 V 中的变量数量小于 1. 最终选择整个过程中最佳模型所对应的自变量.

递归特征删除同样基于模型效果选择自变量子集, 可采用留出法或交叉验证, 以获得更为准确的结果.

例 10.4 (续 3) 采用递归特征删除方法, 设每一次移除的变量数 $k=1$, 以变量相对重要性作为各变量的评分, 以基于三折交叉验证的 R^2 均值作为模型效果评价指标. 首先, 建立因变量 Y 关于所有自变量的模型, 按照变量相对重要性从大到小排序, 自变量的顺序为 D, P, W, H, 它们的评分分别为 0.68, 0.20, 0.08, 0.04. 初始化 $V=\{D, P, W, H\}$.

第 1 步, 建立因变量 Y 关于 D, P, W, H 的模型, R^2 均值为 0.52.

第 2 步, 移除 V 中评分最低的变量 H, 更新后 $V=\{D, P, W\}$.

重复第 1 步, 建立 Y 关于 D, P, W 的模型, R^2 均值为 0.54.

重复第 2 步, 移除 V 中评分最低的变量 W, 更新后 $V=\{D, P\}$.

重复第 1 步, 建立 Y 关于 D, P 的模型, R^2 均值为 0.44.

重复第 2 步, 移除 V 中评分最低的变量 P, 更新后 $V=\{D\}$.

重复第 1 步, 建立 Y 关于 D 的模型, R^2 均值为 0.44.

重复第 2 步, 移除 V 中最后一个变量 D, 更新后 $V=\varnothing$. 此时, 算法停止.

最终, 选择 R^2 均值最大的模型所对应的自变量, 即选择的变量为 D, P, W.

由这个例子可以看到, 相较于向后循序特征选择, 递归特征删除更为简单易行. 但代价是, 递归特征删除可能错过了更优的变量组合.

---

① 该方法与 scikit-learn 库中的 RFE 函数和 RFECV 函数中的方法一致.

在递归特征删除方法中, 还可以在每一次更新 V 后, 基于 V 中的自变量建立模型, 并由模型结果更新变量的评分.

由单一模型选择特征、循序特征选择和递归特征删除都有共同的缺陷:

(1) 无法修改前面已加入或删除变量的操作. 例如, 向前循序特征选择中, 已经加入变量集 V 的自变量会永远留在 V 之中, 也就是说后续的步骤无法修正前序的结果.

(2) 添加或删除特征是强制的, 不能根据模型效果更改.

(3) 未能穷举搜索所有的变量组合, 因而无法保证所选到的变量子集是最优的.

10.5 案例分析

读入 car 数据集, 将变量 Reliability 更改为 "object" 类型, 以便于与其他定性变量一起处理. 随后, 划分训练集和测试集, 训练集中的自变量放入 X_train, 训练集中的因变量放入 y_train.

1. 无监督过滤: 删除方差几乎为零的变量

采用 VarianceThreshold 函数, 可以依据方差值过滤变量. VarianceThreshold 函数不能直接处理定性变量, 因此需要作独热编码. 同时, 考虑到方差带有单位和量纲, 无法绝对化地判断, 这里对定量变量作最小值–最大值规范化, 以消除单位和量纲. 预处理后的训练集为 X_trainpreprocess.

```
numeric_features = np.where(X_train.dtypes != object)[0]
numeric_transformer = Pipeline(steps=[('scaler', MinMaxScaler())])

categorical_features = np.where(X_train.dtypes == object)[0]
categorical_transformer = Pipeline(steps=[('onehot', OneHotEncoder(
    handle_unknown='ignore'))])

preprocessor = ColumnTransformer(transformers=[('num',
    numeric_transformer, numeric_features), ('cat',
    categorical_transformer, categorical_features)])
X_trainpreprocess = pd.DataFrame(preprocessor.fit_transform(X_train),
    columns=pd.get_dummies(X_train).columns)
```

本例中, 设置方差的阈值为 0.1, 即当变量的方差小于 0.1 时会过滤该变量. 由 fit 函数训练后, 通过 transform 函数可获得特征选择后的数据集 (仅含有未被过滤的自变量).

```
sel = VarianceThreshold(threshold=0.1)
sel.fit(X_trainpreprocess)

X_train_sel = pd.DataFrame(sel.transform(X_trainpreprocess))
```

此外, 可编程实现 R 语言 caret 包中判断方差几乎为零的规则 (见 10.2.2 节).

```
def nearZeroVar(x):
    mostcom = Counter(X_train[x]).most_common(2)

    if (len(X_train[x].unique())/len(X_train) <= 0.10) & (mostcom[0][1]
          / mostcom[1][1] > 20):
        print("{0} zero variance".format(x))
        return True
    else:
        print("{0} non-zero variance".format(x))
        return False

for x in X_train.columns:
    nearZeroVar(x)
```

2. 有监督过滤

(1) 基于显著性检验的有监督过滤

首先针对定量自变量实施有监督过滤. 由 SelectFwe 函数可实现基于 Bonferroni 校正的有监督过滤. 注意到因变量 Mileage 为定量变量, 因此设置 score_func='f_regression', 即采用皮尔逊线性相关系数中检验的 p 值; 设置显著性水平 $\alpha = 0.1$. 同样, 由 fit 函数训练后, 通过 transform 函数可获得特征选择后的数据集.

```
sfwe = SelectFwe(f_regression, alpha=0.1)
sfwe.fit(X_trainnumeric, np.ravel(y_train))
X_trainfwe_numeric = pd.DataFrame(sfwe.transform(X_trainnumeric),
    columns=X_trainnumeric.columns[sfwe.get_support()])
```

对于定性变量, 仍然可以采用 SelectFwe 函数实现基于 Bonferroni 校正的有监督过滤. SelectFwe 函数不允许缺失值, 本例中以众数插补缺失值, 并将字符串转换为数值. 预处理后的数据集为 X_traincategorical.

```
categorical_features = np.where(X_train.dtypes == object)[0]
categorical_transformer = Pipeline(steps=[('imputer2', SimpleImputer(
    strategy='most_frequent')), ('oe', OrdinalEncoder())])
preprocessor = ColumnTransformer(
   transformers=[('cat', categorical_transformer, categorical_features
       )])
X_traincategorical = pd.DataFrame(preprocessor.fit_transform(X_train),
     columns=X_train.columns[categorical_features])
```

由于因变量为定量变量, 自变量为定性变量, 因此在 SelectFwe 函数中设置 score_func='f_classif', 即采用 ANOVA 作相关性检验; 同样取显著性水平 $\alpha = 0.1$.

```
sfwe2 = SelectFwe(f_classif, alpha=0.1)
sfwe2.fit(X_traincategorical, np.ravel(y_train))
```

类似地, 可采用 SelectFdr 函数实现基于 Benjamini-Hochberg 方法的有监督过滤. 若不采用多重检验, 可通过 SelectFpr 函数实现有监督过滤. 过程略.

(2) 基于相关性度量的有监督过滤

采用 SelectKBest 函数可基于相关性度量选择出一定数量的特征. SelectKBest 函数对数据准备的要求和参数 score_func 的设置, 与 SelectFwe 函数相似. 例如, 设置 score_func='f_regression' 可实现基于 Pearson 线性相关系数选择特征. 注意, 在 SelectKBest 函数中, score_func 可以设置为 'mutual_info_regression', 表示基于互信息值选择特征. 此外, SelectKBest 函数含有一个重要参数 k, 为希望选出的自变量数量. 对于由定量自变量构成的训练集 X_trainnumeric, 本例设置 score_func='mutual_info_regression', $k = 3$, 实现有监督过滤.

```
skb = SelectKBest(mutual_info_regression, k=3)
skb.fit(X_trainnumeric, np.ravel(y_train))
```

对于上述经缺失值处理和有序变换后的定性数据集 X_traincategorical, 设置 score_func='mutual_info_regression', $k = 1$, 实现有监督过滤.

```
skb2 = SelectKBest(mutual_info_regression, k=1)
skb2.fit(X_traincategorical, np.ravel(y_train))
```

类似地，可采用 SelectPercentile 函数选出一定比例与因变量相关度最高的自变量. 过程略.

为实现基于最大信息系数的有监督过滤，可采用 MINE 函数计算最大信息系数. 本例中，设置 MINE 函数的参数 $\alpha = 0.6$，对应离散化网格数量 $B = \max\{n^\alpha, 4\}$，其中 n 为样本量；设置 $c = 15$，即行变量取值数量为列变量取值数量的最大倍数为 15.

```
mine = MINE(alpha=0.6, c=15)
p = np.size(numeric_features)
mic = np.zeros(p)
for i in range(p):
    x = X_train.iloc[:,numeric_features[i]]
    mine.compute_score(x, y)
    mic[i] = mine.mic()
```

在此基础上，可以按最大信息系数值将变量排序，选择最大信息系数值较大的若干变量.

3. 封装法

(1) 由单一模型选择特征

可由 SelectFromModel 函数实现特征选择. SelectFromModel 函数可以训练模型，也可以接受已训练好的模型，数据准备应根据模型要求进行. 本例中，首先采用 LGBMRegressor 函数训练 LightGBM 模型. LGBMRegressor 函数可以直接处理定性变量，但要求将定性变量设置为 'category' 类型. 设置 LGBMRegressor 函数中的参数 min_child_samples=2, random_state=1, 训练所得的模型名称为 model.

```
category_col = list(X_train.select_dtypes(include=['object']).columns)
X_train[category_col] = X_train[category_col].astype('category')

model = LGBMRegressor(min_child_samples=2, random_state=1)
model.fit(X_train, y_train)
```

在 SelectFromModel 函数中，设置 estimator 为已训练好的模型 model; prefit=True, 表明模型已训练好; threshold='median', 以所有变量重要性的中位数作为临界值，对应选择出一半的特征.

```
sfm = SelectFromModel(model, threshold='median', prefit=True)
```

(2) 循序特征选择

可由 SequentialFeatureSelector 函数实现循序特征选择. SequentialFeatureSelector 函数不接受字符串形式的定性变量, 因此对定性变量作有序编码. 仍然采用 LightGBM 模型, 按照 LGBMRegressor 函数要求, 将有序编码后的定性变量转换为 'category' 类型. 经上述预处理后的训练集为 X_trainpreprocess. 在 SequentialFeatureSelector 函数中, 设置 estimator=LGBMRegressor(min_child_samples=2, random_state=1); 在参数 cv 中设置为二折交叉验证; 取 direction 的默认值 'forward', 对应于向前循序特征选择; 参数 tol 和 n_features_to_select 都采用默认值, 此时会选出一半的特征.

```
sfscv = SequentialFeatureSelector(LGBMRegressor(min_child_samples=2,
    random{\tt\_}state=1), cv=KFold(n_splits=2, random_state=1,
    shuffle=True))
sfscv.fit(X_trainpreprocess,y_train)
```

(3) 递归特征删除

可由 RFECV 函数实现递归特征删除. 仍然采用 LightGBM 模型, 所需要的预处理与循序特征选择相同. 在 RFECV 函数中, 设置 estimator=LGBMRegressor(min_child_samples=2, random_state=1); 在参数 cv 中设置为二折交叉验证. 基于预处理后的训练集 X_trainpreprocess 训练, RFECV 函数可以自动计算所有特征数量规模下模型的表现, 从中选择最优的特征数量以及相应特征.

```
rfecv = RFECV(LGBMRegressor(min_child_samples=2, random_state=1), cv=
    KFold(n_splits=2, random_state=1, shuffle=True))
rfecv.fit(X_trainpreprocess, np.array(y_train).ravel())
```

对于以上所有训练好的特征选择方法, 都可以采用 transform 函数应用于测试集, 即在测试集中选择出相应的特征. 例如, 先基于训练好的预处理方式处理测试集, 得到 X_testpreprocess; 然后基于上述训练好的 sfm, 采用 transform 函数, 可筛选出相应的特征.

```
X_test_sfm = sfm.transform(X_testpreprocess)
```

表 10.11 列出了各种方法所选择出的特征 (以 ✓ 表示). 可以看到, 由于参数设置等因素的影响, 不同的方法选择出的特征不尽相同.

表 10.11 特征选择结果

方法		Price	Weigh	Disp.	HP	Country	Reliability	Type
无监督过滤	删除方差几乎为零的变量	✓	✓	✓	✓	✓	✓	✓
有监督过滤	Bonferroni 校正	✓	✓	✓	✓	×	×	✓
	Benjamini-Hochberg	✓	✓	✓	✓	×	×	✓
	单一检验	✓	✓	✓	✓	×	×	✓
	皮尔逊相关系数	×	✓	✓	✓	—	—	—
	ANOVA	—	—	—	—	×	×	✓
	互信息	✓	✓	✓	×	×	×	✓
	最大信息系数	✓	✓	✓	×	—	—	—
封装法	由单一模型选择特征	✓	✓	×	✓	✓	×	×
	循序特征选择	✓	×	✓	×	×	×	✓
	递归特征删除	✓	✓	✓	✓	✓	✓	✓

本章小结

1. 思维导图

特征选择思维导图

- 1 过滤法
  - 无监督过滤法
    - 删除缺失值比例较高的变量
    - 删除方差几乎为零的变量
    - 去除强相关的自变量
    - 通过变量聚类过滤变量
  - 有监督过滤法
    - 依据显著性检验(如, 多重检验)过滤变量
    - 依据相关性度量(相关系数、互信息和最大信息系数等)过滤变量
- 2 封装法
  - 由单一模型选择特征
  - 向前/向后循序特征选择
  - 递归特征删除
- 3 嵌入法
  - 采用具有变量筛选功能的模型

2. Python 函数

表 10.12 列出了特征选择相关的 Python 函数.

方法	函数名称与所属模块	重要参数	应用提示
删除方差几乎为零的变量	VarianceThreshold (scikit-learn 库 feature_selection)	threshold: 判断的阈值, 默认值为 0. 可以是向量, 为每个变量设置阈值	(1) 函数不能直接处理定性变量, 需对定性变量作独热编码. (2) 考虑到方差带有单位和量纲, 建议采用最小值–最大值规范化消除单位和量纲
基于显著性检验的有监督过滤	SelectFwe, SelectFdr, SelectFpr (scikit-learn 库 feature_selection)	(1) score_func: 相关性检验方法. 默认值为 'f_classif' (ANOVA, 用于 X 和 Y 一个为定性变量、另一个为定量变量的情况). 可设置为 'f_regression' (皮尔逊线性相关系数, 用于 X 和 Y 都为定量变量的情况); 'chi2' (列联表检验, 用于 X 和 Y 都为定性变量的情况). (2) alpha: 显著性水平, 默认值为 0.05	(1) SelectFwe 函数采用 Bonferroni 校正, 根据 FWER 选择变量; SelectFdr 函数采用 Benjamini–Hochberg 方法, 根据 FDR 选择变量; SelectFpr 函数不作校正, 按照显著性水平选择变量. (2) 函数不允许缺失值, 需处理缺失值. (3) 函数不能接受字符串, 应将字符串转换为数值. (4) 注意根据变量的类型选择恰当的相关性检验方法. 每种检验方法都有一定的假定, 例如: 皮尔逊线性相关系数的检验要求变量满足正态性和样本观测之间的独立性; ANOVA 要求定量变量满足正态性、方差齐性和样本观测之间的独立性; 列联表检验要求列联表中一定比例的频数大于等于 5. 若数据不满足假定, 检验结果可能不可靠

◀ 表 10.12 特征选择的 Python 函数

续表

方法	函数名称与所属模块	重要参数	应用提示
基于相关性度量的有监督过滤	SelectKBest, SelectPercentile (scikit-learn 库 feature_selection)	(1) score_func: 相关性度量方法, 默认值为 'f_classif' (ANOVA 中的 F 统计量). 可设置为 'f_regression' (皮尔逊线性相关系数)、'mutual_info_classif' (互信息)、'chi2' (列联表检验中的 χ^2). 请注意根据自变量和因变量的类型选择恰当的统计量. (2) k (SelectKBest 中): 希望选出的自变量数量, 默认值为 10. (3) percentile (SelectPercentile 中): 希望选出的自变量所占比例, 默认值为 10 (对应于 10%)	(1) 函数不允许缺失值, 需处理缺失值. (2) 函数不能接受字符串, 应将字符串转换为数值. (3) 注意根据变量的类型选择恰当的相关性度量方法
基于最大信息系数的有监督过滤	MINE (minepy)	(1) alpha: 影响离散化网格数量 B 的参数 (记为 α), 默认值为 0.6. 当 $\alpha \in (0,1]$ 时, $B = \max\{n^\alpha, 4\}$, 其中 n 为样本量. 当 $\alpha > 1$ 时; $B = \min\{\max\{\alpha, 4\}, n\}$. (2)$c$: 用于设置行变量取值数量为列变量取值数量的最大倍数, 默认值为 15	—
由单一模型选择特征	SelectFromModel (scikit-learn 库 feature_selection)	(1) estimator: 所使用的模型. (2) threshold: 阈值, 变量相对重要性高于该阈值的自变量会被选出. 取值为字符串或数值, 默认值为 None, 对应的阈值为 1e-5. 若取值为 'median' 和 'mean', 分别表示取阈值为所有自变量相对重要性的中位数和均值. (3) prefit: 是否采用预训练的模型进行特征选择. 默认值为 False. 若设置为 True, 要求模型预先进行训练	应根据 estimator 所设置的模型要求预处理数据

续表

方法	函数名称与所属模块	重要参数	应用提示
循序特征选择	SequentialFeatureSe (scikit-learn 库 feature_selection)	(1) estimator: 所使用的模型. (2) cv: 交叉验证的设置. (3) tol: 停止规则中的阈值. 若前后两次模型效果变化量低于该阈值, 则停止添加或删除变量, 默认值为 None. 仅当 n_features_to_select='auto' 时, tol 才会发生作用. (4) n_features_to_select: 选择的自变量数量. 若 n_features_to_select='auto', 当 tol =None 时会选出一半的变量, 当 tol 不为 None 时按照 tol 的指定值停止 (入选的自变量数量不确定). (5) direction: 方向, 默认值为 'forward', 对应向前循序特征选择. 若取值为 'backward', 对应向后循序特征选择	应根据 estimator 所设置的模型要求预处理数据
递归特征删除	RFECV (scikit-learn 库 feature_selection)	(1) estimator: 所使用的模型 (2) cv: 交叉验证的设置	应根据 estimator 所设置的模型要求预处理数据

习题

1. 下列说法中, 错误的一项是 (　　).

A. 过滤法可以孤立、逐一地过滤或选择特征

B. 封装法为后续分析方法预先选择特征

C. 封装法需要使用模型, 该模型一定是数据准备阶段之后所构建的模型

D. 嵌入法并非预先选择特征

2. 将同时满足以下两个条件作为方差几乎为零的判定规则: (1) 变量取值个数与样本量之比不超过 10%; (2) 频率最高的两个取值的频数之比超过 20. 已知某数据集中的变量 X 包含三个取值, 取值频率分别为 0.7, 0.1 和 0.2. 则下列说法正确的是 (　　).

A. X 一定是方差几乎为零的变量
B. X 不可能是方差几乎为零的变量
C. X 可能是方差几乎为零的变量
D. 题目信息不足, 无法判断

3. 下列哪一项与向前循序特征选择不相符? (　　)
A. 逐步加入变量
B. 需要基于模型判断加入哪一个变量
C. 加入变量时不必考虑已经入选的变量
D. 已经入选的变量不能在后续步骤中移除

4. 以下有四个特征选择方法: (1) 由单一模型选择特征; (2) 向前循序特征选择; (3) 向后循序特征选择; (4) 递归特征删除. 其中有几个方法采用逐步删除变量的方式? (　　)
A. 1 个
B. 2 个
C. 3 个
D. 4 个

5. 请阐述最大信息系数的原理和作用. 最大信息系数的值如何受到离散化的影响, 怎样的离散化是理想的?

6. 设一个数据集中含有 $m(m \geqslant 2)$ 个备选的自变量. 若采用向前循序特征选择方法选择 $k(1 \leqslant k < m)$ 个自变量, 总共需要建立多少个模型? [①]

7. 有两种数据准备方案. 方案 A: 先进行特征选择, 然后基于选择的特征衍生二阶或高阶特征; 方案 B: 先衍生二阶或高阶特征, 然后进行特征选择. 请问这两种方案各有何优缺点?

8. 设某项研究的因变量为定量变量, 拟从 A, B, C 三个变量中选择若干变量, 与因变量构建模型. 采用决策树 CART 算法获得了含有不同自变量的模型, 表 10.13 展示了基于三折交叉验证的 R^2 均值. 以 A, B, C 为自变量, 获得变量评分 (变量相对重要性) 分别为 0.11, 0.23 和 0.66. 请分别写出下列特征选择方法的过程与结果:
(1) 由单一模型选择特征, 以变量相对重要性均值作为临界值.
(2) 向前循序特征选择, 选择两个变量.
(3) 向后循序特征选择, 选择两个变量.
(4) 递归特征删除, 每一次移除的变量数 $k = 1$.

▶ 表 10.13 含有不同自变量模型的结果

自变量	R^2 均值	自变量	R^2 均值	自变量	R^2 均值
A	0.48	A, B	0.35	A, B, C	0.62
B	0.09	A, C	0.56	—	—
C	0.41	B, C	0.50	—	—

① 此题提示读者, 应关注不同特征选择方法的效率, 以便在实践中恰当地选择方法.

9. 针对循序特征选择所存在的问题, 循序浮动特征选择 (sequential floating feature selection) 被提出 (Pudil et al., 1994), 它允许根据模型效果决定是否添加或删除特征, 包括:

(1) 循序浮动向前选择 (sequential floating forward selection, SFFS). 从空集开始, 执行以下步骤. 步骤 1: 加入一个最优变量; 步骤 2: 逐一删除若干变量使得模型效果更佳. 循环步骤 1 和步骤 2, 直至达到要求的变量数或运行次数.

(2) 循序浮动向后选择 (sequential floating backward selection, SFBS): 从全集开始, 执行以下步骤. 步骤 1: 删除一个最劣变量; 步骤 2: 逐一加入若干变量使得模型效果更佳. 循环步骤 1 和步骤 2, 直至达到要求的变量数或运行次数.

请基于表 10.13 的结果, 分别采用两种循序浮动特征选择方法选择变量, 运行次数为三次 (完成步骤 1 和步骤 2 为运行一次).

10. 针对天猫用户重复购买预测案例, 结合模型的特点, 思考是否需要作特征选择. 若需要, 如何选择恰当的特征选择方法? (提示: 第十二章分析基于运算效率的考虑, 采用由单一模型选择特征的方法, 读者可参考相关内容.)

参考文献

[1] BENJAMINI Y, HOCHBERG Y. Controlling the false discovery rate: A practical and powerful approach to multiple testing. Journal of the Royal Statistical Society: Series B (Methodological), 1995, 57(1): 289–300.

[2] CARDIE C. Using decision trees to improve case-based learning. Proceedings of the Tenth International Conference on Machine Learning, 1993: 25–32.

[3] GUYON I, WESTON J, BARNHILL S, et al. Gene selection for cancer classification using support vector machines. Machine Learning, 2002, 46: 389–422.

[4] PUDIL P, NOVOVIČOVÁ J, KITTLER J. Floating search methods in feature selection. Pattern Recognition Letters, 1994, 15(11): 1119–1125.

[5] RESHEF D N, RESHEF Y A, FINUCANE H K, et al. Detecting novel associations in large datasets. Science, 2011, 334(6062): 1518–1524.

[6] 美团算法团队. 美团机器学习实践. 北京: 人民邮电出版社, 2018.

第十一章

特征提取

11.1　特征提取概述

特征提取 (feature extraction) 包含两类方法. 第一类方法是特征转换 (feature transformation), 常用于降维, 即通过某种映射将原始高维特征空间转换为一个低维子空间. 第二类方法是特征学习 (feature learning), 通过训练模型自动发现有意义的特征, 常用的特征学习方法包括受限玻尔兹曼机、自编码器和生成对抗网络等. 与特征转换所不同的是, 特征学习所产生的特征数量可能远远超过原始特征数量.

本章仅讨论第一类特征提取方法, 即特征转换.

11.1.1　特征转换的作用

下面的 Johnson-Lindenstrauss 引理说明, 即便是随机投影 (random projection)① 所产生的线性变换特征也可能是有效的, 因为由这些特征所刻画的样本观测之间的距离与原始特征空间中的情况相近.

定理 11.1 (Johnson-Lindenstrauss 引理)　对任意的 ε $(0<\varepsilon<1/2)$ 和任意的整数 n $(n>4)$, 令 $k=\dfrac{20\log n}{\varepsilon^2}$, 则对任意包含 n 个样本观测 (每一样本观测为 p 维向量) 的集合 V, 存在由矩阵 $\boldsymbol{A}\in\mathbb{R}^{k\times p}$ ($\boldsymbol{A}$ 的每一元素为标准正态分布的随机样本) 所构建的映射 $f(\boldsymbol{x})=\dfrac{1}{\sqrt{k}}\boldsymbol{A}\boldsymbol{x}:\mathbb{R}^p\to\mathbb{R}^k$, 使得对 V 中的任意样本观测 $\boldsymbol{u}$ 和 $\boldsymbol{v}$, 有

$$(1-\varepsilon)||\boldsymbol{u}-\boldsymbol{v}||^2\leqslant||f(\boldsymbol{u})-f(\boldsymbol{v})||^2\leqslant(1+\varepsilon)||\boldsymbol{u}-\boldsymbol{v}||^2.$$

进一步, 矩阵 $\boldsymbol{A}$ 可以为随机投影, 并可在多项式时间内搜索到.

① 投影是指对向量作内积; 随机投影通过随机生成的投影矩阵形成数据投影.

实际应用中，特征转换也被证明是有效的. 通过降低特征的维度，特征转换有助于简化计算、提升数据分析的效率，也为高效的数据可视化提供了可能. 此外，特征转换可以帮助我们探索和产生感兴趣的、有价值的信息.

11.1.2 特征转换方法分类

特征转换方法非常丰富，分类也有多种.

(1) 按照是否采用了后续建模中的因变量，可划分为有监督降维和无监督降维方法. 典型的有监督降维方法包括费希尔判别分析等. 大部分特征转换方法属于无监督降维方法.

(2) 按照方法所基于的不同思想，可划分为投影方法 (projective method) 和流形学习 (manifold learning). 投影方法通过由高维空间到低维空间的投影映射实现降维，包括 Truncated SVD、主成分分析、独立成分分析和核主成分分析等. 流形学习的基本假定是: 高维空间中的数据实质是低维流形被嵌入到高维空间中，因此，可以通过拉直流形将数据还原到对应的低维空间中. 流形可以被看作是经由各种伸展和卷曲操作而呈现出非线性的子空间，其特点是在局部具有欧氏空间的性质，可在局部使用欧氏距离. 基于此，流形学习的主要思路是: 在局部建立降维映射关系，然后将局部映射关系推广到全局. 等度量映射、局部线性嵌入和 t-SNE 等都属于流形学习.

(3) 按照降维后特征与原始特征间是否具有线性关系，可划分为线性降维和非线性降维方法. 典型的线性降维方法包括 Truncated SVD、主成分分析和独立成分分析等. 非线性降维方法包括核主成分分析和流形学习等.

此外，对变量信息提取的要求不同，特征转换方法亦有不同的类别. 例如，主成分分析、核主成分分析与 Truncated SVD 是为了提取尽量少的特征以表达尽可能多的变量信息; 独立成分分析是为了提取相互独立的源信号变量; 多维缩放、等度量映射、t-SNE 等方法是为了提取可保持样本间距离或相似度的特征; 局部线性嵌入方法则是为了提取保持邻域内样本之间线性关系的特征.

11.2 Truncated SVD

数学上的奇异值分解 (singular value decomposition, SVD) 是对一个矩阵的分解. 设 $\boldsymbol{X}$ 为 $n \times p$ 矩阵，其秩为 r ($r \leqslant \min\{p, n\}$). 对 $\boldsymbol{X}$ 作奇异值分解:

$$\boldsymbol{X}_{n\times p} = \boldsymbol{U}_{n\times n}\boldsymbol{D}_{n\times p}(\boldsymbol{V}_{p\times p})^{\mathrm{T}},$$

其中, $\boldsymbol{U}$ 和 $\boldsymbol{V}$ 都是酉矩阵 (unitary matrix) , 即满足 $\boldsymbol{U}^{\mathrm{T}}\boldsymbol{U}=\boldsymbol{I},\boldsymbol{V}^{\mathrm{T}}\boldsymbol{V}=\boldsymbol{I}$; $\boldsymbol{D}$ 的第 i 行 i 列元素 $D_{ii}=d_i$ $(i=1,\cdots,r)$ 且其他位置元素均为 0, 其中 d_i $(i=1,\cdots,r)$ 为 $\boldsymbol{X}$ 的奇异值 (singular values), 满足 $d_1\geqslant d_2\geqslant\cdots\geqslant d_r\geqslant 0$.

在特征提取中, 奇异值分解被用于解决低秩矩阵近似问题, 其目标是找到重构误差最小的低秩矩阵 $\boldsymbol{X}^*_{n\times p}$, 即以下优化问题的解:

$$\begin{aligned} \arg\min_{\tilde{\boldsymbol{X}}} \quad & ||\boldsymbol{X}-\tilde{\boldsymbol{X}}||_F, \\ \text{s.t.} \quad & \operatorname{rank}(\tilde{\boldsymbol{X}})=k\leqslant r, \end{aligned} \tag{11.1}$$

其中, $||\boldsymbol{M}||_F=(\operatorname{tr}(\boldsymbol{M}^{\mathrm{T}}\boldsymbol{M}))^{1/2}$ 表示矩阵 $\boldsymbol{M}$ 的弗罗贝尼乌斯范数 (Frobenius norm) ①, k 是所设置的低秩矩阵的秩.

Eckart-Young-Mirsky 定理解决了低秩矩阵近似问题, 其主要结论是:

(1) 低秩矩阵近似问题(11.1)的解为

$$\boldsymbol{X}^*_{n\times p}=\boldsymbol{U}^*_{n\times k}\boldsymbol{D}^*_{k\times k}(\boldsymbol{V}^*_{p\times k})^{\mathrm{T}}, \tag{11.2}$$

其中, $\boldsymbol{U}^*_{n\times k}$ 为 $\boldsymbol{X}$ 奇异值分解中 $\boldsymbol{U}$ 的前 k 列组成的矩阵, $\boldsymbol{V}^*_{p\times k}$ 为 $\boldsymbol{V}$ 的前 k 列组成的矩阵, $\boldsymbol{D}^*_{k\times k}=\operatorname{diag}(d_1,\cdots,d_k)$.

(2) (11.2)式中的解 $\boldsymbol{X}^*$ 是唯一的, 当且仅当 $d_{k+1}\neq d_k$.

(3) 重构误差 $||\boldsymbol{X}-\boldsymbol{X}^*||_F=\sqrt{\sum_{i=k+1}^{r}d_i^2}$.

Truncated SVD 方法实质是由低秩矩阵近似问题的解获得投影数据. 对于原始数据 $\boldsymbol{X}_{n\times p}$, 由投影向量所构成的矩阵 $\boldsymbol{A}_{p\times k}$ 将 $\boldsymbol{X}_{n\times p}$ 投影到 k 维空间 $(k<p)$ 中, 所形成的投影数据为

$$\boldsymbol{Z}_{n\times k}=\boldsymbol{X}_{n\times p}\boldsymbol{A}_{p\times k}.$$

基于投影数据 $\boldsymbol{Z}$, 可将原始数据近似重构为

$$\boldsymbol{X}^*_{n\times p}=\boldsymbol{Z}_{n\times k}(\boldsymbol{A}_{p\times k})^{\mathrm{T}}.$$

投影的目标使得原始数据 $\boldsymbol{X}$ 与其重构数据 $\boldsymbol{Z}\boldsymbol{A}^{\mathrm{T}}$ 尽可能相近. 若以弗罗贝尼乌斯范数刻画二者的相近程度, 则目标为最小化 $||\boldsymbol{X}-\boldsymbol{Z}\boldsymbol{A}^{\mathrm{T}}||_F$, 加入对投影数据的秩的要求, 则成为低秩近似问题 (11.1).

---

① $\operatorname{tr}(\cdot)$ 表示迹 (trace), $||\boldsymbol{M}||_F$ 即是对 $\boldsymbol{M}$ 各元素平方后求和并开根号.

由 Eckart-Young-Mirsky 定理, $\boldsymbol{A}$ 的一个解为 $\boldsymbol{V}^*$. 相应地, 投影后的数据矩阵为

$$\boldsymbol{Z}=\boldsymbol{U}^*\boldsymbol{D}^*=\begin{pmatrix} d_1U_{1,1}^* & \cdots & d_kU_{1,k}^* \\ d_1U_{2,1}^* & \cdots & d_kU_{2,k}^* \\ \vdots & & \vdots \\ d_1U_{n,1}^* & \cdots & d_kU_{n,k}^* \end{pmatrix}.$$

记 $\boldsymbol{Z}=(\boldsymbol{z}_1,\cdots,\boldsymbol{z}_k)$, 其中 $\boldsymbol{z}_i\,(i=1,\cdots,k)$ 为 n 维列向量, 称为成分 (component). $\boldsymbol{z}_i$ 所保留的信息量为 $d_i^2\,(i=1,\cdots,k)$, 因此 $\boldsymbol{Z}$ 所保留的信息量占 $\boldsymbol{X}$ 中信息总量的比例为 $\sum\limits_{i=1}^{k}d_i^2\Big/\sum\limits_{i=1}^{r}d_i^2$.

显然, $\boldsymbol{A}$ 的解是不唯一的, 例如取常数 $c\,(c\neq 0)$, $\boldsymbol{A}=c\boldsymbol{V}^*$, $\boldsymbol{Z}=\boldsymbol{U}^*\boldsymbol{D}^*/c$ 仍然满足目标. 为缩小解的范围, 可以为 $\boldsymbol{A}$ 附加约束条件. 通常设置约束条件为 $\boldsymbol{A}^{\mathrm{T}}\boldsymbol{A}=\boldsymbol{I}$. 由于 $\boldsymbol{V}$ 是酉矩阵, 因此 $\boldsymbol{A}=\boldsymbol{V}^*$ 满足这一约束条件. 但即便如此, $\boldsymbol{A}$ 的值仍然不唯一, 例如, $-\boldsymbol{V}^*$ 也是满足约束条件的解.

下面的例子展示了 Truncated SVD 在文本分析中的应用.

例 11.1 下面有五句话, 看作五份文档:

s_1: A bank will protect your money.

s_2: A guard will protect a bank.

s_3: Your bank shot is money.

s_4: A bank shot is lucky.

它们都含有 "bank", 但含义有所不同. 首先将文本数据转换为结构化数据, 即每一个单词为一个维度 (如表 11.1 所示). 这是比较稀疏的数据.

文档	a	bank	guard	is	lucky	money	protect	shot	will	your
s_1	1	1	0	0	0	1	1	0	1	1
s_2	2	1	1	0	0	0	1	0	1	0
s_3	0	1	0	1	0	1	0	1	0	1
s_4	1	1	0	1	1	0	0	1	0	0

◀ 表 11.1 文本数据结构化

将表 11.1 中的数据记作 $\boldsymbol{X}_{4\times 10}$, 对 $\boldsymbol{X}$ 作 Truncated SVD 降到两维. 得到投影矩阵 $\boldsymbol{A}_{10\times 2}$ 和投影后的数据 $\boldsymbol{Z}_{4\times 2}$ 分别为 [①]

① $\boldsymbol{A}$ 和 $\boldsymbol{Z}$ 并非唯一解, 只是一种可能的解.

$$
\boldsymbol{A}=\begin{pmatrix}
-0.575 & 0.359\\
-0.504 & -0.187\\
-0.162 & 0.245\\
-0.197 & -0.473\\
-0.105 & -0.172\\
-0.236 & -0.260\\
-0.307 & 0.286\\
-0.197 & -0.473\\
-0.307 & 0.286\\
-0.236 & -0.260
\end{pmatrix},\quad
\boldsymbol{Z}=\begin{pmatrix}
-2.166 & 0.223\\
-2.430 & 1.348\\
-1.370 & -1.653\\
-1.579 & -0.946
\end{pmatrix}.
$$

同时, 得到 SVD 中 d_1, d_2, d_3 和 d_4 分别为 3.869, 2.344, 1.758, 0.667. 因此, $\boldsymbol{Z}$ 可保留 $\boldsymbol{X}$ 中 $\left(d_1^2+d_2^2\right)\Big/\sum_{i=1}^{4} d_i^2 \approx 85\%$ 的信息.

假定有一份新的文档 s_5: Bank guard. 我们想要判断 s_5 与 s_1 至 s_4 中哪些文档最为接近. 采用余弦相似度 (cosine similarity)

$$
sim(s_1, s_2)=\frac{s_1 \otimes s_2}{|s_1||s_2|}
$$

衡量文档的相近程度. 分别基于原始数据 $\boldsymbol{X}$ 和投影后的数据 $\boldsymbol{Z}$ 计算余弦相似度, 结果如表 11.2 所示. 可以看到, 若基于原始数据 $\boldsymbol{X}$, s_5 与 s_1 的相似度不太大, 而实际上它们所含有的 "bank" 意思是相同的 [①]. 而基于投影后的数据 $\boldsymbol{Z}$, s_5 与 s_1 和 s_2 的相似度都比较大, 是更为合理的结果.

▶ 表 11.2 各文档与 s_5 的相似度

文档	基于 $\boldsymbol{X}$ 的相似度	基于 $\boldsymbol{Z}$ 的相似度
s_1	0.29	1.00
s_2	0.50	0.91
s_3	0.32	0.57
s_4	0.32	0.81

当降维为两个维度时, 可通过图 11.1 展示观察文档间的关系, 其中 s_5 的取值为 $(-0.666, 0.058)$.

① 基于原始数据 $\boldsymbol{X}$ 计算相似度, 实际是基于 TF (term frequency) 计算相似度. 在文本数据分析中, 采用 TF-IDF (inverse document Frequency) 往往优于 TF. 基于 TF-IDF, 可以得到 s_5 与 s_1 至 s_4 的余弦相似度分别为 0, 0.77, 0, 0, 同样不够理想.

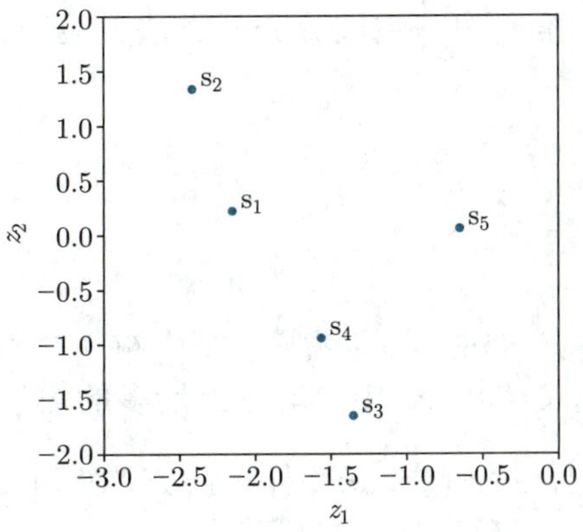

◀ 图 11.1 压缩后空间中的 5 份文档

从这个例子可以看出, Truncated SVD 有助于消除原始数据中的噪声和冗余信息, 因而采用投影数据可能获得比原始数据更好的分析效果. 因此, Truncated SVD 被应用于文档分类和主题分析, 有效地解决了同义词、近义词和多义词等方面的问题 ①.

Truncated SVD 是提取信息的强大工具, 它使得我们能够用小得多的数据集来表示原始数据集. 在维度很高、非常稀疏的数据集中, Truncated SVD 发挥了重要的作用. 例如, 在推荐系统中, 按照用户和商品构成数据矩阵, 每一件商品为一个维度, 由于商品繁多, 数据矩阵的维度很高. 由于每一位用户所能购买的商品有限, 因此该矩阵中有许多零值 (表示用户未购买过该商品), 极为稀疏. 在线推荐要进行大量的遍历搜索, 运算量大, 并且对时效的要求很高. 采用 Truncated SVD 压缩数据, 基于压缩后的数据进行在线推荐, 将大大提高运算速度.

实际上, 主成分分析也可以由奇异值分解获得, 它等价于对中心化以后的数据作 Truncated SVD. 对于稀疏数据 (如, 文本和图像数据), Truncated SVD 往往比主成分分析更有效. 我们将在 11.3 节中具体阐述两种方法的差异性.

低秩近似问题 (11.1) 中的重构误差基于矩阵的弗罗贝尼乌斯范数构造, 它汇总了各维度的误差, 这涉及各维度误差的可比性和可加性问题. 当各维度的单位不同或量纲差异较大时, 可以考虑先对数据规范化, 然后再应用 Truncated SVD.

11.3 主成分分析

主成分分析 (principal component analysis, PCA) 由皮尔逊与霍特林于 1901 年和 1933 年分别提出. 至今, 主成分分析仍然是最常用的特征提取方

① 例如, 潜在语义分析 (latent semantic analysis, LSA) 主要采用了 Truncated SVD.

法之一. 可以从两个角度理解主成分分析方法: 最大化方差和最小化重构误差.

11.3.1 最大化方差

设数据矩阵 $\boldsymbol{X}_{n\times p}=(\boldsymbol{x}_1,\cdots,\boldsymbol{x}_n)^{\mathrm{T}}$, 其中 $\boldsymbol{x}_i\,(i=1,\cdots,n)$ 是 p 维列向量, n 是样本量. 我们希望从 $\boldsymbol{X}$ 中提取尽可能多的信息, 即希望投影后的数据具有尽可能大的变异性. 首先, 采用样本协方差矩阵 $\hat{\boldsymbol{\Sigma}}=\dfrac{1}{n-1}\displaystyle\sum_{i=1}^{n}\boldsymbol{w}_i\boldsymbol{w}_i^{\mathrm{T}}$ 刻画 $\boldsymbol{X}$ 所含有的信息, 其中 $\boldsymbol{w}_i=\boldsymbol{x}_i-\bar{\boldsymbol{x}}$, $\bar{\boldsymbol{x}}=\dfrac{1}{n}\displaystyle\sum_{i=1}^{n}\boldsymbol{x}_i$. 设有 $k\,(k\leqslant p)$ 个投影向量 $\boldsymbol{a}_1,\cdots,\boldsymbol{a}_k$, 它们都是 p 维列向量. 由投影向量构成矩阵 $\boldsymbol{A}_{p\times k}=(\boldsymbol{a}_1,\cdots,\boldsymbol{a}_k)$, 可将 $\boldsymbol{w}_i$ 投影为 $\boldsymbol{A}^{\mathrm{T}}\boldsymbol{w}_i\ (i=1,\cdots,n)$, 投影后的数据协方差矩阵为 $\dfrac{1}{n-1}\displaystyle\sum_{i=1}^{n}\boldsymbol{A}^{\mathrm{T}}\boldsymbol{w}_i\boldsymbol{w}_i^{\mathrm{T}}\boldsymbol{A}$.

PCA 方法希望投影后的向量方差最大化, 则成为优化问题:

$$\max_{\boldsymbol{A}}\ \mathrm{tr}(\boldsymbol{A}^{\mathrm{T}}\boldsymbol{W}^{\mathrm{T}}\boldsymbol{W}\boldsymbol{A}),\ \text{s.t.}\ \boldsymbol{A}^{\mathrm{T}}\boldsymbol{A}=\boldsymbol{I}, \tag{11.3}$$

其中 $\boldsymbol{W}^{\mathrm{T}}=(\boldsymbol{w}_1,\cdots,\boldsymbol{w}_n)$. 约束条件 $\boldsymbol{A}^{\mathrm{T}}\boldsymbol{A}=\boldsymbol{I}$ 限制了解的数量, 但仍无法保证具有唯一解. 例如, 在一个解 $\boldsymbol{A}$ 的基础上取相反数, 仍然满足优化目标和约束条件, 应用中需要注意.

可使用拉格朗日乘子法求解优化问题(11.3). 引入拉格朗日乘子 $\alpha_i\ (\alpha_i\geqslant 0,\ i=1,\cdots,k)$, 可得

$$\boldsymbol{W}^{\mathrm{T}}\boldsymbol{W}\boldsymbol{a}_i=\alpha_i\boldsymbol{a}_i,\quad i=1,\cdots,k.$$

于是, 只需对协方差矩阵 $\boldsymbol{W}^{\mathrm{T}}\boldsymbol{W}$ 进行特征值分解, 并记排序后的特征值为 $\lambda_1\geqslant\lambda_2\geqslant\cdots\geqslant\lambda_r\geqslant 0$, 其中 r 是 $\boldsymbol{W}^{\mathrm{T}}\boldsymbol{W}$ 的秩. 取前 k 个特征值对应的特征向量 $\boldsymbol{a}_1^*,\cdots,\boldsymbol{a}_k^*$ 构成矩阵 $\boldsymbol{A}^*=(\boldsymbol{a}_1^*,\cdots,\boldsymbol{a}_k^*)$, 可得到投影后的矩阵 $\boldsymbol{Z}_{n\times k}=\boldsymbol{W}\boldsymbol{A}^*$. 记 $\boldsymbol{Z}=(\boldsymbol{z}_1,\cdots,\boldsymbol{z}_k)$, 其中 $\boldsymbol{z}_i\,(i=1,\cdots,k)$ 为 n 维列向量, 称为主成分 (principal components). $\boldsymbol{z}_i$ 的方差为 λ_i, 因此认为 $\boldsymbol{z}_i$ 所保留的信息量为 $\lambda_i\,(i=1,\cdots,k)$. 从而, $\boldsymbol{Z}$ 所表达的信息量在原始数据信息量之中的比例为 $\displaystyle\sum_{i=1}^{k}\lambda_i\Big/\sum_{i=1}^{r}\lambda_i$.

11.3.2 最小化重构误差

从最小化重构误差角度, 可以观察到主成分分析与 Truncated SVD 的关联. 对于已作中心化处理的数据矩阵 $\boldsymbol{W}_{n\times p}$, 设投影向量所构成的矩阵为 $\boldsymbol{B}_{p\times k}$, $\text{rank}(\boldsymbol{B}) = k$, 投影后的数据为 $\boldsymbol{Z} = \boldsymbol{W}\boldsymbol{B}$, 则由 $\boldsymbol{Z}\boldsymbol{B}^{\text{T}}$ 可重构 $\boldsymbol{W}$. 我们希望最小化重构误差, 即求解优化问题:

$$\min_{\boldsymbol{B}} \ ||\boldsymbol{W} - \boldsymbol{Z}\boldsymbol{B}^{\text{T}}||_F^2, \ \text{s.t.}\ \boldsymbol{B}^{\text{T}}\boldsymbol{B} = \boldsymbol{I}. \tag{11.4}$$

其中, 约束条件 $\boldsymbol{B}^{\text{T}}\boldsymbol{B} = \boldsymbol{I}$ 是为了限制解的数量. 注意到 $\boldsymbol{B}^{\text{T}}\boldsymbol{B} = \boldsymbol{I}$, 从而有

$$\begin{aligned}||\boldsymbol{W} - \boldsymbol{Z}\boldsymbol{B}^{\text{T}}||_F^2 &= \text{tr}\left((\boldsymbol{W} - \boldsymbol{Z}\boldsymbol{B}^{\text{T}})^{\text{T}}(\boldsymbol{W} - \boldsymbol{Z}\boldsymbol{B}^{\text{T}})\right)\\ &= \text{tr}\left(\boldsymbol{W}^{\text{T}}\boldsymbol{W} - \boldsymbol{W}^{\text{T}}\boldsymbol{Z}\boldsymbol{B}^{\text{T}} - \boldsymbol{B}\boldsymbol{Z}^{\text{T}}\boldsymbol{W} + \boldsymbol{B}\boldsymbol{Z}^{\text{T}}\boldsymbol{Z}\boldsymbol{B}^{\text{T}}\right).\\ &= \text{tr}\left(\boldsymbol{W}^{\text{T}}\boldsymbol{W} - \boldsymbol{B}^{\text{T}}\boldsymbol{W}^{\text{T}}\boldsymbol{W}\boldsymbol{B}\right).\end{aligned}$$

因此, 优化问题(11.4)可改写为

$$\max_{\boldsymbol{B}} \ \boldsymbol{B}^{\text{T}}\boldsymbol{W}^{\text{T}}\boldsymbol{W}\boldsymbol{B}, \ \text{s.t.}\ \boldsymbol{B}^{\text{T}}\boldsymbol{B} = \boldsymbol{I}. \tag{11.5}$$

可以看到, 最小化重构误差的优化问题(11.5)与最大化方差的优化问题(11.3)等价.

对 $\boldsymbol{W}$ 作奇异值分解:

$$\boldsymbol{W} = \boldsymbol{U}\boldsymbol{D}\boldsymbol{V}^{\text{T}},$$

其中, $\boldsymbol{U}$ 和 $\boldsymbol{V}$ 是酉矩阵, $\boldsymbol{D}$ 满足 $D_{ii} = d_i \ (i = 1, \cdots, r)$ 且其他位置元素均为 0, 其中 $r \leqslant \min\{n, p\}$ 为 $\boldsymbol{W}$ 的秩, $d_i \ (d_1 \geqslant d_2 \geqslant \cdots \geqslant d_r \geqslant 0)$ 为 $\boldsymbol{W}$ 的奇异值. 根据 11.2 节, 优化问题(11.5)的一个解 $\boldsymbol{B}^*$ 应是取 $\boldsymbol{V}$ 的前 k 列所构成的矩阵, 相应的投影数据为 $\boldsymbol{Z}^* = \boldsymbol{W}\boldsymbol{B}^*$. $\boldsymbol{Z}^*$ 所表达的信息量在原始数据信息量中的比例为 $\sum\limits_{i=1}^{k} d_i^2 \Big/ \sum\limits_{i=1}^{r} d_i^2$.

进一步,

$$\boldsymbol{W}^{\text{T}}\boldsymbol{W} = \boldsymbol{V}\boldsymbol{D}^{\text{T}}\boldsymbol{U}^{\text{T}}\boldsymbol{U}\boldsymbol{D}\boldsymbol{V}^{\text{T}} = \boldsymbol{V}\boldsymbol{D}^2\boldsymbol{V}^{\text{T}},$$

这正是对 $\boldsymbol{W}^{\text{T}}\boldsymbol{W}$ (忽略常数项的协方差矩阵) 的特征值分解. 可以看到, d_i^2 与 $\lambda_i \ (i = 1, \cdots, r)$ 具有一定的对应关系, 并且 $\sum\limits_{i=1}^{k} d_i^2 \Big/ \sum\limits_{i=1}^{r} d_i^2 = \sum\limits_{i=1}^{k} \lambda_i \Big/ \sum\limits_{i=1}^{r} \lambda_i$.

通过上述分析, 我们发现, 可以将主成分分析看作一种特殊的 Truncated SVD, 其特殊之处在于数据矩阵须先进行中心化, 然后再作奇异值分解. 显

然, 当数据矩阵中各维度的均值为 0 时, 主成分分析与 Truncated SVD 等价. 那么, 若数据矩阵中各维度的均值不为 0, 两种方法会有怎样的差异呢? 来看两个例子.

例11.2 一张数字 0 的图片有 $32 \times 32 = 1024$ 个像素, 每一像素点取值为 0 或 1, 图 11.2(a) 中对取值为 1 的像素点着灰色. 以图片的每一行作为一个样本观测, 每一列作为一个维度, 则构成矩阵 $\boldsymbol{X}_{32\times32}$. 对 $\boldsymbol{X}$ 分别进行 Truncated SVD 和主成分分析, 各提取前两个成分并还原矩阵. 但是, 还原后的矩阵元素取值并非只取 0 和 1. 我们按照元素取值排序, 将一定比例的较大取值设置为 1, 并对这些像素点着色, 展示在图 11.2 中 ((b) 图和 (c) 图中取值为 1 的元素数量相同).

可以看到, 主成分分析着重于方差大的维度, 而 Truncated SVD 可以突出均值更大的维度.

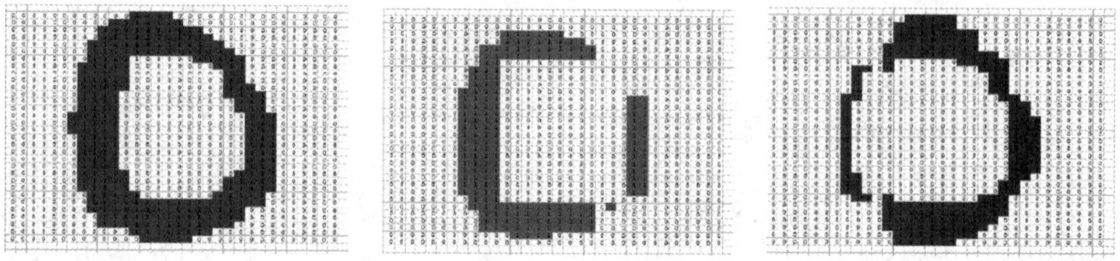

(a) 原始图像　　(b) Truncated SVD投影还原　　(c) PCA投影还原

▶ 图 11.2 数字 0 的原始图像与投影后还原图像

例11.3 从 824 张手写数字 3 的图片中提取特征①, 图 11.3 展示了部分图片示例和所有图片的均值. 每张图片有 $16 \times 16 = 256$ 个像素点, 每一像素点取值已规范化, 均落入 $[-1, 1]$. 我们将各像素点的取值横向连接, 即将每张图片数据矩阵拉直为一个向量, 从而可以获得 824 行 256 列的数据矩阵. 分别进行主成分分析和 Truncated SVD, 我们可以发现一些有意思的结果.

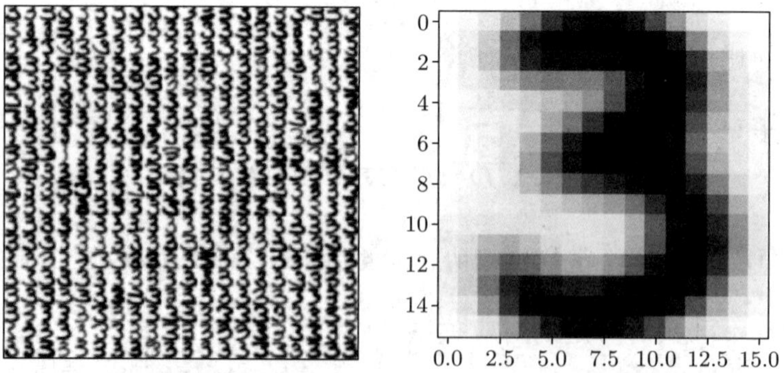

(a) 部分数字3示例　　(b) 所有数字3的均值

▶ 图 11.3 部分数字 3 示例与所有数字 3 的均值

① 数据来源于 scikit-learn, 可由函数 load_digits 获得.

首先，根据投影向量的取值，查看主成分分析与 Truncated SVD 的差异性. 可以看到, Truncated SVD 的第一个投影向量取值与数据矩阵的均值接近，第二个投影向量与主成分分析的第一个投影向量接近，以此类推 (如图 11.4 所示).

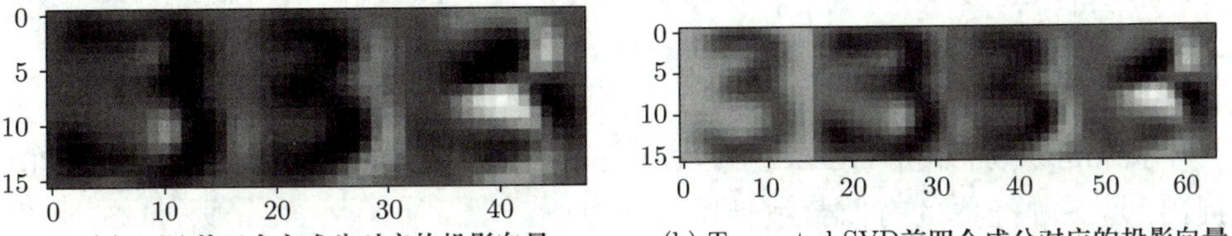

(a) PCA前三个主成分对应的投影向量　(b) Truncated SVD前四个成分对应的投影向量

◀ 图 11.4 投影向量

此外，按照成分得分 (即投影后的数值) 从大到小的顺序对图片排序，图 11.5 展示了部分结果. 每张图的上面一行对应成分得分最大的十张图片，下面一行对应成分得分最小的十张图片. 可以看到，在主成分分析方法中，数字 3 的构型越宽阔，第一主成分得分越大. 因此，第一主成分大致提取了数字 3 的宽窄特征. 第二主成分主要提取了数字 3 的粗细特征，第三主成分主要刻画了数字 3 上下半包围区域的大小. 对于 Truncated SVD，可以看到，第一个成分反映各数字 3 与平均值的差异，越接近于均值的图片，其第一成分得分越大. 由于 Truncated SVD 的第二和第三成分与主成分分析中第一和第二主成分基本对应，因此所提取的特征相似.

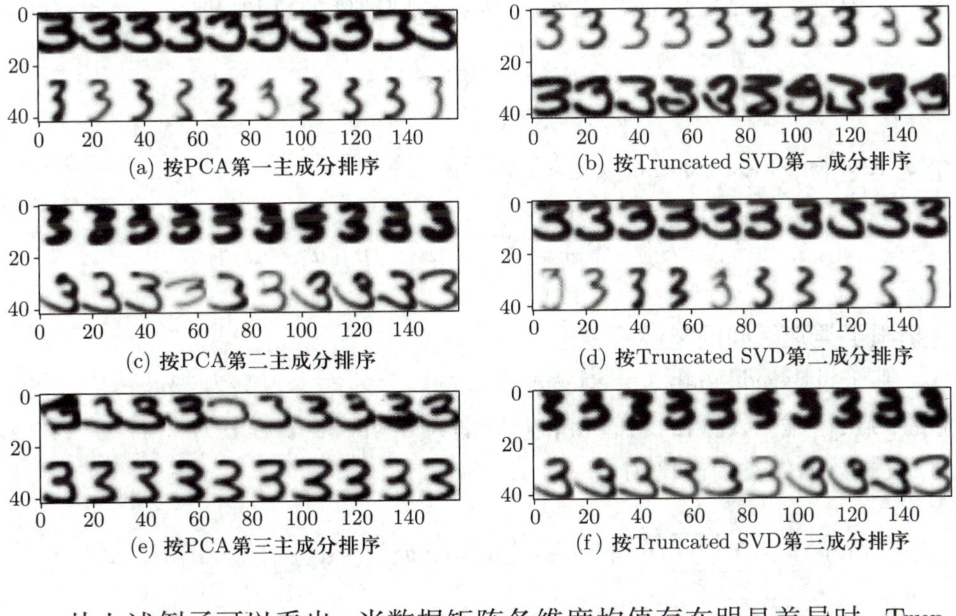

(a) 按PCA第一主成分排序　(b) 按Truncated SVD第一成分排序

(c) 按PCA第二主成分排序　(d) 按Truncated SVD第二成分排序

(e) 按PCA第三主成分排序　(f) 按Truncated SVD第三成分排序

◀ 图 11.5 按各成分值排序前十与后十的数字 3

从上述例子可以看出，当数据矩阵各维度均值存在明显差异时，Truncated SVD 中的成分与主成分分析中的主成分大致存在对应关系. 但需要注意，当数据矩阵各维度均值并不存在明显区别时，二者可能存在较大差异.

经验上而言, 对于稀疏的数据, Truncated SVD 更有效; 对于非稀疏的数据, 主成分分析更有效.

由于方差受到数据的单位和量纲的影响, 一般需要先对各变量进行标准化, 这等价于使用样本相关系数矩阵替代协方差矩阵进行主成分分析.

11.4 费希尔判别分析

费希尔判别分析 (Fisher discriminant analysis, FDA) 由 Fisher (1936) 提出, 是一种经典的有监督线性降维方法 ①.

记样本观测为 $\{\boldsymbol{x}_i\}_{i=1}^n$, 其中 $\boldsymbol{x}_i \in \mathbb{R}^p$, n 为样本量. 假设样本观测分别属于 $c(c \geqslant 2)$ 个类别, 记各类别的样本观测为 $\left\{\boldsymbol{x}_i^{(j)}\right\}_{i=1}^{n_j}$, $\sum_{j=1}^{c} n_j = n$. 各类别的样本均值和散度 (scatter) 分别为

$$\boldsymbol{\mu}_j = \frac{1}{n_j}\sum_{i=1}^{n_j}\boldsymbol{x}_i^{(j)}, \quad \boldsymbol{S}_j = \sum_{i=1}^{n_j}(\boldsymbol{x}_i^{(j)} - \boldsymbol{\mu}_j)(\boldsymbol{x}_i^{(j)} - \boldsymbol{\mu}_j)^{\mathrm{T}},\ j = 1, \cdots, c.$$

总的样本均值和散度分别为

$$\boldsymbol{\mu} = \frac{1}{n}\sum_{j=1}^{c} n_j\boldsymbol{\mu}_j = \frac{1}{n}\sum_{i=1}^{n}\boldsymbol{x}_i, \quad \boldsymbol{S}_{\mathrm{T}} = \sum_{i=1}^{n}(\boldsymbol{x}_i - \boldsymbol{\mu})(\boldsymbol{x}_i - \boldsymbol{\mu})^{\mathrm{T}}.$$

定义类内散度 (within-class scatter) 为各类别散度的总和, 即

$$\boldsymbol{S}_W = \sum_{j=1}^{c}\boldsymbol{S}_j.$$

定义类间散度 (between-class scatter) 为

$$\boldsymbol{S}_B = \boldsymbol{S}_{\mathrm{T}} - \boldsymbol{S}_W = \sum_{j=1}^{c} n_j(\boldsymbol{\mu}_j - \boldsymbol{\mu})(\boldsymbol{\mu}_j - \boldsymbol{\mu})^{\mathrm{T}},$$

它刻画了类别之间的离散程度.

基于投影向量 $\boldsymbol{a}(\in \mathbb{R}^p)$ 对 $\{\boldsymbol{x}_i\}_{i=1}^n$ 投影后的样本观测为 $\{\boldsymbol{a}^{\mathrm{T}}\boldsymbol{x}_i\}_{i=1}^n$. 投影后, 第 i 类样本观测的均值和散度分别为 $\boldsymbol{a}^{\mathrm{T}}\boldsymbol{\mu}_j$ 和 $\boldsymbol{a}^{\mathrm{T}}\boldsymbol{S}_j\boldsymbol{a}$, $j = 1, \cdots, c$. 从而, 投影数据的类内散度为

$$d_W(\boldsymbol{a}) = \sum_{j=1}^{c}\sum_{i=1}^{n_j}(\boldsymbol{a}^{\mathrm{T}}\boldsymbol{x}_i^{(j)} - \boldsymbol{a}^{\mathrm{T}}\boldsymbol{\mu}_j)(\boldsymbol{a}^{\mathrm{T}}\boldsymbol{x}_i^{(j)} - \boldsymbol{a}^{\mathrm{T}}\boldsymbol{\mu}_j)^{\mathrm{T}} = \boldsymbol{a}^{\mathrm{T}}\boldsymbol{S}_W\boldsymbol{a},$$

---

① FDA 也可称为线性判别分析 (linear discriminant analysis, LDA) 或 Fisher LDA (FLDA). 虽然 FDA 与 LDA 功能不同 (FDA 用于特征提取, 而 LDA 用于分类), 但二者是等价的 (Ghojogh et al., 2023, 第 6 章).

投影数据的类间散度为

$$d_B(\boldsymbol{a})=\sum_{j=1}^{c} n_j(\boldsymbol{a}^{\mathrm{T}}\boldsymbol{\mu}_j-\boldsymbol{a}^{\mathrm{T}}\boldsymbol{\mu})(\boldsymbol{a}^{\mathrm{T}}\boldsymbol{\mu}_j-\boldsymbol{a}^{\mathrm{T}}\boldsymbol{\mu})^{\mathrm{T}}=\boldsymbol{a}^{\mathrm{T}}\boldsymbol{S}_B\boldsymbol{a}.$$

我们希望在投影后的空间中，同一个类别的样本观测紧密聚集，而不同类别的样本观测分隔较远. 因此, 投影向量 $\boldsymbol{a}$ 应满足最小化 $d_W(\boldsymbol{a})$ 且最大化 $d_B(\boldsymbol{a})$, 则优化问题的一种表达形式为

$$\max_{\boldsymbol{a}} \frac{d_B(\boldsymbol{a})}{d_W(\boldsymbol{a})}=\max_{\boldsymbol{a}} \frac{\boldsymbol{a}^{\mathrm{T}}\boldsymbol{S}_B\boldsymbol{a}}{\boldsymbol{a}^{\mathrm{T}}\boldsymbol{S}_W\boldsymbol{a}}. \tag{11.6}$$

(11.6)式中的分子和分母都是投影向量 $\boldsymbol{a}$ 的二次项, 对其解作任意的尺度变换也都可以成为(11.6)式的解. 不失一般性, 令 $\boldsymbol{a}^{\mathrm{T}}\boldsymbol{S}_W\boldsymbol{a}=1$, 则优化问题(11.6)转换为①

$$\max_{\boldsymbol{a}} \boldsymbol{a}^{\mathrm{T}}\boldsymbol{S}_B\boldsymbol{a}, \text{ s.t. } \boldsymbol{a}^{\mathrm{T}}\boldsymbol{S}_W\boldsymbol{a}=1. \tag{11.7}$$

对于带约束的优化问题(11.7), 可采用拉格朗日乘子法求解. 记拉格朗日函数为

$$L=\boldsymbol{a}^{\mathrm{T}}\boldsymbol{S}_B\boldsymbol{a}-\lambda(\boldsymbol{a}^{\mathrm{T}}\boldsymbol{S}_W\boldsymbol{a}-1),$$

其中 $\lambda(\geqslant 0)$ 为拉格朗日乘子. 令

$$\frac{\partial L}{\partial \boldsymbol{a}}=2\boldsymbol{S}_B\boldsymbol{a}-2\lambda\boldsymbol{S}_W\boldsymbol{a}=\boldsymbol{0},$$

得到

$$\boldsymbol{S}_B\boldsymbol{a}=\lambda\boldsymbol{S}_W\boldsymbol{a}. \tag{11.8}$$

若 $\boldsymbol{S}_W^{-1}$ 存在, 则(11.8)式等价于

$$\boldsymbol{S}_W^{-1}\boldsymbol{S}_B\boldsymbol{a}=\lambda\boldsymbol{a},$$

从而投影向量 $\boldsymbol{a}$ 应为 $\boldsymbol{S}_W^{-1}\boldsymbol{S}_B$ 最大特征值所对应的特征向量.

可通过对 $\boldsymbol{S}_W$ 作奇异值分解, 获得较为稳定的 $\boldsymbol{S}_W^{-1}$. 若 $\boldsymbol{S}_W^{-1}$ 不存在, 可取投影向量 $\boldsymbol{a}$ 为 $(\boldsymbol{S}_W+\varepsilon\boldsymbol{I})^{-1}\boldsymbol{S}_B$ 最大特征值所对应的特征向量, 其中 ε 是较小的正数, 使得 $\boldsymbol{S}_W+\varepsilon\boldsymbol{I}$ 可逆.

若需要获得 $k(k\geqslant 1)$ 个 p 维投影向量 $\boldsymbol{a}_1,\cdots,\boldsymbol{a}_k$, 记投影向量所构成的矩阵 $\boldsymbol{A}=(\boldsymbol{a}_1,\cdots,\boldsymbol{a}_k)\in\mathbb{R}^{p\times k}$. 与(11.6)式的推导类似, 优化问题应为

$$\max_{\boldsymbol{A}} \operatorname{tr}(\boldsymbol{A}^{\mathrm{T}}\boldsymbol{S}_B\boldsymbol{A}), \text{ s.t. } \operatorname{tr}(\boldsymbol{A}^{\mathrm{T}}\boldsymbol{S}_W\boldsymbol{A})=1. \tag{11.9}$$

① 这一转换可基于对广义瑞利商 (generalized Rayleigh quotient) 的优化结果推导出, 请参看 Ghojogh et al. (2023).

从而, 若 $\boldsymbol{S}_W^{-1}$ 存在, $\boldsymbol{A}$ 的解可以为 $\boldsymbol{S}_W^{-1}\boldsymbol{S}_B$ 的 k 个广义最大特征值对应的特征向量 (Ghojogh et al., 2023, 第 6 章).

注意到, 若类别数量较小, 即 $c < p$ 且 $c < n$, 则有

$$\begin{aligned}\mathrm{rank}(\boldsymbol{S}_W^{-1}\boldsymbol{S}_B) &\leqslant \min\{\mathrm{rank}(\boldsymbol{S}_W^{-1}), \mathrm{rank}(\boldsymbol{S}_B)\} \\ &\leqslant \min\{\min\{p, n-1\}, \min\{p, c-1\}\} \\ &= \min\{p,\ n-1,\ c-1\} = c-1,\end{aligned}$$

其中 $\mathrm{rank}(\cdot)$ 表示求矩阵秩的函数. 因此, $\boldsymbol{S}_W^{-1}\boldsymbol{S}_B$ 至多有 $c-1$ 个有效的广义特征值, 从而有效的投影向量至多为 $c-1$ 个.

为观察费希尔判别分析与主成分分析的关系, 将优化问题(11.9)转换为

$$\max_{\boldsymbol{A}} \mathrm{tr}(\boldsymbol{A}^{\mathrm{T}}(\boldsymbol{S}_T - \boldsymbol{S}_W)\boldsymbol{A}),\ \text{s.t.}\ \mathrm{tr}(\boldsymbol{A}^{\mathrm{T}}\boldsymbol{S}_W\boldsymbol{A}) = 1.$$

或

$$\max_{\boldsymbol{A}} \mathrm{tr}(\boldsymbol{A}^{\mathrm{T}}\boldsymbol{S}_T\boldsymbol{A}),\ \text{s.t.}\ \mathrm{tr}(\boldsymbol{A}^{\mathrm{T}}\boldsymbol{S}_W\boldsymbol{A}) = 1.$$

主成分分析中优化问题(11.3)可表达为

$$\max_{\boldsymbol{A}} \mathrm{tr}(\boldsymbol{A}^{\mathrm{T}}\boldsymbol{S}_T\boldsymbol{A}),\ \text{s.t.}\ \mathrm{tr}(\boldsymbol{A}^{\mathrm{T}}\boldsymbol{A}) = 1.$$

由此可见, 费希尔判别分析与主成分分析的优化目标一致, 但约束条件有所不同. 以二分类问题为例, 费希尔判别分析仅有一个投影向量, 它与主成分分析中的第一主成分可能正交、平行或在二者之间 (见图 11.6).

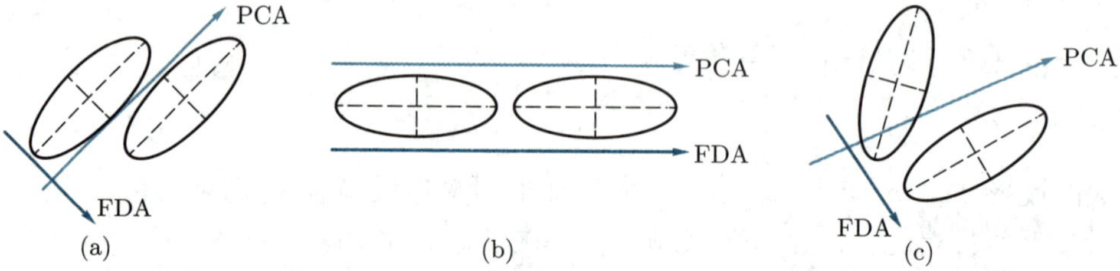

▶ 图 11.6 二分类问题中费希尔判别分析与主成分分析的投影向量对比 (Ghojogh et al., 2023, 第 6 章)

类似于主成分分析, 费希尔判别分析中的散度受到数据的单位和量纲影响, 一般需要先对变量规范化.

11.5 独立成分分析

独立成分分析 (independent component analysis, ICA) 最早源于 20 世纪 80 年代几位法国学者的研究工作, 旨在解决盲源分离问题 (blind source separation, BSS). 例如, 著名的鸡尾酒会问题 (cocktail party problem): 假定鸡尾酒会中有 k 个人在房间的各处独立地同时讲话, 他们的声音混杂着, 由房间中散布着的 k 个麦克风扩散出来. 我们将讲话人的语音称为源信号 (source signals), 将麦克风接收到的混杂语音称为观测信号 (observed signals). 面临的问题是, 根据观测信号, 如何获得源信号, 这就是盲源分离问题.

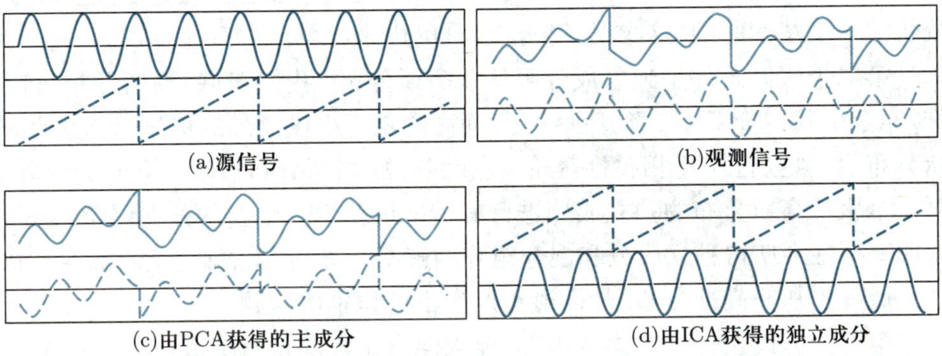

◀ 图 11.7 模拟的例子 (Hastie et al., 2009, 第 14 章)

首先考虑是否可以使用已有的方法, 例如主成分分析, 以解决盲源分离问题. 图 11.7 显示了一个模拟的例子. 图 11.7(a) 是两个真实的源信号, 图 11.7(b) 是源信号混合后输出的观测信号. 图 11.7(c) 是主成分分析的结果, 它只是按照观测信号的方差最大化方向提取特征, 无法分离出源信号. 可以看出, 对于盲源分离问题, 需要发展专门的方法, 这就是本节将要介绍的独立成分分析. 独立成分分析有助于寻找隐含或潜在变量, 也可以用于数据去噪等. 该方法已被成功地应用于图像处理、语音信号处理等领域.

11.5.1 问题与假设条件

以 p 维列向量 $\boldsymbol{s}$ 表示源信号, 称为独立成分 (independent components); 以 p 维列向量 $\boldsymbol{x}$ 表示观测信号. 最简单的情况是假定观测信号是源信号的线性表示, 即

$$\boldsymbol{x} = \boldsymbol{A}\boldsymbol{s}, \tag{11.10}$$

其中, $\boldsymbol{A}$ 是 p 行 p 列的方阵, 称为混合矩阵 (mixing matrix). (11.10)式是标准的线性独立成分分析模型. 可以将它看作一个生成模型, 即认为观测信号是通过源信号混合而生成的. 在这个意义下, $\boldsymbol{s}$ 也称为隐含或潜在变量 (hidden/latent variable), 因为它们无法被直接观测到.

独立成分分析的任务是, 在只知道观测信号 $\boldsymbol{x}$ 的情况下, 求解源信号 $\boldsymbol{s}$ 和混合矩阵 $\boldsymbol{A}$. 显然, 若不对该问题施加约束条件, $\boldsymbol{s}$ 和 $\boldsymbol{A}$ 存在多种可能的

解, 不具有可识别性. 因此, 需要设置一定的假设条件, 限制解的数量. 独立成分分析的假设条件包括三个.

第一个假设条件是各成分之间相互独立, 即源信号 $\boldsymbol{s}$ 的各维度相互独立. 我们知道, 不相关性只规定了随机向量的二阶矩关系, 信息量较少, 对解的约束性太弱, 难以获得唯一解. 而独立性规定了随机向量所有阶矩的关系, 对解形成了强大的约束力, 可以提升 $\boldsymbol{s}$ 与 $\boldsymbol{A}$ 的可识别性. 独立性假定是独立成分分析的一个基本原则, 这也是该方法名称的由来.

第二个假设条件是独立成分服从非高斯分布. 我们知道, 高斯分布很特殊, 完全由其一阶矩和二阶矩所决定, 而高阶矩不提供额外的信息. 在多元高斯分布下, 独立性与不相关性等价. 也就是说, 高斯分布过于"简单". 此外, 对一个服从高斯分布的独立成分进行旋转即可获得一个新的独立成分, 这也表明高斯性会使得独立成分和混合矩阵的解不唯一. 因此, 要求至少 $p-1$ 个独立成分服从非高斯分布, 从而避免产生不可识别的问题.

第三个假设条件针对混合矩阵, 要求混合矩阵满足三项假设:

(1) 混合矩阵是方阵. 这表明, 独立成分的个数等于观测信号的维度.

(2) 混合矩阵可逆. 作这一假设是为了简化运算. 在混合矩阵可逆的假定下, 求混合矩阵就等价于求它的逆矩阵, 则源信号可以通过 $\boldsymbol{s} = \boldsymbol{A}^{-1}\boldsymbol{x}$ 获得. 称 $\boldsymbol{A}$ 的逆矩阵为分离矩阵或解混矩阵 (unmixing matrix).

(3) 混合矩阵为正交矩阵. 如果混合矩阵 $\boldsymbol{A}$ 不是正交矩阵, 那么对于任一正交矩阵 $\boldsymbol{R}_{p\times p}$, 有

$$\boldsymbol{x} = \boldsymbol{A}\boldsymbol{s} = (\boldsymbol{A}\boldsymbol{R}^{\mathrm{T}})(\boldsymbol{R}\,\boldsymbol{s}) = \boldsymbol{A}^{*}\boldsymbol{s}^{*}.$$

所获得的成分 $\boldsymbol{s}^{*}$ 同样满足独立成分的条件, 即独立性和非高斯性. 这又会造成不可识别的问题. 因此，一般要求混合矩阵为正交矩阵.

汇总上述假设条件, 独立成分分析的任务为: 寻找正交矩阵 $\boldsymbol{A}$, 使得成分 $\boldsymbol{s} = \boldsymbol{A}^{\mathrm{T}}\boldsymbol{x}$ 满足独立性和非高斯性.

可以看到, 添加了假设条件的独立成分分析, 仍然存在一些无法确定的因素:

(1) 不能确定独立成分的方差. 例如, 将 $\boldsymbol{s}$ 乘以某个不为 0 的标量 c, 同时对混合矩阵除以 c, 则不影响混合信号的值. 为了避免这个问题, 需要固定独立成分的方差, 可规定 $\boldsymbol{s}$ 的协方差矩阵为单位矩阵.

注11.1 *在实际应用中, 需要先对 $\boldsymbol{x}$ 作白化处理, 使得白化后的 $\boldsymbol{x}$ 期望值为 $\boldsymbol{0}$, 协方差矩阵为单位矩阵.*

(2) 不能确定独立成分的顺序. 注意到 $\boldsymbol{x}$ 的第 j 个元素为 $\sum_{i=1}^{p} a_{ji}\boldsymbol{s}$, 其中 a_{ji} 是 $\boldsymbol{A}$ 第 j 行 i 列的元素 $(i, j = 1, \cdots, p)$. 任意调换求和项顺序并不会影

响独立成分分析模型. 因此, 独立成分没有顺序可言, 可以称任何一个独立成分为“第一独立成分”“第二独立成分”, 等等.

继续来看图 11.7 中模拟的例子. 图 11.7(d) 显示, 独立成分分析可以成功地分离出源信号. 但是, 各独立成分并无顺序, 所以我们无法将分离出的源信号按顺序对应真实的源信号.

11.5.2 FastICA 算法

可以将独立成分分析的任务看作是一个优化问题, 优化目标是估计量尽可能地满足假设条件. 一般有两种优化目标: 第一种优化目标是独立成分距离高斯分布最远; 第二种优化目标是成分的独立性最强. 对于每一种优化目标, 可以提出多个评价指标, 由此发展出了多种估计方法. 下面, 着重介绍基于负熵的 FastICA 算法.

FastICA 算法由 Hyvärinen & Oja (2000) 提出. 该方法是以独立成分距离高斯分布最远作为目标, 采用负熵刻画独立成分与高斯分布的距离.

定义 11.1 记 Z 为服从高斯分布且与独立成分 S 具有相同方差的随机变量, 则独立成分 S 的**负熵** (negentropy) 为

$$J(S) = H(Z) - H(S),$$

其中, $H(\cdot)$ 表示随机变量的熵.

负熵度量了独立成分远离高斯性的程度, 即非高斯性的程度. 负熵越大, 表明独立成分远离高斯分布的程度越大. 在关于熵的理论中有一个重要结论: 在所有具有相同方差的随机变量中, 服从高斯分布的随机变量具有最大的熵. 因此, 负熵只取非负值.

独立成分分析的优化目标应是极大化负熵. 此时, 优化问题面临两个困难. 第一个困难是, 负熵的计算较为复杂. 一种解决思路是, 采用简化的方式近似表达负熵. 早期的研究基于三阶矩和峰度等近似表达负熵, 但这种近似不够稳健. 假定独立成分 S 为零均值且具有单位方差, FastICA 算法所采用的负熵近似表达式为

$$J(S) \approx (E[G(S)] - E[G(Z)])^2,$$

其中, $G(\cdot)$ 为非二次型函数 (non-quadratic function), 实际计算中可选择增长不太快的函数, 以保证稳健性. 较好的两种选择为

$$G(u) = \frac{1}{\alpha}\log\cosh(\alpha u),\ 1 \leqslant \alpha \leqslant 2;\quad G(u) = -\exp(-u^2/2).$$

优化问题面临的第二个困难是优化算法，即如何获得满足优化问题的解. FastICA 采用迭代的方式实现优化. 先考虑一个独立成分 S 的情况. 思路是先求得独立成分 S 对应的投影向量 $\boldsymbol{a}$, 进而通过 $S = \boldsymbol{a}^{\mathrm{T}}\boldsymbol{x}$ 获得独立成分. 注意到, S 的近似负熵的极大值通常在 $E[G(S)]$ 的极值点处取得, 且应满足约束条件 $||\boldsymbol{a}||^2 = 1$. 引入拉格朗日乘子式并令其导数为 0, 得到

$$E[\boldsymbol{x}g(\boldsymbol{a}^{\mathrm{T}}\boldsymbol{x})] - \lambda\boldsymbol{a} = \boldsymbol{0}, \tag{11.11}$$

其中 $g(\cdot)$ 是 $G(\cdot)$ 的一阶导数, λ 为拉格朗日乘子. 可采用牛顿迭代法求解 $\boldsymbol{a}$.

记 $F(\boldsymbol{a}) = E[\boldsymbol{x}g(\boldsymbol{a}^{\mathrm{T}}\boldsymbol{x})] - \lambda\boldsymbol{a}$. 为获得方程 $F(\boldsymbol{a}) = \boldsymbol{0}$ 的解, 牛顿迭代法[①]要求获得 $F(\boldsymbol{a})$ 梯度的逆矩阵. 首先求 $F(\boldsymbol{a})$ 的梯度

$$\frac{\partial F(\boldsymbol{a})}{\partial \boldsymbol{a}} = E[\boldsymbol{x}\boldsymbol{x}^{\mathrm{T}}g'(\boldsymbol{a}^{\mathrm{T}}\boldsymbol{x})] - \lambda\boldsymbol{I},$$

其中 $g'(\cdot)$ 是 $g(\cdot)$ 的一阶导数. 但是, 求解 $\dfrac{\partial F(\boldsymbol{a})}{\partial \boldsymbol{a}}$ 的逆矩阵较为烦琐. 为简化运算, 对 $\dfrac{\partial F(\boldsymbol{a})}{\partial \boldsymbol{a}}$ 的第一项作近似. 由于已经对 $\boldsymbol{x}$ 作白化处理, 从而 $E[\boldsymbol{x}\boldsymbol{x}^{\mathrm{T}}] = \boldsymbol{I}$, 因此有

$$E[\boldsymbol{x}\boldsymbol{x}^{\mathrm{T}}g'(\boldsymbol{a}^{\mathrm{T}}\boldsymbol{x})] \approx E[\boldsymbol{x}\boldsymbol{x}^{\mathrm{T}}]E[g'(\boldsymbol{a}^{\mathrm{T}}\boldsymbol{x})] = E[g'(\boldsymbol{a}^{\mathrm{T}}\boldsymbol{x})]\boldsymbol{I}.$$

这就将 $\dfrac{\partial F(\boldsymbol{a})}{\partial \boldsymbol{a}}$ 的第一项近似为对角矩阵. 从而, 根据牛顿迭代法, 可采用

$$\boldsymbol{a} - \frac{E[\boldsymbol{x}g(\boldsymbol{a}^{\mathrm{T}}\boldsymbol{x})] - \lambda\boldsymbol{a}}{E[g'(\boldsymbol{a}^{\mathrm{T}}\boldsymbol{x})] - \lambda} = \frac{\boldsymbol{a}E[g'(\boldsymbol{a}^{\mathrm{T}}\boldsymbol{x})] - E[\boldsymbol{x}g(\boldsymbol{a}^{\mathrm{T}}\boldsymbol{x})]}{E[g'(\boldsymbol{a}^{\mathrm{T}}\boldsymbol{x})] - \lambda}$$

作为 $\boldsymbol{a}$ 的迭代更新值. 由于 $\boldsymbol{a}$ 必须满足 $||\boldsymbol{a}||^2 = 1$, 因此可以先忽略分母部分, 以 $\tilde{\boldsymbol{a}} = E[\boldsymbol{x}g(\boldsymbol{a}^{\mathrm{T}}\boldsymbol{x})] - E[g'(\boldsymbol{a}^{\mathrm{T}}\boldsymbol{x})]\boldsymbol{a}$ 作为第一步更新值[②], 然后更新 $\boldsymbol{a} = \tilde{\boldsymbol{a}}/||\tilde{\boldsymbol{a}}||$.

对于 k $(2 \leqslant k \leqslant p)$ 个独立成分及其对应的投影向量 $\boldsymbol{a}_1, \cdots, \boldsymbol{a}_k$ 的情况, FastICA 算法提供了两种迭代的策略. 第一种策略是并行迭代, 即在每一轮迭代中对所有投影向量分别进行更新. 需要注意的是, 这些投影向量还需要满足正交性. 因此, 需要在每一轮迭代中再加入一个步骤, 例如通过白化获得正交的投影向量.

第二种策略是依序产生. 当产生投影向量 $\boldsymbol{a}_j$ $(j = 2, \cdots, k)$ 时, 需保证它与前序已经产生的投影向量 $\boldsymbol{a}_1, \cdots, \boldsymbol{a}_{j-1}$ 是正交的, 从而保证 $\boldsymbol{A}$ 为正交矩阵.

---

① 对于标量 v 的方程 $F(v) = 0$, 牛顿迭代法在第 $t+1$ 步的迭代形式为 $v_{t+1} = v_t - \dfrac{F(v_t)}{F'(v_t)}$.

② 这是 Hyvärinen & Oja (2000) 采用的更新值. 实际上, 取其相反数也可以.

按照这一策略, FastICA 算法具体为: 选择初始的权重向量 $\boldsymbol{a}_{j,0}\ (j=1,\cdots,k)$ (例如, 随机产生). 对某一个 $j\ (j=1,\cdots,k)$, 假设经 t 轮迭代获得了 $\boldsymbol{a}_{j,t}$, 执行以下步骤进行新一轮迭代.

步骤 1: $\tilde{\boldsymbol{a}}_{j,t+1}=E[\boldsymbol{x}g(\boldsymbol{a}_{j,t}^{\mathrm{T}}\boldsymbol{x})]-E[g^{'}(\boldsymbol{a}_{j,t}^{\mathrm{T}}\boldsymbol{x})]\boldsymbol{a}_{j,t}$.

步骤 2: $\tilde{\tilde{\boldsymbol{a}}}_{j,t+1}=\begin{cases}\tilde{\boldsymbol{a}}_{j,t+1}, & j=1,\\ \tilde{\boldsymbol{a}}_{j,t+1}-\displaystyle\sum_{k=1}^{j-1}\tilde{\boldsymbol{a}}_{j,t+1}^{\mathrm{T}}\boldsymbol{a}_{k,t+1}\boldsymbol{a}_{k,t+1}, & j>1.\end{cases}$

步骤 3: $\boldsymbol{a}_{j,t+1}=\dfrac{\tilde{\tilde{\boldsymbol{a}}}_{j,t+1}}{||\tilde{\tilde{\boldsymbol{a}}}_{j,t+1}||}$.

继续执行新一轮迭代直至收敛.

11.5.3 互信息极小化

互信息极小化 (minimization of mutual information, MMI) 方法以成分的独立性最强为优化目标. 互信息[①]是度量独立性的指标, 极小化互信息可以尽量减少各独立成分的依赖性. 记源信号向量 $\boldsymbol{s}=(S_1,\cdots,S_p)$ 的联合分布为 $f_{\boldsymbol{s}}(s_1,\cdots,s_p)$, S_j 的边缘分布为 $f_j(s_j)\ (j=1,\cdots,p)$. $\boldsymbol{s}$ 的互信息为

$$I(\boldsymbol{s})=\int\cdots\int f_{\boldsymbol{s}}(s_1,\cdots,s_p)\log\frac{f_{\boldsymbol{s}}(s_1,\cdots,s_p)}{\prod\limits_{j=1}^{p}f_j(s_j)}\mathrm{d}s_1\cdots\mathrm{d}s_p.$$

可将互信息进一步表示为

$$I(\boldsymbol{s})=\sum_{j=1}^{p}H(S_j)-H(\boldsymbol{s})=C-\sum_{j=1}^{p}J(S_j),$$

其中, $H(\cdot)$ 表示熵, $J(\cdot)$ 表示负熵, C 是与混合矩阵 $\boldsymbol{A}$ 无关的常数. 这表明, 极小化互信息等价于极大化负熵. 从这一角度而言, 独立成分距离高斯分布最远的目标与成分的独立性最强的目标具有一定的统一性.

例 11.4 基于例 11.3中已经规范化的图片数据, 采用两个随机数种子, 分别进行两次独立成分分析. 图 11.8 显示了两次独立成分分析的前三个投影向量. 从投影向量的取值来看, 两次独立成分分析结果具有差异性. 根据投影后的成分得分, 按照从大到小的顺序对图片排序, 图 11.9 展示了排序前十 (每张子图的上排) 和后十 (每张子图的下排) 的图片. 可以看到, 两次独立成分分析所获得的成分也有所区别. 这些成分不具有顺序性, 也没有优劣之分, 我们可以根据实际问题的需要, 选择使用感兴趣的成分.

---

① 关于互信息的定义与含义, 请参看 10.3.2 节.

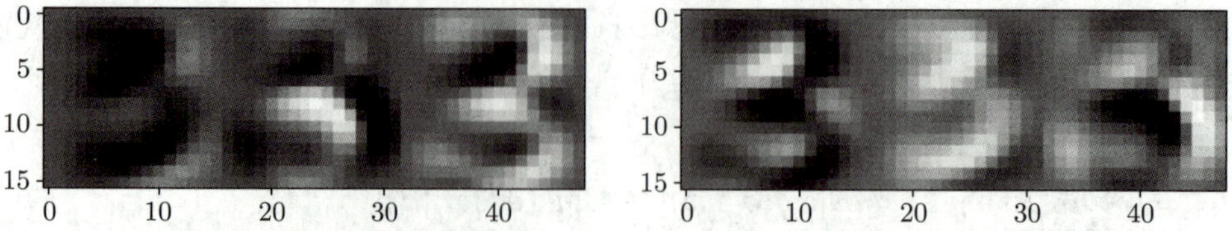

(a) 第一次ICA运行结果　(b) 第二次ICA运行结果

▶ 图 11.8
两次 ICA 前三个成分对应的投影向量

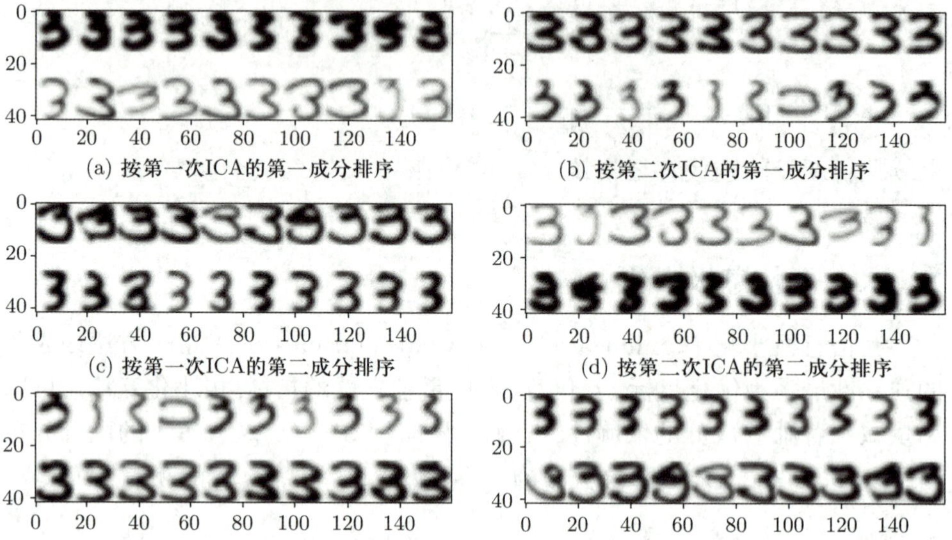

(a) 按第一次ICA的第一成分排序　(b) 按第二次ICA的第一成分排序
(c) 按第一次ICA的第二成分排序　(d) 按第二次ICA的第二成分排序
(e) 按第一次ICA的第三成分排序　(f) 按第二次ICA的第三成分排序

▶ 图 11.9
按 ICA 方法各成分值排序前十与后十的数字 3

11.6 核主成分分析

在一些现实任务中, 可能需要提取高维空间的非线性特征, 因而需要考虑非线性降维. 一种自然的策略是基于核方法, 即对线性降维方法进行核化. 基于主成分分析 (PCA) 进行核化的方法, 称为核主成分分析 (Kernel PCA, 简称为 KPCA), 由 Schölkopf et al. (1997) 提出. 核主成分分析的思想是将原始空间中的样本观测 $\boldsymbol{x}_i$ 作非线性变换 $\phi(\boldsymbol{x}_i)\,(i=1,\cdots,n)$, 然后对变换后的样本观测进行主成分分析.

将变换后的数据矩阵 $\boldsymbol{X}_\phi=(\phi(\boldsymbol{x}_1),\cdots,\phi(\boldsymbol{x}_n))^{\mathrm{T}}$ 中心化, 所得的矩阵记为 $\boldsymbol{W}_\phi=(\boldsymbol{w}_{\phi 1},\cdots,\boldsymbol{w}_{\phi n})^{\mathrm{T}}$. 设 $r\,(r\leqslant\min\{n,p\})$ 为 $\boldsymbol{X}_\phi$ 的秩. 根据 11.3 节, 对 $\boldsymbol{X}_\phi$ 作主成分分析, 则投影向量 $\boldsymbol{a}_j\,(j=1,\cdots,r)$ 满足

$$\boldsymbol{W}_\phi^{\mathrm{T}}\boldsymbol{W}_\phi\boldsymbol{a}_j=\lambda_j\boldsymbol{a}_j, \tag{11.12}$$

其中, λ_j 是对 $\boldsymbol{W}_\phi^{\mathrm{T}}\boldsymbol{W}_\phi$ 作特征值分解并按从大到小排序后的第 j 个特征值, $\boldsymbol{a}_j$ 是 λ_j 对应的特征向量.

但是, 往往难以寻找合适的非线性映射 $\phi(\cdot)$, 因而无法直接求解 (11.12) 式以获得投影向量 $\boldsymbol{a}_j\,(j=1,\cdots,r)$. 此时, 可以考虑核方法, 它采用以核函数替换向量内积的策略, 以避免直接确定 $\phi(\cdot)$. 为此, 首先需要寻找含向量内积且易于求解的表达式. 考虑 $\boldsymbol{\alpha}^j\,(j=1,\cdots,r)$, 列向量 $\boldsymbol{\alpha}^j$ 含有 n 个元素, 取值为 $\alpha_i^j=\dfrac{\boldsymbol{w}_{\phi i}^{\mathrm{T}}\boldsymbol{a}_j}{\lambda_j}\,(i=1,\cdots,n)$. 由(11.12)式可知:

$$\boldsymbol{a}_j=\frac{1}{\lambda_j}\left(\sum_{i=1}^{n}\boldsymbol{w}_{\phi i}\boldsymbol{w}_{\phi i}^{\mathrm{T}}\right)\boldsymbol{a}_j=\sum_{i=1}^{n}\boldsymbol{w}_{\phi i}\frac{\boldsymbol{w}_{\phi i}^{\mathrm{T}}\boldsymbol{a}_j}{\lambda_j}=\sum_{i=1}^{n}\boldsymbol{w}_{\phi i}\alpha_i^j.$$

从而, 有

$$\sum_{s=1}^{n}\boldsymbol{w}_{\phi i}^{\mathrm{T}}\boldsymbol{w}_{\phi s}\alpha_s^j=\boldsymbol{w}_{\phi i}^{\mathrm{T}}\sum_{s=1}^{n}\boldsymbol{w}_{\phi s}\alpha_s^j=\boldsymbol{w}_{\phi i}^{\mathrm{T}}\boldsymbol{a}_j=\lambda_j\alpha_i^j,\ i=1,\cdots,n. \qquad (11.13)$$

(11.13)式左边即含有向量内积 $\boldsymbol{w}_{\phi i}^{\mathrm{T}}\boldsymbol{w}_{\phi s}\,(i,s=1,\cdots,n)$.

对任一样本观测 $\boldsymbol{x}$, 记 $\boldsymbol{x}$ 中心化后的值为 $\boldsymbol{w}$. 采用核方法, 应基于 $\boldsymbol{w}$ 形成核函数 $\kappa(\cdot,\cdot)$, 并以 $\kappa(\cdot,\cdot)$ 替换(11.13)式左边的向量内积. 具体过程是, 假设

$$\kappa(\boldsymbol{w}_i,\boldsymbol{w}_s)=\boldsymbol{w}_{\phi i}^{\mathrm{T}}\boldsymbol{w}_{\phi s},$$

从而由(11.13)式, 有

$$\boldsymbol{K}\boldsymbol{\alpha}^j=\lambda_j\boldsymbol{\alpha}^j,$$

其中 $(\boldsymbol{K})_{is}=\kappa(\boldsymbol{w}_i,\boldsymbol{w}_s)\,(i,s=1,\cdots,n)$. 若核函数已知, 则可获得 $\boldsymbol{K}$, 进而对 $\boldsymbol{K}$ 作特征值分解, 取最大的第 j 个特征值对应的特征向量作为 $\boldsymbol{\alpha}^j\,(j=1,\cdots,r)$.

虽然难以确定投影向量 $\boldsymbol{a}_j\,(j=1,\cdots,r)$, 也无法获得任一样本观测 $\boldsymbol{x}$ 经非线性映射 $\phi(\cdot)$ 变换并中心化后的值 $\boldsymbol{w}_\phi$, 但由 $\boldsymbol{\alpha}^j\,(j=1,\cdots,n)$ 可获得 $\boldsymbol{x}$ 投影后各成分的值, 为

$$\boldsymbol{a}_j^{\mathrm{T}}\boldsymbol{w}_\phi=\sum_{i=1}^{n}\alpha_i^j\boldsymbol{w}_{\phi i}^{\mathrm{T}}\boldsymbol{w}_\phi=\sum_{i=1}^{n}\alpha_i^j\,\kappa(\boldsymbol{w}_i,\boldsymbol{w}),\ j=1,\cdots,r.$$

可以看到, 为获得某一个样本观测的投影成分, 需要对所有用于训练的 n 个样本观测作运算, 因此计算的开销较大.

在核化的方法中, 核函数的选择较为关键. 常用的核函数有高斯径向基函数 ①、多项式函数和 Sigmoid 函数等. 注意, 这些函数都带有参数, 而参数的取值往往对核主成分分析的结果会产生较大的影响, 实际应用中往往需要调参优化.

---

① 4.6.5 节中给出了高斯径向基函数的表达式.

例11.5 基于例 11.3中已经规范化的图片数据, 采用核主成分分析提取特征. 取核函数为高斯径向基函数, 分别取核函数中的参数 γ 为 0.0001 和 0.1. 根据投影后的成分得分从大到小的顺序对图片排序. 图 11.10 展示了部分结果. 每张图的上面一行对应成分得分最大的十张图片, 下面一行对应成分得分最小的十张图片. 本例中, γ=0.0001 时所提取的特征比 γ=0.1 时提取的特征更为明显. 当 γ=0.0001 时, 第一主成分得分越大, 数字 3 的构型越宽阔, 因此, 第一主成分提取了数字 3 的宽窄特征; 第二主成分主要提取了数字 3 的粗细特征; 第三主成分主要刻画了数字 3 上下半包围区域的大小. 这与主成分分析的结果 (图 11.5 中的 (a)、(c)、(e)) 较为相似.

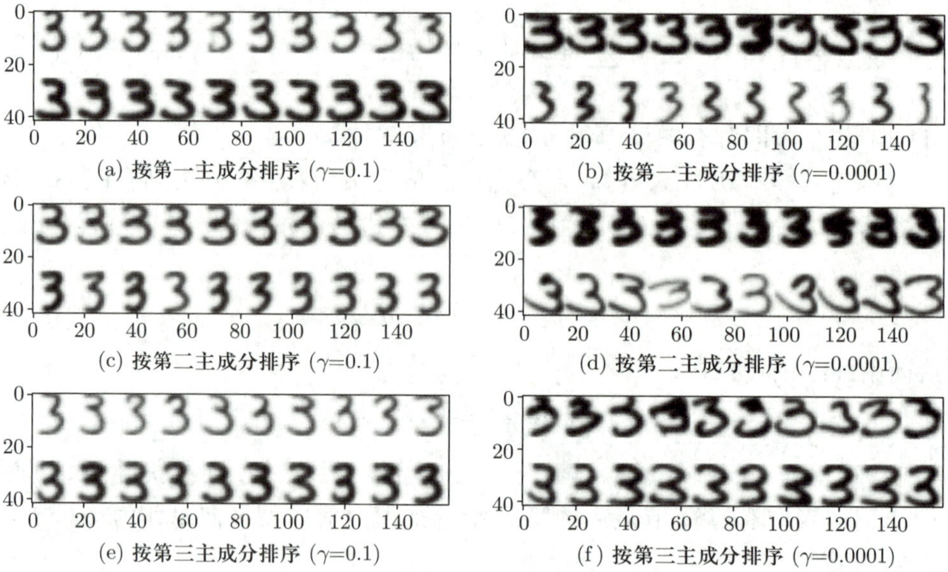

(a) 按第一主成分排序 (γ=0.1)　(b) 按第一主成分排序 (γ=0.0001)

(c) 按第二主成分排序 (γ=0.1)　(d) 按第二主成分排序 (γ=0.0001)

(e) 按第三主成分排序 (γ=0.1)　(f) 按第三主成分排序 (γ=0.0001)

▶ 图 11.10 按核主成分分析各成分值排序前十与后十的数字 3

11.7 多维缩放

多维缩放 (multiple dimensional scaling, MDS) 是一种经典的非线性降维方法. 多维缩放的主要思想是, 希望原始空间中样本观测之间的距离在低维空间中得以保持.

在多维缩放中, 不需要样本观测的取值, 只需要每一对样本观测在原始空间中的距离矩阵 $\boldsymbol{D}$, 其中 $\boldsymbol{D}$ 的第 i 行 j 列元素 dist_{ij} 为样本观测 $\boldsymbol{x}_i$ 与 $\boldsymbol{x}_j$ 的距离, $\boldsymbol{x}_i\,(i=1,\cdots,n)$ 是 p 维列向量. 多维缩放的目标是获得降维后的数据 $\boldsymbol{Z}=(\boldsymbol{z}_1,\cdots,\boldsymbol{z}_n)^{\mathrm{T}}$, 其中 $\boldsymbol{z}_i$ 是 $k\,(k\leqslant p)$ 维列向量. 求解的思路是, 由距离矩阵 $\boldsymbol{D}$ 获得降维后样本的内积矩阵 $\boldsymbol{B}=\boldsymbol{Z}\boldsymbol{Z}^{\mathrm{T}}$, 并通过特征值分解获得 $\boldsymbol{Z}$.

记内积矩阵 $\boldsymbol{B}=\boldsymbol{Z}\boldsymbol{Z}^{\mathrm{T}}$ 中的元素为 $b_{ij}=\boldsymbol{z}_i^{\mathrm{T}}\boldsymbol{z}_j\,(i,j=1,\cdots,n)$. 若采用欧氏距离作为降维后样本观测之间的距离度量, 根据降维前后样本观测距离保持不变的要求, 有

$$\begin{aligned}\mathrm{dist}_{ij}^2&=||\boldsymbol{z}_i-\boldsymbol{z}_j||^2\\&=||\boldsymbol{z}_i||^2+||\boldsymbol{z}_j||^2-2\boldsymbol{z}_i^{\mathrm{T}}\boldsymbol{z}_j\\&=b_{ii}+b_{jj}-2b_{ij},\ \ i,j=1,\cdots,n.\end{aligned}$$

为便于讨论, 设 $\boldsymbol{Z}$ 已被中心化, 即 $\sum\limits_{i=1}^{n}\boldsymbol{z}_i=0$, 从而有 $\sum\limits_{i=1}^{n}b_{ij}=\sum\limits_{j=1}^{n}b_{ij}=0$.

因此,

$$\begin{aligned}&\sum_{i=1}^{n}\mathrm{dist}_{ij}^2=\mathrm{tr}(\boldsymbol{B})+nb_{jj},\\&\sum_{j=1}^{n}\mathrm{dist}_{ij}^2=\mathrm{tr}(\boldsymbol{B})+nb_{ii},\\&\sum_{i=1}^{n}\sum_{j=1}^{n}\mathrm{dist}_{ij}^2=2n\,\mathrm{tr}(\boldsymbol{B}),\end{aligned}$$

其中 $\mathrm{tr}(\cdot)$ 表示矩阵的迹, $\mathrm{tr}(\boldsymbol{B})=\sum\limits_{i=1}^{n}||\boldsymbol{z}_i||^2$. 令

$$\mathrm{dist}_{i\cdot}^2=\frac{1}{n}\sum_{j=1}^{n}\mathrm{dist}_{ij}^2,\ \mathrm{dist}_{\cdot j}^2=\frac{1}{n}\sum_{i=1}^{n}\mathrm{dist}_{ij}^2,\ \mathrm{dist}_{\cdot\cdot}^2=\frac{1}{n^2}\sum_{i=1}^{n}\sum_{j=1}^{n}\mathrm{dist}_{ij}^2,$$

从而有

$$b_{ij}=-\frac{1}{2}(\mathrm{dist}_{ij}^2-\mathrm{dist}_{i\cdot}^2-\mathrm{dist}_{\cdot j}^2+\mathrm{dist}_{\cdot\cdot}^2),\quad i,j=1,\cdots,n.$$

对内积矩阵 $\boldsymbol{B}$ 进行特征值分解:

$$\boldsymbol{B}=\boldsymbol{V}\boldsymbol{\Lambda}\boldsymbol{V}^{\mathrm{T}},$$

其中 $\boldsymbol{\Lambda}=\mathrm{diag}(\lambda_1,\cdots,\lambda_p)$, 特征值 $\lambda_1,\cdots,\lambda_p$ 满足 $\lambda_1\geqslant\lambda_2\geqslant\cdots\geqslant\lambda_p\geqslant0$, $\boldsymbol{V}$ 为特征向量矩阵. 由此得到降维数据 $\boldsymbol{Z}$ 的一种取值为 $\boldsymbol{V}\boldsymbol{\Lambda}^{1/2}$.

在现实应用中, 往往并不取 $\boldsymbol{V}\boldsymbol{\Lambda}^{1/2}(\in\mathbb{R}^{n\times p})$ 作为降维后的样本观测, 因为它不具有降维的效果. 为降低维度, 可以放宽要求, 使得降维前后样本观测间的距离近似相等. 可取上述特征值中最大的 $k(k\leqslant p)$ 个值构成的对角矩阵 $\tilde{\boldsymbol{\Lambda}}=\mathrm{diag}(\lambda_1,\cdots,\lambda_k)$, 令 $\tilde{\boldsymbol{V}}$ 表示 $\lambda_i\,(i=1,\cdots,k)$ 对应的特征向量矩阵, 则降维后的样本观测可表示为

$$\boldsymbol{Z}=\tilde{\boldsymbol{V}}\tilde{\boldsymbol{\Lambda}}^{1/2}\ \in\mathbb{R}^{n\times k}.$$

多维缩放得到的结果是训练样本在低维空间中的坐标. 对于新的样本观测, 如何将其映射到低维空间呢? 常用的解决方案是: 将训练样本的高维空间坐标作为输入, 低维空间坐标作为输出, 训练一个学习器预测新样本观测的低维空间坐标.

多维缩放方法中的一个特例是经典多维缩放 (classical MDS), 它要求在原始高维空间和压缩后的低维空间中都分别采用欧氏距离作为样本观测间距离的度量. 注意到, 采用欧氏距离作为距离的度量, 等价于对降维前后的样本观测分别作中心化处理, 并采用两个样本观测的内积作为二者相似度的度量 (Hastie et al., 2009, 18.5.2 节). 由此, 经典多维缩放问题可以表示为

$$\min_{\boldsymbol{Z}} \quad \left\| \boldsymbol{X}\boldsymbol{X}^{\mathrm{T}} - \boldsymbol{Z}\boldsymbol{Z}^{\mathrm{T}} \right\|_F^2$$

其中, $\boldsymbol{X}_{n\times p}$ 和 $\boldsymbol{Z}_{n\times p}$ 分别表示降维前和降维后已中心化处理的样本矩阵. 通过对比上式和 (11.4) 式可以看出, 从某种意义上, 经典多维缩放等价于主成分分析, 并且由经典多维缩放所得到的降维后的样本观测是原始高维空间中样本观测的线性投影 (Ghojogh et al., 2023, 7.2.1 节).

多维缩放完全依赖于样本观测之间的距离. 若采用的距离 (例如, 欧氏距离) 受到样本观测各维度尺度的影响, 需考虑先对数据规范化.

例11.6 基于例 11.3中已经规范化的图片数据, 应用多维缩放方法提取特征. 采用欧氏距离, 取 $k=3$. 按照降维后的成分得分从大到小的顺序对图片排序, 如图 11.11 所示. 可以看到, 所得到的三个成分大致反映了手写数字 3 的宽窄、粗细, 以及拐弯的弧度等特征.

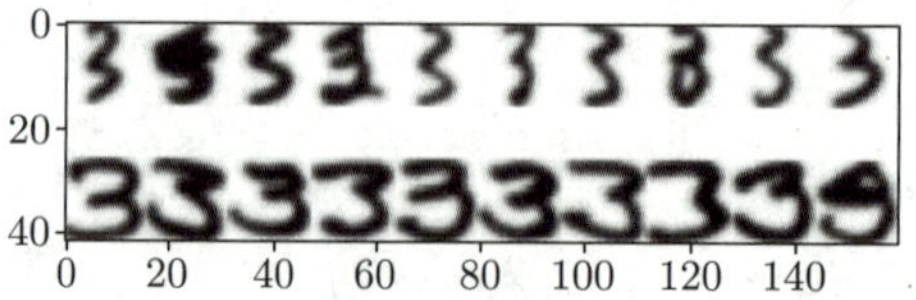

(a) 按第一主成分排序

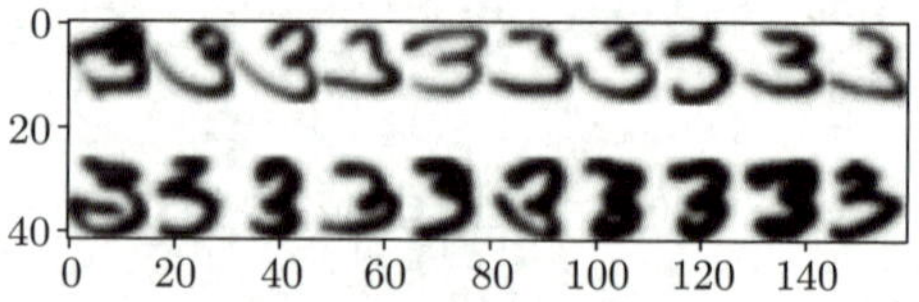

(b) 按第二成分排序

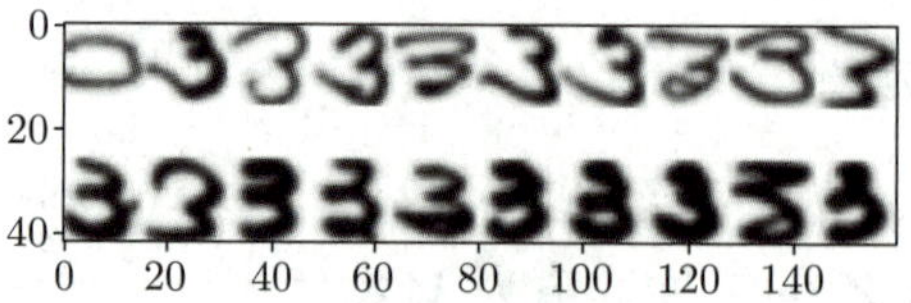

(c) 按第三主成分排序

▶ 图 11.11 按多维缩放各成分值排序前十与后十的数字 3

11.8 等度量映射

等度量映射 (isometric mapping, Isomap) 由 Tenenbaum et al. (2000) 提出. 它沿用多维缩放方法, 但对其中的距离作了修正. 其基本出发点是: 低维

流形嵌入到高维空间之后，在高维空间中计算两点之间的直线距离具有误导性，真实的距离应该是两个点在流形上的距离，称为测地线 (geodesic) 距离. 图 11.12 中的 (a) 图显示，在流形上圈出的两个点不能沿着蓝色虚线到达，而必须沿着流形到达，例如，可以沿着 (a) 图中蓝色的实线到达，在这条实线上两点间的距离即为测地线距离.

如何计算测地线距离呢？由于流形的特点是只在局部区域内欧氏距离有效，因此两个样本观测的测地线距离需要通过多个近邻之间的欧氏距离之和来近似. 具体思路是:

(1) 对每个样本观测，基于欧氏距离找出其近邻点，建立近邻连接图，即在近邻点间建立连接，非近邻点之间不建立连接.

(2) 将测地线距离计算问题转化为求解近邻连接图上两点之间的最短路径问题. 获得最短路径后，将最短路径上各近邻样本观测之间的欧氏距离相加，即可得到近似的测地线距离 (如图 11.12(b) 所示).

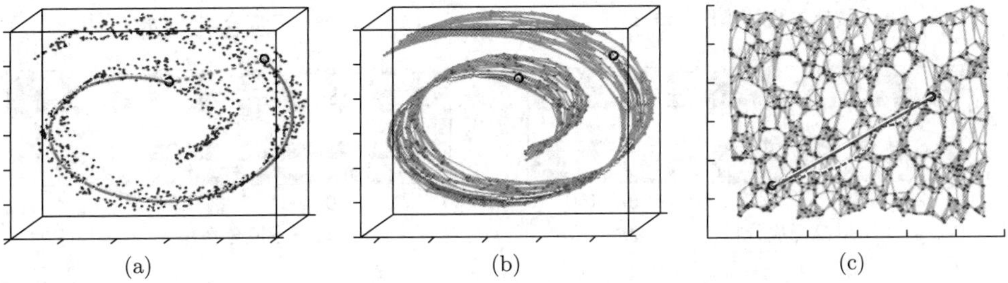

◀ 图 11.12 测地线距离示意图 (Tenenbaum et al., 2000)

图 11.12 中的 (c) 图是将流形拉直后的示意图，灰色线条连接了所有的近邻，形成了近邻连接图. 蓝色线段是测地线. 但是，在近邻连接图中，测地线的两个端点不是近邻关系，不存在连接，因而无法直接以欧氏距离计算长度. 蓝色虚线显示了两个端点之间沿着近邻连接图行走的最短路径. 这条路径中的每两个样本观测之间线段的长度都可由欧氏距离算得，各线段的长度之和即为近似的测地线距离.

需要注意的是，等度量映射依赖于近邻，当近邻的定义不佳时，等度量映射可能会出现问题. 其一是"短路"问题：若近邻范围较大，则距离很远的样本观测可能被误认为近邻，在近邻连接图中建立了错误的连接. 其二是"断路"问题：若近邻范围较小，则近邻连接图中某些区域可能与其他区域不存在连接，从而无法形成通路，也就不能获得测地线距离.

等度量映射方法基于近似的测地线距离，采用多维缩放方法获得样本观测在低维空间中的坐标. 由于等度量映射基于欧氏距离寻找近邻，应用时需注意数据各维度的尺度. 当各维度的尺度存在差异时，应先对数据规范化.

例 11.7　基于例 11.3 中已经规范化的图片数据，采用等度量映射提取特征, 近邻数量 m 分别取为 30 和 100. 根据降维后的成分得分, 按照从大到小的顺序对图片排序, 图 11.13 展示了部分结果. 每张图的上面一行对应成分得分最大的十张图片, 下面一行对应成分得分最小的十张图片. 本例中, 两种近邻数量下所提取的特征基本相同, 大致反映了数字 3 的宽窄构型、线条粗细和拐弯弧度.

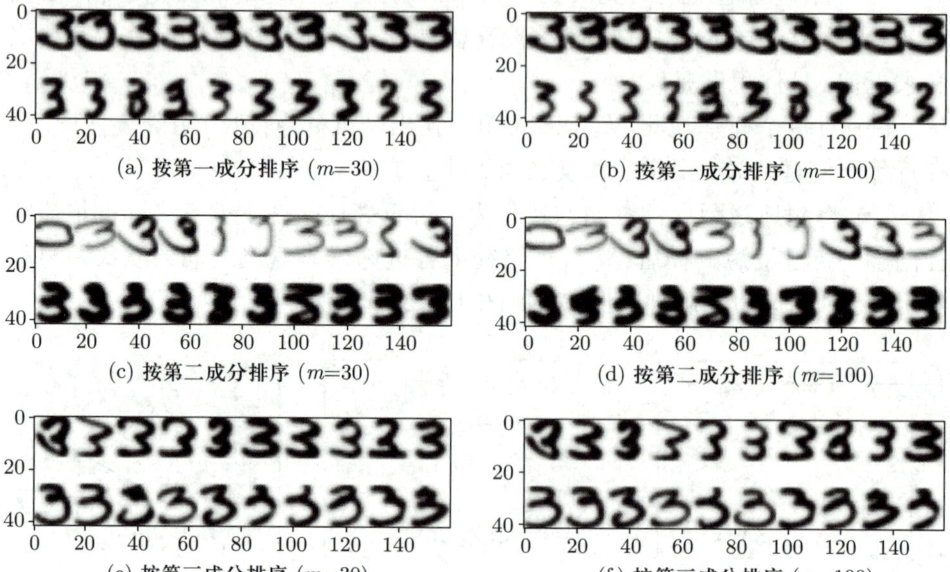

(a) 按第一成分排序 (m=30)　(b) 按第一成分排序 (m=100)

(c) 按第二成分排序 (m=30)　(d) 按第二成分排序 (m=100)

(e) 按第三成分排序 (m=30)　(f) 按第三成分排序 (m=100)

▶ 图 11.13 按等度量映射各成分值排序前十与后十的数字 3

11.9 局部线性嵌入

局部线性嵌入 (locally linear embedding, LLE) 由 Roweis & Saul (2000) 提出. 局部线性嵌入方法的主要思想是: 高维空间中的样本重构关系可以在低维空间中得以保持. 具体而言, 降维前后, 样本观测的近邻保持不变, 并且重构样本观测的线性函数保持不变. 例如, 降维前, 第 i 个样本观测 $\boldsymbol{x}_i$ 可近似通过其三个近邻 $\boldsymbol{x}_j, \boldsymbol{x}_k, \boldsymbol{x}_l$ 的线性组合而得, 即 $\boldsymbol{x}_i \approx w_{ij}\boldsymbol{x}_j + w_{ik}\boldsymbol{x}_k + w_{il}\boldsymbol{x}_l$; 降维后, $\boldsymbol{x}_i, \boldsymbol{x}_j, \boldsymbol{x}_k, \boldsymbol{x}_l$ 分别转换为 $\boldsymbol{z}_i, \boldsymbol{z}_j, \boldsymbol{z}_k, \boldsymbol{z}_l$, 希望它们满足 $\boldsymbol{z}_i \approx w_{ij}\boldsymbol{z}_j + w_{ik}\boldsymbol{z}_k + w_{il}\boldsymbol{z}_l$. 基于以上思路, 局部线性嵌入方法可分为三个步骤:

步骤 1: 确定每一个样本观测的近邻.

步骤 2: 确定线性组合中的系数. 以降维前的样本观测与其近邻的线性组合距离最小为优化目标, 求解获得线性组合中的系数 $\boldsymbol{w}_1, \cdots, \boldsymbol{w}_n$.

步骤 3: 确定降维后的数据值. 以降维后的样本观测与其近邻的线性组合距离最小为优化目标, 求解获得降维后的样本观测 $\boldsymbol{z}_1, \cdots, \boldsymbol{z}_n$.

具体而言, 在第一步中, 为第 i 个样本观测 $\boldsymbol{x}_i$ 找到其近邻, 记它们的下

标集合为 $Q_i\,(i=1,\cdots,n)$. 例如, 设置近邻数量为 k, 计算样本观测 $\boldsymbol{x}$ 与其他样本观测的欧氏距离, 选择距离最小的 k 个样本观测作为 $\boldsymbol{x}$ 的近邻.

第二步, 计算基于近邻中的样本观测对 $\boldsymbol{x}_i$ 进行线性重构的系数 $\boldsymbol{w}_i = (\boldsymbol{w}_{ij})_{j\in Q_i}\,(i=1,\cdots,n)$, 它们是以下带约束优化问题的解:

$$\min_{\boldsymbol{w}_1,\cdots,\boldsymbol{w}_n} \quad \sum_{i=1}^{n} ||\boldsymbol{x}_i - \sum_{j\in Q_i} w_{ij}\boldsymbol{x}_j||^2, \quad \text{s.t.} \quad \sum_{j\in Q_i} w_{ij} = 1.$$

在一定的条件下, $\boldsymbol{w}_1,\cdots,\boldsymbol{w}_n$ 有唯一解, 由拉格朗日乘子法, 可获得它们的表达式 (Soul & Roweis, 2000):

$$w_{ij} = \frac{\sum\limits_{k\in Q_i} C_{jk}^{-1}}{\sum\limits_{l,s\in Q_i} C_{ls}^{-1}},\ j\in Q_i \quad i,j=1,\cdots,n,$$

其中 $C_{jk} = (\boldsymbol{x}_i - \boldsymbol{x}_j)^{\mathrm{T}}(\boldsymbol{x}_i - \boldsymbol{x}_k)$.

第三步中, 假定在降维后的空间中系数 $\boldsymbol{w}_1,\cdots,\boldsymbol{w}_n$ 保持不变, 因此可以通过系数 $\boldsymbol{w}_i$ 近似表达 $\boldsymbol{x}_i$ 对应的低维空间坐标 $\boldsymbol{z}_i\,(i=1,\cdots,n)$. 从而, $\boldsymbol{z}_1,\cdots,\boldsymbol{z}_n$ 应满足:

$$\min_{\boldsymbol{z}_1,\cdots,\boldsymbol{z}_n} \sum_{i=1}^{n} ||\boldsymbol{z}_i - \sum_{j\in Q_i} w_{ij}\boldsymbol{z}_j||^2. \tag{11.14}$$

令 $\boldsymbol{Z} = (\boldsymbol{z}_1,\cdots,\boldsymbol{z}_n)^{\mathrm{T}} \in \mathbb{R}^{n\times k}$, $\boldsymbol{W} \in \mathbb{R}^{n\times n}$ 为 w_{ij} (当 $j\notin Q_i$ 时, $w_{ij}=0, i,j=1,\cdots,n$) 构成的矩阵, $\boldsymbol{M} = (\boldsymbol{I}-\boldsymbol{W})^{\mathrm{T}}(\boldsymbol{I}-\boldsymbol{W})$. 为限制解的数量, 还需要添加一定的约束条件, 结合(11.14)式, 优化问题可表达为

$$\min_{\boldsymbol{Z}}\ \mathrm{tr}(\boldsymbol{Z}^{\mathrm{T}}\boldsymbol{M}\boldsymbol{Z}),\ \text{s.t.}\ \boldsymbol{Z}^{\mathrm{T}}\boldsymbol{Z} = \boldsymbol{I}, \tag{11.15}$$

其中, $\mathrm{tr}(\cdot)$ 表示矩阵的迹. 形式上, 优化问题(11.15)与主成分分析中的优化问题(11.3)很相似, 只是局部线性嵌入的优化目标为最小化, 而非最大化. 设低维空间的维度为 $d\,(d\leqslant p)$, 通过对 $\boldsymbol{M}$ 作特征值分解, 最小的 d 个特征值对应的特征向量组成的矩阵即为 $\boldsymbol{Z}$.

由于局部线性嵌入需要寻找近邻, 应用时需注意数据各维度的尺度差异性对近邻关系的影响, 一般需要先对数据规范化.

例11.8 基于例 11.3中已经规范化的图片数据, 采用局部线性嵌入方法提取特征, 近邻数量 m 分别取为 30 和 100. 根据降维后的成分得分, 按照从大到小的顺序对图片排序. 图 11.14 展示了部分结果. 每张图的上面一行对应成分得分最大的十张图片, 下面一行对应成分得分最小的十张图片.

本例中, 两种近邻数量下都可以提取到明显不同的特征. 相对而言, 当近邻数量为 100 时, 所提取的特征更为明显. 例如, 第一个成分表达了数字 3 的宽窄、粗细以及颜色深浅方面的特征; 第二个成分表达了数字 3 的拐弯弧度与头、尾部长度特征; 第三个成分表达了数字 3 上下两部分开口的俯仰角度.

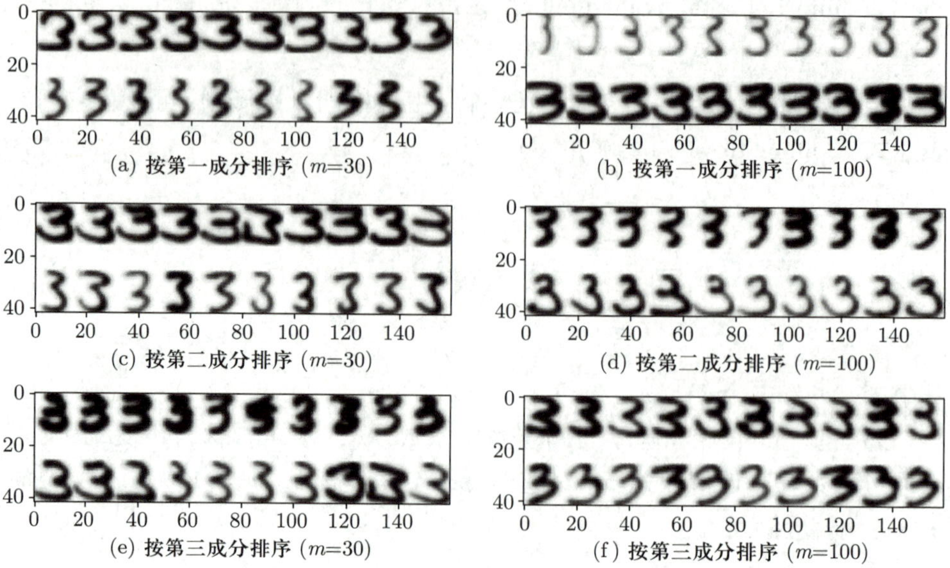

(a) 按第一成分排序 (m=30)　(b) 按第一成分排序 (m=100)

(c) 按第二成分排序 (m=30)　(d) 按第二成分排序 (m=100)

(e) 按第三成分排序 (m=30)　(f) 按第三成分排序 (m=100)

▶ 图 11.14 按局部线性嵌入各成分值排序前十与后十的数字 3

11.10 SNE 与 t-SNE

SNE (stochastic neighbor embedding) 方法和 t-SNE (t-distributed SNE) 方法主要用于可视化所需的降维, 即降为二至三个维度. 两种方法的基本思想是一致的, 即样本观测在原始高维空间中的相似度, 可在降维后的低维空间中得以保持.

t-SNE 是 SNE 的改进版, 性能更好. 下面, 首先介绍 SNE, 其目的是为理解 t-SNE 奠定基础.

11.10.1 SNE

SNE 方法由 Hinton & Roweis (2002) 提出. 在 SNE 中, 需要使用一个重要的指标——相似度. Hinton & Roweis (2002) 认为, 两个样本观测 $\boldsymbol{x}_i$ 与 $\boldsymbol{x}$ 在原始高维空间中的相似度应正比于

$$\exp\left\{-\frac{||\boldsymbol{x}-\boldsymbol{x}_i||^2}{2\sigma_i^2}\right\},$$

其中, σ_i 是待确定的量, 它类似于"窗宽", 在一定程度上反映了样本观测 $\boldsymbol{x}_i$ 的近邻范围. 需要注意, σ_i 与样本观测 $\boldsymbol{x}_i$ 有关, 若 $\sigma_i\,(i=1,\cdots,n)$ 存在差异, 则表明各样本观测的近邻范围有所不同. 可以看到, 该相似度基于样本观测间的距离, 映射函数是高斯分布密度函数; 越接近于 $\boldsymbol{x}_i$ 的样本观测, 与 $\boldsymbol{x}_i$ 的相似度越大.

进一步, 可以通过条件概率刻画样本观测间的相似度:

$$p_{j|i} = \frac{\exp\left\{-\dfrac{||\boldsymbol{x}_j - \boldsymbol{x}_i||^2}{2\sigma_i^2}\right\}}{\displaystyle\sum_{k\neq i}\exp\left\{-\dfrac{||\boldsymbol{x}_k - \boldsymbol{x}_i||^2}{2\sigma_i^2}\right\}}.$$

条件概率 $p_{j|i}$ 以 $\boldsymbol{x}_i$ 为观察点, 刻画了 $\boldsymbol{x}_j$ 与 $\boldsymbol{x}_i$ 经尺度调整后的相似度. 由于不关心样本观测与自身的相似度, 设置 $p_{i|i}=0$.

记给定样本观测 $\boldsymbol{x}_i$ 的条件概率分布函数 $P_i=\{p_{j|i}|j=1,\cdots,n\}$. 定义 P_i 的困惑度 (perplexity) 为

$$Perp(P_i) = 2^{H(P_i)},$$

其中 $H(P_i) = -\sum\limits_j p_{j|i}\log_2 p_{j|i}$, 为 P_i 的熵. 困惑度反映了 P_i 的变异性, 困惑度越大, 表明 P_i 的变异性越强. 根据 P_i 的定义, $\boldsymbol{x}_i$ 的近邻数量会影响 P_i, 从而影响困惑度 $Perp(P_i)$. 具体而言, $\boldsymbol{x}_i$ 的近邻越多, P_i 的变异性往往越大, 从而 $Perp(P_i)$ 越大. 因此, 可以将困惑度看作是有效近邻数的光滑度量.

为获得 σ_i, 可以要求困惑度等于预设值 $Perp_0$, 从而建立关于 σ_i 的方程; 通过二分搜索等方法可获得 σ_i 的 (近似) 解. 困惑度的预设值 $Perp_0$ 可以看作是对有效近邻数的一种判定. 若希望近邻数量更多, 可设置更大的 $Perp_0$, 从而得到更大的 σ_i. van der Maaten & Hinton (2008) 指出, $Perp_0$ 的值对 SNE 的影响不大, 经验取值为 5 至 50.

在降维后的低维空间中, 可类似地通过条件概率刻画样本观测 $\boldsymbol{z}_i$ 与 $\boldsymbol{z}_j$ 的相似度:

$$q_{j|i} = \frac{\exp\{-||\boldsymbol{z}_j - \boldsymbol{z}_i||^2\}}{\displaystyle\sum_{k\neq i}\exp\{-||\boldsymbol{z}_k - \boldsymbol{z}_i||^2\}}.$$

与 $p_{j|i}$ 不同的是, $q_{j|i}$ 中的"窗宽"是一致的 (都取为 1), 也就是说各样本观测在低维空间中的近邻范围大致相当. 同样地, 由于不关心一个样本观测与自身的相似度, 设置 $q_{i|i}=0$. 需要注意的是, 无论是在高维空间还是低维空间中, 所定义的相似度都不具有对称性: $\boldsymbol{x}_i$ 和 $\boldsymbol{x}_j$ 的相似度在 $p_{j|i}$ 和 $p_{i|j}$ 两

种刻画下可能是不同的; $\boldsymbol{z}_i$ 和 $\boldsymbol{z}_j$ 的相似度在 $q_{j|i}$ 和 $q_{i|j}$ 两种刻画下也可能是不同的.

在 SNE 方法中需要考虑的一个重要问题是, 相似度如何在两个空间中得以保持. 为此, 记降维后的样本观测 $\boldsymbol{z}_i$ 的条件概率分布函数 $Q_i = \{q_{j|i} | j = 1, \cdots, n\}$ $(i = 1, \cdots, n)$, 定义代价函数

$$C = \sum_{i=1}^{n} KL(P_i || Q_i),$$

其中 $KL(P_i||Q_i)$ 为 KL 散度 (Kullback-Leibler divergence), 用于刻画两个分布的差异性, 表达式为

$$KL(P_i||Q_i) = \sum_{j \neq i} p_{j|i} \log\left(\frac{p_{j|i}}{q_{j|i}}\right).$$

若希望样本观测之间的相似度在两个空间中得以保持, 就应最小化代价函数 C. Hinton & Roweis (2002) 采用梯度下降法寻找优化解, 并通过模拟退火调整优化过程中的参数.

11.10.2 t-SNE

van der Maaten & Hinton (2008) 指出, SNE 方法存在两个问题:

(1) 拥挤问题 (crowding problem): 在低维空间中, 相对于容纳近距离的样本观测空间而言, 缺乏足够大的空间容纳中等距离的样本观测.

(2) 优化比较困难.

基于此, van der Maaten & Hinton (2008) 提出了 t-SNE, 给出了针对上述问题的解决方案.

首先, 为解决拥挤问题, 在低维相似度刻画中引入具有厚尾特点的自由度为 1 的 t 分布①, 即柯西分布 (Cauchy distribution), 其密度函数为

$$f(t) = \frac{1}{\pi(1+t^2)}, \ t \in (-\infty, \infty).$$

相对于高斯分布而言, 柯西分布使得高维空间中近距离的样本观测在低维空间中被压缩, 给中等距离的样本观测留出空间; 而中等距离的样本观测在低维空间中的距离被放大, 从而与近距离的样本观测予以区分. 在示意图 11.15 中, 虚线和实线分别代表高斯分布和柯西分布下的条件概率分布函数与样本观测间距离的关系. 对于小距离区域, 例如, 在 0 周围的区域, 在相同的距离

① 这是 t-SNE 名称的由来.

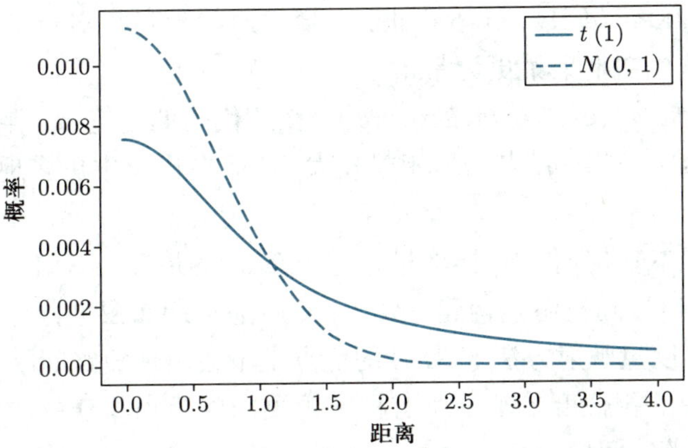

◀ 图 11.15
条件概率分布函数与样本观测间距离的关系

取值下, 柯西分布下的条件概率值小于高斯分布下的条件概率值; 而在距离取值大的区域, 情况正好相反. 这就解决了拥挤问题.

其次, 通过联合概率构造对称的相似度, 以缓解优化困难问题. 在低维空间中，以联合概率构造相似度:

$$q_{ij} = \frac{(1 + ||\boldsymbol{z}_j - \boldsymbol{z}_i||^2)^{-1}}{\sum_{k \neq l}(1 + ||\boldsymbol{z}_k - \boldsymbol{z}_l||^2)^{-1}}, \quad i \neq j.$$

设置 $q_{ii} = 0\,(i = 1, \cdots, n)$, 在高维空间中, 采用另一种形式的联合概率构造相似度:

$$p_{ij} = \frac{p_{j|i} + p_{i|j}}{2n}.$$

它不仅保证相似度具有对称性, 还可以保证任意第 i 个样本观测的边缘概率 $\sum_j p_{ij} > 1/(2n)$, 从而避免因离群值导致其他样本观测的作用过小.

基于高维空间中的联合概率函数 $P = \{p_{ij} \,|\, i, j = 1, \cdots, n\}$ 和低维空间中的联合概率函数 $Q = \{q_{ij} \,|\, i, j = 1, \cdots, n\}$, t-SNE 方法采用代价函数

$$C = KL(P||Q) = \sum_{i=1}^{n} \sum_{j \neq i} p_{ij} \log \frac{p_{ij}}{q_{ij}}.$$

此外, van der Maaten & Hinton (2008) 采用了多种技巧缓解最小化代价函数的困难, 包括:

(1) 引入动量 (momentum). 在梯度下降中采用的迭代更新公式为

$$\mathcal{Y}^{(t)} = \mathcal{Y}^{(t-1)} + \eta \frac{\partial C}{\partial \mathcal{Y}} + \alpha(t)(\mathcal{Y}^{(t-1)} - \mathcal{Y}^{(t-2)}),$$

其中 η 为学习率, $\alpha(t)$ 为动量.

(2) 早期压缩 (early compression). 通过对代价函数实施 L_2 惩罚, 使得样本观测在迭代初期聚集更为紧密.

(3) 早期放大 (early exaggeration). 在迭代初期, 将 p_{ij} 乘以一个较大的数 (例如, 4), 使得 p_{ij} 与 q_{ij} 相差较大, 从而在优化中更多地关注较大的 $p_{ij}\,(i,j=1,\cdots,n)$.

对于大样本数据 (例如, 样本量超过 10000) 的情况, t-SNE 较为耗时. 其解决方案是: 通过随机游走构建近邻图, 然后基于近邻图进行计算和优化.

相对于等度量映射方法, t-SNE 的优点是不会出现短路问题, 因为 t-SNE 在高维空间中的相似度是基于所有样本观测间的距离构建的. 但是, t-SNE 也存在一些缺陷, 例如:

(1) t-SNE 方法不能保证收敛到全局最优解.

(2) t-SNE 的相对局部性使其对数据的本真维度较为敏感.

(3) 当要求的低维空间高于三维时, t-SNE 方法的效果未知.

由于 t-SNE 基于向量内积刻画相似度, 需注意数据各维度的尺度, 可先对数据规范化.

例 11.9 基于例 11.3中已经规范化的图片数据, 采用 t-SNE 提取特征. 困惑度 $Perp_0$ 对 t-SNE 的性能具有一定的影响 (Wattenberg et al., 2016), 本例尝试设置 $Perp_0$ 为 10 和 50, 提取出三维特征. 按照降维后的成分得分从大到小的顺序对图片排序, 如图 11.16 所示. 可以看到, 两次结果存在一定的差异. 这些成分大致反映了手写数字 3 拐弯的弧度、构型的宽窄, 以及头尾部上翘或下弯等特征.

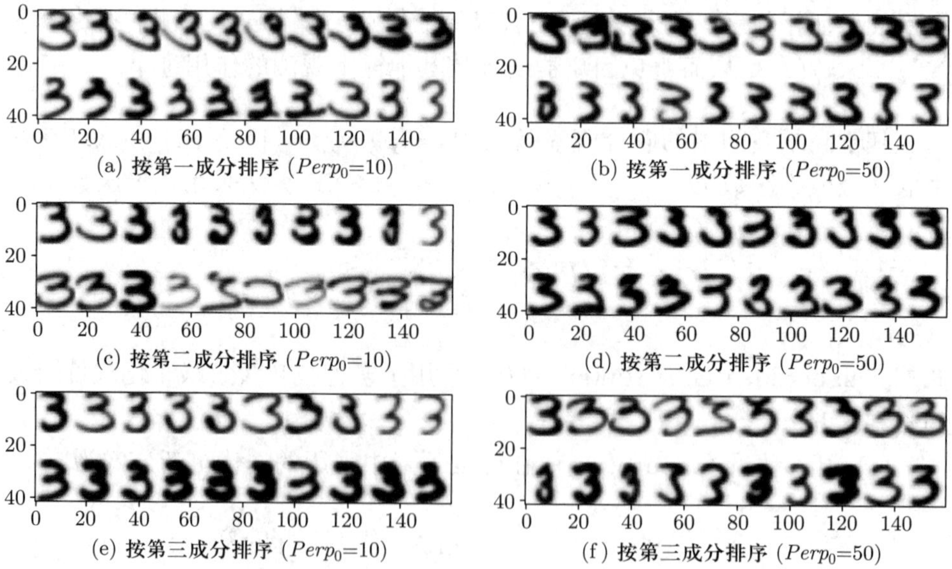

(a) 按第一成分排序 ($Perp_0$=10)　(b) 按第一成分排序 ($Perp_0$=50)

(c) 按第二成分排序 ($Perp_0$=10)　(d) 按第二成分排序 ($Perp_0$=50)

(e) 按第三成分排序 ($Perp_0$=10)　(f) 按第三成分排序 ($Perp_0$=50)

▶ 图 11.16 按 t-SNE 各成分值排序前十与后十的数字 3

11.11 案例分析

读入 scikit-learn 库中 0 至 5 的手写体数字图像, 每张图片为 $8 \times 8 = 64$ 维的灰度数值, 每一维度取值为 0~16. 将所有的图片数据放入 X, 对应的标签 (为 0~5 的数值) 放入 y. 由于各维度的尺度一致, 不需要作规范化处理.

```
digits = datasets.load_digits(n_class=6)
X = digits.data
y = digits.target
```

1. Truncated SVD

由 TruncatedSVD 函数实现. 设置成分数量 n_components=3, 奇异值分解算法 algorithm='arpack'.

```
svd = decomposition.TruncatedSVD(n_components=3, algorithm='arpack')
```

2. 主成分分析

由 PCA 函数实现. 设置主成分数量 n_components=3, 奇异值分解算法 svd_solver='full'.

```
pca=decomposition.PCA(n_components=3, whiten=True, svd_solver='full')
```

3. 费希尔判别分析

由 LinearDiscriminantAnalysis 函数实现. 设置成分数量 n_components=3. 需要注意, 费希尔判别分析是有监督的降维方法, 训练时需要类别信息, 即在 fit 函数中放入 y; 而采用 transform 函数提取特征时, 则不再需要 y.

```
fda = discriminant_analysis.LinearDiscriminantAnalysis(n_components=3)
fda.fit(X, y)
X_fda = fda.transform(X)
```

4. 独立成分分析

由 FastICA 函数实现. 设置成分数量 n_components=3, whiten=True, 随机数种子 random_state=1. 本例中, 负熵近似表达式中的函数 G 取为默认值 'logcosh', 因此未设置参数 fun 的值.

```
ica = decomposition.FastICA(n_components=3, whiten=True, random_state
    =1)
```

5. 核主成分分析

由 KernelPCA 函数实现. 设置主成分数量 n_components=2, 核函数为高斯径向基函数 kernel='rbf', 核函数中的参数 gamma=0.001.

```
X_kpca = decomposition.KernelPCA(n_components=2, kernel='rbf', gamma
    =0.001)
```

6. 多维缩放

由 MDS 函数实现. 设置降维后的维度 n_components=2, 初始值数量 n_init=2, 随机数种子 random_state=1.

```
mds = manifold.MDS(n_components=2, n_init=2, random_state=1)
```

7. 等度量映射

由 Isomap 函数实现. 设置降维后的维度 n_components=2, 近邻数量 n_neighbors=30.

```
X_iso = manifold.Isomap(n_neighbors=30, n_components=2)
```

8. 局部线性嵌入

由 LocallyLinearEmbedding 函数实现. 设置降维后的维度 n_components=2, 近邻数量 n_neighbors=30, 为计算特征向量所需要的随机数种子 random_state=1.

```
lle = manifold.LocallyLinearEmbedding(n_neighbors=30, n_components=2,
    random_state=1)
```

9. t-SNE

由 TSNE 函数实现. 设置降维后的维度 n_components=2, 困惑度 perplexity 取为默认值 30.0, init='pca' (采用主成分分析所产生的主成分作为初始值), 随机数种子 random_state=1.

```
tsne = manifold.TSNE(n_components=2, init='pca', random_state=1)
```

对于上述无监督的特征提取方法, 可以通过 fit 函数拟合和 transform 函数转换, 得到降维后的数据. 例如, 将上述主成分分析模型 pca 作用于数据 X, 可获得降维后的主成分 X_pca.

```
X_pca = pca.fit_transform(X)
```

以降维后的前两维成分分别作为横纵坐标, 将各数字图片作于图 11.17, 每张数字图片以其数字标注, 并通过不同的灰度区分数字. 由于数字图片各维度的均值有所差异, 因此 Truncated SVD 所提取的第一成分 (图 (a) 中的横坐标) 主要是各维度的均值, 它反映了各数字图片的集中趋势, 而非刻画不同数字的特征, 因而难以据此区分各数字图片 (见图 (a)). Truncated SVD 所提取的第二和第三成分与主成分分析所提取的第一和第二成分大致相当, 它们较好地反映了不同数字的特征, 对数字具有较好的区分度 (见图 (b)). 独立成分分析所提取的成分并无顺序之分, 图 (d) 仅展示了其中两个成分的情况, 它们所反映的特征并不够好, 特别是数字 1 与其他数字的混杂度较高, 实际应用中可以多提取一些成分择优选用. 当采用由局部线性嵌入所提取的特征时, 数字图片呈现了较强的线性关系, 这是该方法的独特之处 (见图 (h)). 总体而言, t-SNE 方法所提取的两个维度特征能最好地区分各数字图片, 效果最佳 (见图 (i)); 其次是费希尔判别分析所提取的前两个维度特征, 由于使用了数字类别的信息, 也能较好地分隔不同的数字 (见图 (c)).

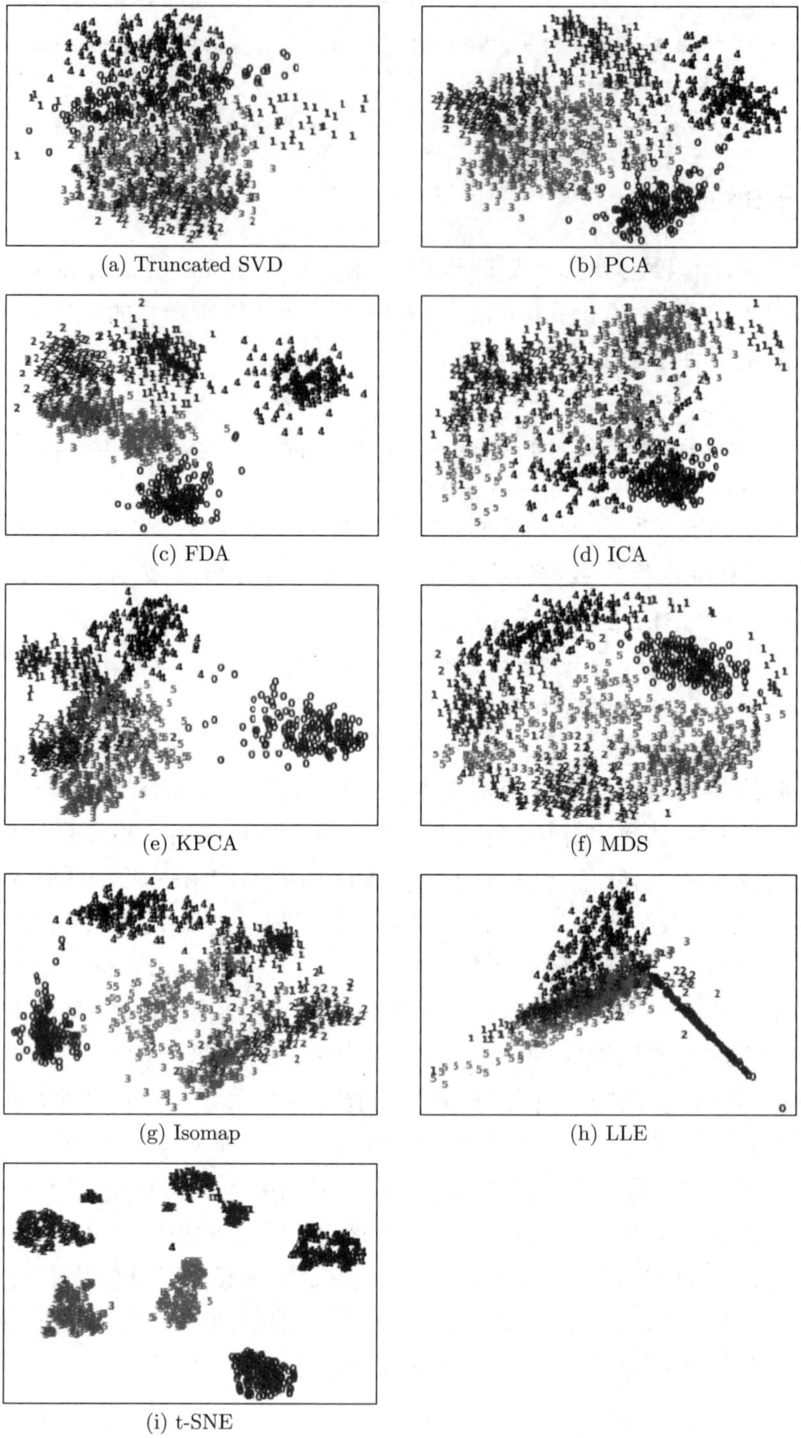

▶ 图 11.17 前两维成分提取的特征

本章小结

1. 思维导图

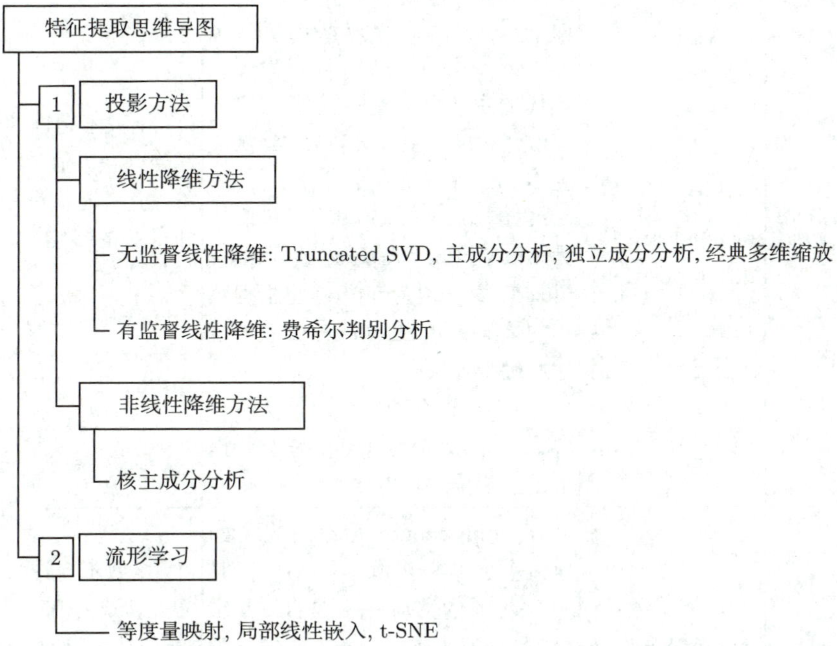

2. Python 函数

表 11.3 列出了特征提取的 Python 函数.

方法	函数名称与所属模块	重要参数	应用提示
Truncated SVD	TruncatedSVD (scikit-learn 库 decomposition)	(1) n_components: 降维后的维度, 即成分数量. 默认值为 2. (2) algorithm: 求解算法. 可取值为 'arpack' 或 'randomized', 默认值为 'randomized'	(1) 函数不允许缺失值, 需处理缺失值. (2) 应考虑变量的单位和量纲的影响, 需对变量规范化. (3) 不建议应用于定性变量

◀ 表 11.3 特征提取的 Python 函数

续表

方法	函数名称与所属模块	重要参数	应用提示
主成分分析	PCA (scikit-learn 库 decomposition)	(1) n_components: 降维后的维度, 即主成分数量. 可以通过与 svd_solver 的取值搭配, 设置为选取最优的主成分数量或达到一定方差解释程度的主成分数量. 默认值为 None, 即取所有主成分. (2) svd_solver: 求解算法. 可取值为 'auto'、'full'、'arpack' 或 'randomized'. 默认值为 'auto', 将根据数据的情况和 n_components 取值自适应确定算法. (3) whiten: 是否白化. 默认值为 False. 若设置为 True, 则对所提取的主成分进行白化	(1) 函数不允许缺失值, 需处理缺失值. (2) 应考虑变量的单位和量纲的影响, 需对变量规范化. (3) 不建议应用于定性变量
费希尔判别分析	LinearDiscriminantAnalysis (scikit-learn 库 discriminant_analysis)	(1) n_components: 降维后的维度, 取值应小于等于 $\min\{c-1, p\}$, 其中 c 是 Y 的类别数, p 是自变量维数. 默认值为 None, 对应于取值为 $\min\{c-1, p\}$. (2) solver: 求解投影向量的方法. 默认值为 'svd', 通过奇异值分解获得投影向量; 若设置为 'eigen', 则通过特征值分解获得投影向量	(1) 函数不允许缺失值, 需处理缺失值. (2) 应考虑变量的单位和量纲的影响, 需对变量规范化. (3) 不建议应用于定性变量
独立成分分析	FastICA (scikit-learn 库 decomposition)	(1) n_components: 降维后的维度, 即成分数量. 默认值为 None, 取所有成分. (2) whiten: 可取值为布尔型, 表示是否白化; 也可取值为 'arbitrary-variance','unit-variance'. 默认值是 'unit-variance', 表示会自动调整白化后的方差, 以使得源信号的方差为 1. (3) fun: 为负熵近似表达式中的函数 G. 默认值为 'logcosh', 还可取为 'exp' 或 'cube', 也可以自定义函数. (4) random_state: 随机数种子, 用于产生投影向量的初始值, 默认值为 None	(1) 函数不允许缺失值, 需处理缺失值. (2) 根据算法的原理, 需要白化, 应避免将 whiten 设置为 False. (3) 不建议应用于定性变量

续表

方法	函数名称与所属模块	重要参数	应用提示
核主成分分析	KernelPCA (scikit-learn 库 decomposition)	(1) n_components: 降维后的维度, 即主成分数量. 默认值为 None, 即取所有主成分. (2) kernel: 核函数, 默认值为 'linear', 线性核函数, 等同于不进行核化. 还可取值为 'poly', 'rbf', 'sigmoid', 'cosine', 'precomputed', 也可自定义核函数. (3) 根据所选用的核函数不同, 其中的参数也有所不同. 例如, 若采用高斯径向基函数 (kernel='rbf'), 应设置 gamma 的值; 若采用多项式核函数 (kernel='poly'), 应设置阶数 degree 和常数项 coef0 的值	(1) 函数不允许缺失值, 需处理缺失值. (2) 应考虑变量的单位和量纲的影响, 需对变量规范化. (3) 不建议应用于定性变量
多维缩放	MDS (scikit-learn 库 manifold)	(1) n_components: 降维后的维度, 默认值为 2. (2) n_init: 初始值数量, 也即解的数量. 将以所有解中的最优值作为最终解. 默认值为 4. (3) random_state: 随机数种子, 默认值为 None	(1) 函数不允许缺失值, 需处理缺失值. (2) 函数不能直接处理定性变量, 需作独热编码. (3) 由于涉及距离运算, 应考虑量纲的影响, 需对变量规范化
等度量映射	Isomap (scikit-learn 库 manifold)	(1) n_components: 降维后的维度, 默认值为 2. (2) n_neighbors: 近邻数量, 默认值为 5. (3) radius: 近邻的半径范围, 默认值为 None. radius 与 n_neighbors 应至少一个取值为 None, 否则会发生冲突	(1) 函数不允许缺失值, 需处理缺失值. (2) 函数不能直接处理定性变量, 需作独热编码. (3) 由于涉及距离运算, 应考虑量纲的影响, 需对变量规范化

方法	函数名称与所属模块	重要参数	应用提示
局部线性嵌入	LocallyLinear Embedding (scikit-learn 库 manifold)	(1) n_components: 降维后的维度, 默认值为 2. (2) n_neighbors: 近邻数量, 默认值为 5. (3) random_state: 随机数种子, 默认值为 None. 当采用 Arpack 算法计算特征向量时, 需要产生随机数, 此时随机数种子会对结果产生影响. Arpack 的计算结果可能不稳定, 建议尝试多个随机数种子验证结果	(1) 函数不允许缺失值, 需处理缺失值. (2) 由于涉及距离运算, 应考虑量纲的影响, 需对变量规范化. (3) 不建议应用于定性变量
t-SNE	TSNE (scikit-learn 库 manifold)	(1) n_components: 降维后的维度, 默认值为 2. (2) perplexity: 困惑度, 默认值为 30. 困惑度必须小于样本量. (3) init: 嵌入空间中的初始值. 默认值为 'pca', 采用主成分分析所产生的主成分作为初始值. 还可取值为 'random'. (4) random_state: 随机数种子, 默认值为 None	(1) 函数不允许缺失值, 需处理缺失值. (2) 函数不能直接处理定性变量, 需作独热编码. (3) 由于涉及相似度运算, 应考虑量纲的影响, 需对变量规范化

3. 延伸阅读

以主成分分析为基础所发展的方法众多, 除了本章所介绍的核主成分分析以外, 还有运行效率更高的 Incremental PCA、使得成分可解释性更强的 Sparse PCA、适用于维数大于样本量场景的 Dual PCA, 以及各种有监督的主成分分析方法等. 可参看 Ghojogh et al. (2023) 第 5 章和 Hastie et al. (2009) 14.5 节.

费希尔判别分析方法也有核化形式, 称为核费希尔判别分析. 基于人脸图片数据, Ghojogh et al. (2023) 第 6 章分别采用费希尔判别分析与核费希尔判别分析提取了特征, 并与主成分分析及核主成分分析的结果进行了对比.

Hastie et al. (2009) 14.7 节提供了独立成分分析的应用实例, 例如, 基于对脑电波测量数据分析大脑各部位对信息的反应. 独立成分分析也被应用于其他方法之中, 例如, ICA-LiNGAM 算法 (Shimizu et al., 2006) 通过独立成分分析求解因果模型中的系数矩阵, 从而确定变量间的因果关系.

在多维缩放中, 可以采用不同的缩放方法, 例如, Kruskal-Shephard 缩放 (Kruskal-Shephard scaling) 和 Sammon 映射 (Sammon mapping). 此外, 通过样本观测内积与欧氏距离的关系, 可以引入核函数, 这就是广义多维缩放 (generalized MDS). 多维缩放方法存在的一个问题是, 在降维后的低维空间中, 样本观测可能无法保持原始空间中的近邻关系. 针对这一问题, 局部多维缩放 (Local MDS) 方法被提出, 它的优化目标由两部分构成: 第一部分针对具有近邻关系的样本观测, 要求它们在降维前后的距离尽量保持不变; 第二部分针对非近邻关系的样本观测, 要求它们降维后的距离大到一定的值. 从而, 局部多维缩放使得样本观测在降维前后具有相似的近邻关系. Hastie et al. (2009) 14.8 节和 14.9 节作了具体介绍.

局部线性嵌入方法假定在观测的特征空间中, 样本观测可以线性重构. 若该假定不满足, 可将样本观测映射到更高维的空间中, 并通过核函数实现, 这就是核局部线性嵌入 (kernel LLE) 的基本思想. 在局部线性嵌入方法中, 系数可以为负数. 为让系数成为权重, 即希望系数为非负, 迭代的局部线性嵌入 (iterative LLE) 被提出. 此外, 在局部线性嵌入方法中, 近邻的确定一般基于欧氏距离. 加权的局部线性嵌入 (weighted LLE) 结合样本观测出现的概率等对欧氏距离加以调整, 从而获得加权情况下的近邻. 进一步, 稳健的局部线性嵌入 (robust LLE)、适用于流数据的增量局部线性嵌入 (incremental LLE)、有监督和半监督的局部线性嵌入等被提出. 可参看 Ghojogh et al. (2023) 第 8 章.

受 t-SNE 方法的启发, 众多高效的特征提取方法被提出. 例如, UMAP 方法 (McInnes et al., 2018) 具有运行速度快, 占用内存小, 能最大程度地保留原始数据的局部特征和全局特征, 受样本数据量的限制较小等优点, 得到了广泛的关注. 可参看 Ghojogh et al. (2023) 第 17 章.

应用特征提取方法时, 应考虑其所适用的变量类型. 例如, 若将 Truncated SVD、(核) 主成分分析、费希尔判别分析、独立成分分析和局部线性嵌入等方法应用于定性变量, 可能无法获得较好的特征提取效果. 有一些专门针对定性变量的特征提取方法, 例如, 多重对应分析 (multiple correspondence analysis, MCA), 可参看 Benzécri (1992).

习题

1. 局部线性嵌入假定在原始空间和降维后空间中, 每个样本观测 (　　).

A. 近邻不变, 线性组合中的系数不变

B. 近邻不变, 线性组合中的系数改变

C. 近邻改变, 线性组合中的系数不变

D. 近邻改变, 线性组合中的系数改变

2. 假定数据集中有四个样本观测 a, b, c 和 d, 其中 a 和 b 是近邻, c 和 d 是近邻, 并且四者之间没有其他近邻关系. 此时, 可以获得 c 与哪些样本观测之间的测地线距离? (　　)

A. 只能获得与 d 的测地线距离

B. 只能获得与 a, b 的测地线距离

C. 可以获得与 a, b, d 的测地线距离

D. 以上都不对

3. 下列关于多维缩放与等度量映射的说法, 错误的一项是 (　　).

A. 二者都属于特征提取方法

B. 二者都不要求样本量大于维度

C. 二者都是基于样本观测之间的某种距离

D. 二者都需要样本观测的近邻关系

4. 某企业打算基于自身产品与市场中其他同类 10 款产品, 分析消费者偏好. 该企业调查了若干位消费者, 每位消费者回答了 11 款产品中每两款产品的相似度. 基于该调查数据, 可以采用 (　　) 提取两个维度的特征, 以可视化形式呈现产品间相似性或差异性, 以及潜在的消费者偏好因素.

A.Truncated SVD

B. 主成分分析

C. 独立成分分析

D. 多维缩放

5. 核主成分分析与主成分分析的联系和区别是什么? 它们分别适用于什么场景?

6. t-SNE 方法中样本观测的近邻是如何定义的? 与局部线性嵌入方法中样本观测的近邻有何区别?

7. 重构误差最小化和最大程度地保持近邻关系都是特征提取的一种优化目标. 试述二者的区别.

8. 本章所介绍的方法中, 哪些方法受到变量尺度的影响, 应如何克服这一问题?

9. 本章所介绍的方法中, 哪些方法可以在训练集中训练, 并将训练结果应用于测试集 (测试集不参与特征提取的训练)? (提示: 在投影方法中, 可将在训练集中所获得的投影向量应用于测试集, 以获取特征.)

10. 针对天猫用户重复购买预测案例, 尝试选择和应用若干特征提取方法, 并评价所提取特征的效果. (提示: 第十二章采用主成分分析和费希尔判别分析提取特征, 读者可参考相关内容.)

参考文献

[1] BENZÉCRI J P. Correspondence Analysis Handbook. New York : Marcel Dekker, 1992.

[2] CHEN L, BUJA A. Local multidimensional scaling for nonlinear dimension reduction, graph drawing, and proximity analysis. Journal of the American Statistical Association, 2009, 104(485): 209–219.

[3] FISHER R A. The use of multiple measurements in taxonomic problems. Annals of Eugenics, 1936, 7(2): 179–188.

[4] GHOJOGH B, CROWLEY M, KARRAY F, et al. Elements of Dimensionality Reduction and Manifold Learning. Cham: Springer, 2023.

[5] GUYON I, WESTON J, BARNHILL S, et al. Gene selection for cancer classification using support vector machines. Machine Learning, 2002, 46: 389–422.

[6] HASTIE T, TIBSHIRANI R, FRIEDMAN J. The Elements of Statistical Learning: Data Mining, Inference, and Prediction. 2nd ed. New York: Springer, 2009.

[7] HINTON G E, ROWEIS S T. Stochastic neighbor embedding. Advances in Neural Information Processing Systems. Cambridge: The MIT Press, 2002, 15: 833–840.

[8] HYVÄRINEN A, OJA E. Independent component analysis: algorithms and applications. Neural Networks, 2000, 13(4-5): 411–430.

[9] MCINNES L, HEALY J, MELVILLE J. UMAP: Uniform manifold approximation and projection for dimension reduction. ArXiv 1802.03426, 2018.

[10] RESHEF D N, RESHEF Y A, FINUCANE H K, et al. Detecting novel associations in large data sets. Science, 2011, 334(6062): 1518–1524.

[11] ROWEIS S T, SAUL L K. Nonlinear dimensionality reduction by locally linear embedding. Science, 2000, 290(5500): 2323–2326.

[12] SAUL L K, ROWEIS S T. An introduction to locally linear embedding. Technical Report, 2000.

[13] SCHÖLKOPF B, SMOLA A, MÜLLER K R. Kernel principal component analysis. Artificial Neural Networks—ICANN′97. Berlin: Springer, 1997.

[14] SHIMIZU S, HOYER P O, HYVÄRINEN A, et al. A linear non-Gaussian acyclic model for causal discovery. Journal of Machine Learning Research, 2006, 7: 2003–2030.

[15] TENENBAUM J B, DE SILVA V, LANGFORD J C. A global geometric framework for nonlinear dimensionality reduction. Science, 2000, 290(5500): 2319–2323.

[16] VAN DER MAATEN L J P, HINTON G E. Visualizing data using t-SNE. Journal of Machine Learning Research, 2008, 9: 2579–2605.

[17] WATTENBERG M, VIÉGAS F, JOHNSON I. How to Use t-SNE Effectively. Distill, 2016, Vol. 1(10). DOI: 10.23915/distill.00002

[18] 吴翌琳, 房祥忠. 大数据探索性分析. 2 版. 北京: 中国人民大学出版社, 2020.

[19] 周志华. 机器学习. 北京: 清华大学出版社, 2016.

第五部分

案例分析

第十二章 天猫用户复购预测案例分析

天猫用户重复购买预测案例来源于阿里云天池的学习赛 ①, 其研究目标是: 预测商家的“双十一”新用户在未来六个月内再次在该商家购物的概率.

12.1 数据理解

该案例提供了四个数据集②, 分别命名为 data_with_label, data_need_prediction, user_info 和 user_log. data_with_label 给出了 260864 位“双十一”新用户的复购信息, 其中的变量 label 表示用户未来六个月内是否复购, 为预测模型的因变量; data_need_prediction 含有 261477 位待预测的新用户, 其中的预测目标变量 prob 为缺失值; user_info 包含了用户的年龄段和性别等基本信息; user_log 记录了用户的行为日志. 表 12.1—表 12.4 列出了各数据集的变量信息, 表 12.5 呈现了各数据集的样本观测数量.

序号	变量名称	变量含义	变量类型	取值 (范围) 及其含义
1	user_id	用户 ID	定类	—
2	merchant_id	商家 ID	定类	—
3	label	六个月内是否复购	定类	0: 否; 1: 是

◀ 表 12.1 数据集 data_with_label 的变量信息

序号	变量名称	变量含义	变量类型	取值 (范围) 及其含义
1	user_id	用户 ID	定类	—
2	merchant_id	商家 ID	定类	—
3	prob	六个月内复购的概率	定量	NaN: 缺失

◀ 表 12.2 数据集 data_need_prediction 的变量信息

① 具体介绍可参看阿里云天池官网相关介绍. 天池平台 (2020) 分析了该案例, 本章参考了其中的分析思路和部分代码.

② 赛题中, 四个数据集的名称分别为 train_format1, test_format1, user_info_format1 和 user_log_format1, 注册比赛后可下载数据集.

▶ 表 12.3 数据集 user_info 的变量信息

序号	变量名称	变量含义	变量类型	取值 (范围) 及其含义
1	user_id	用户 ID	定类	—
2	age_range	用户年龄段	定类	1:[0, 18]; 2:[18, 24]; 3:[25, 29]; 4:[30, 34]; 5:[35, 39]; 6:[40, 49]; 7:[50, 100]; 8:[50, 100]; 0: 未知; NaN: 未知
3	gender	用户性别	定类	0: 女性; 1: 男性; 2: 未知; NaN: 未知

▶ 表 12.4 数据集 user_log 的变量信息

序号	变量名称	变量含义	变量类型	取值 (范围) 及其含义
1	user_id	用户 ID	定类	—
2	item_id	商品 ID	定类	—
3	cat_id	商品所属品类 ID	定类	—
4	seller_id	商家 ID	定类	—
5	brand_id	商品品牌 ID	定类	NaN: 缺失; 其他取值为商品品牌的 ID
6	time_tamp	行为发生时间	定序	0511 至 1112 (格式为 mmdd)
7	action_type	用户行为类型	定类	0: 点击; 1: 加购物车; 2: 购买; 3: 收藏

▶ 表 12.5 各数据集样本观测数量信息

数据集	行数	用户数	商家数	用户–商家组合数
data_with_label	260864	212062	1993	260864
data_need_prediction	261477	212108	1993	261477
user_info	424170	424170	—	—
user_log	54925330	424170	4995	14058666

通过分类汇总, 可进一步了解一些信息, 例如:

(1) 用户数量方面, data_with_label 和 data_need_prediction 的用户数之和恰好等于 user_info 和 user_log 中的用户数, 表明 data_with_label 和 data_need_prediction 不含有重叠的用户.

(2) 商家数量方面, 进一步查询可知, data_with_label 和 data_need_prediction 中各有 1993 个商家, 其中 1992 个商家是相同的. 因此这两个数据集一共涉及 1994 个商家, 这一数量低于 user_log 中的商家数, 这是由于 424170 位用户在 “双十一” 之前的半年时间内在其他商家发生了某种行为.

(3) 用户–商家组合数量方面, 由于一位用户可以在 “双十一” 成为多个商家的新用户, 因此 data_with_label 和 data_need_prediction 中的用户数小于用户–商家组合数.

(4) 商品方面, user_log 中共含有 1090390 件商品, 涉及 1658 个种类和 8443 个品牌 ①.

① 由于变量 brand_id 含有缺失值, 这里的品牌数量根据非缺失的 brand_id 汇总而得.

(5) 用户行为方面, 在 user_log 中, 用户点击行为有 48550713 条, 加购物车 (以下简称为 "加购") 行为有 76750 条, 购买行为有 3292144 条, 收藏行为有 3005723 条. 可以看到, 点击行为是主体, 占比高达 88.39%, 而购买行为仅占 5.99%.

本案例的目标是预测用户的复购情况, 模型训练中所使用的因变量是 data_with_label 中的变量 label, 其分布如表 12.6 所示. label 的取值为 0 或 1, 这决定了预测模型的目标量为二分类. 可以看到, label 取值为 0, 即未在商家复购商品的用户占绝大多数, 呈现类别不平衡.

变量取值	样本量	所占比例
0	244912	93.88%
1	15952	6.12%
合计	260864	100.00%

◀ 表 12.6 数据集 data_with_label 中因变量 label 的分布

由于无法获得数据集 data_need_prediction 中真实的 label, 难以有效评估预测结果, 因此后面忽略该数据集. 我们将通过在 data_with_label 中重复留出的方式评估预测效果.

12.2 数据准备

12.2.1 数据处理方案

在第一章中提到, 数据预处理方案的设计需要综合考虑分析目标、建模方法、数据特点和所使用的软件等.

1. 分析目标

本案例的分析目标是预测天猫 "双十一" 新用户的复购概率. 因此, 我们以基于预测概率的 AUC (area under curve) 作为主要的模型评价指标, 并辅以 ROC 曲线 (receiver operation characteristic curve). 同时考察基于预测类别的指标, 包括混淆矩阵 (confusion matrix)、正确率 (accuracy)、Kappa 系数 (Cohen's Kappa)、查准率 (precision)、查全率 (recall) 和 F1. 这类指标需要设置一个分类临界值, 通过预测概率与分类临界值的比较, 从而获得预测类别. 本案例中, 以 F1 最大为目标搜索分类临界值.

由此, 模型构建的目标是使得 AUC 达到最大、ROC 曲线更靠近左上角, 并希望正确率、Kappa 系数、查准率、查全率和 F1 尽量大.

2. 模型方法

本案例中, 建模的因变量为 label. 前面提到, label 的取值为 0 和 1, 二者分布极不均衡. 结合现实需求, 我们认为, 若将会发生复购的用户错误地预测为不会复购, 可能致使商家错失商机, 造成更大的损失. 因此, 我们界定为类别不平衡问题, 需要进行类别不平衡处理. 本案例中, 我们考虑采用三种代表类别不平衡处理的典型方式:

(1) 采用 LightGBM 算法, 按照类别比例设置样本权重, 使得加权后的样本具有平衡的类别.

(2) 采用 EasyEnsemble 算法, 它是基于欠采样的类别不平衡学习方法.

(3) 采用 k 近邻算法, 它根据局部近邻信息作预测, 对类别不平衡问题不太敏感.

3. 数据特点

这里, 我们仅从数据质量角度考虑数据特点.

(1) 可用性. 建模所需要的数据应是一位用户和一个商家的组合为一行, 但在数据集 user_log 中一位用户和一个商家的组合可能在多行中出现, 需要通过特征衍生获得可用的数据集.

(2) 充分性. 结合数据规模来看, 数据集中的样本量充足, 但自变量过少①, 变量信息不充分.

(3) 完整性. 数据集中, 仅有 age_range、gender 和 brand_id 等三个变量含有缺失值, 缺失比例并不高 (见表 12.7), 完整性较好.

▶ 表 12.7 数据集中的缺失值情况

age_range			gender			brand_id		
变量取值	样本量	比例	变量取值	样本量	比例	变量取值	样本量	比例
NaN	2217	0.52%	NaN	6436	1.52%	NaN	91015	0.17%
0	92914	21.90%	2	10426	2.46%			
合计	95131	22.42%	合计	16862	3.98%	合计	91015	0.17%

a. 表中的比例是指变量取值在原始数据集所有样本观测中所占比例.

b. age_range 取值 0 和 gender 取值 2 都表示 "未知", 在本案例中看作缺失值. 进一步分析发现, age_range 或 gender 有缺失的样本量为 106330, 占比 25.07%; age_range 与 gender 同时缺失的样本量为 5663, 占比 1.34%.

4. 所使用的软件

本案例使用 Python 进行分析, 主要使用 scikit-learn 库, 以及用于类别不平衡学习的 imbalanced-learn 模块和用于模型参数优化的 bayesian-optimiza-

① 原始数据集中仅有 age_range 和 gender 两个自变量.

tion 模块.

基于上述分析, 我们针对各模型方法分别设计数据处理方案, 呈现在附录 A 中. 下面, 详细阐述数据准备阶段的各项处理.

12.2.2 清洗脏数据

下面, 对三个数据集中的数据作初步的清理, 包含对重复值、无效值和错误值的审查和处理.

1. 重复值

这里的重复值是指所有变量取值完全相同的样本观测. 检查发现, 数据集 data_with_label 和 user_info 不含有重复的样本观测, 而 user_log 中含有 13750198 条重复的样本观测. 结合实际问题来看, 一位用户可能在同一天到同一家店铺对同一件商品执行相同的操作, 例如, 重复点击、加购和购买 ①. 因此, 这里的重复值并非冗余, 而是用户正常的重复性操作, 可以反映用户特点和需求, 应予以保留.

2. 冗余值

我们发现 user_info 中 age_range 取值为 7 和 8 对应的年龄段相同, 为取值冗余, 因此将 age_range 的取值 8 更改为 7. 此外, 我们将含义为“未知”的取值作为缺失值, 此时相应的取值冗余, 因此将 age_range 的取值 0 更改为 NaN, 将 gender 的取值 2 更改为 NaN, 表示缺失.

3. 错误值

三个数据集中未含有明显错误值. 需要注意, 读入数据时可能出现变量类型错误. 例如, 读入数据集 user_info 后, 我们发现 age_range 和 gender 的类型为整数或浮点型, 默认情况下会被作为定量变量处理. 为避免后续建模出现错误, 可以将 age_range 和 gender 改为 “category” 类型 ②.

12.2.3 特征衍生

数据集 user_log 记录了用户的行为日志, 其每一行数据对应一位用户在

① 数据集中不含有重复收藏的样本观测.

② age_range 为定序变量, 若希望将其作为定量变量处理, 则无须转换类型; 由于 gender 只有 0 和 1 两个取值, 在某些情况下将 gender 作为定量变量处理是合理的. 但需要注意避免不合理的定量处理, 例如以均值或中位数插补缺失值.

某一时间, 进入某一商家, 对某一商品所进行的点击、加购、购买和收藏等行为, 为预测用户是否复购提供了最主要的信息. 可以看到, 一位用户和一个商家的组合在用户行为日志数据集的许多行中都出现了. 为了作预测, 应将一位用户和一个商家的组合作为一个样本观测, 此时, 需要基于该组合的多行数据信息衍生特征.

注12.1 通常, 应先划分训练集和测试集, 然后在训练集中开展特征衍生等数据处理. 由这一逻辑, 应首先按照用户–商家组合对数据集 data_with_label 划分训练集和测试集, 然后分别针对训练集和测试集中的每一用户–商家组合, 基于数据集 user_log 衍生特征. 但进一步分析发现, 本案例中针对训练集和测试集的特征衍生是独立开展的, 与基于整个数据集 data_with_label 作特征衍生的结果一致, 不涉及采用"未来样本"信息的数据泄露问题. 为方便操作, 我们针对数据集 data_with_label 中的全体用户–商家组合衍生特征, 从而将划分训练集和测试集置于特征衍生之后.

注意到 user_log 中的变量 brand_id 含有缺失值, 我们的处理方式是仅当衍生与品牌相关的特征时, 忽略取值缺失的样本观测 ①.

我们推测, 案例所提供的数据并不一定是用户、商家、商品 (类别/品牌) 的完整信息. 从用户角度而言, 行为日志数据可能未涵盖观察窗口期内用户在所有相关商家中的所有行为记录; 从商家角度而言, 行为日志数据可能未涵盖观察窗口期内商家的所有用户及其所有行为记录; 从商品 (类别/品牌) 角度而言, 行为日志数据可能未涵盖观察窗口期内商品 (类别/品牌) 的所有相关行为记录. 因此, 将案例数据作为样本 (而非总体) 数据是比较恰当的. 此时, 总量特征不一定准确反映需求, 可以在衍生总量特征的同时加入比率等相对量. 考虑到预测目标关注于"购买", 且本案例中的用户一定是有购买行为的, 在预测中所涉及的商家也一定含有购买行为的用户, 因此主要以"购买"的数量 (大于 0) 作为分母衍生相对量, 其值越小表明某种行为转化为购买的可能性越高. 此外, 基于数据发现, 所有商品类别的购买量均大于 0, 同样适用于以"购买"的数量作为分母衍生相对量; 但并非所有商品品牌的购买量大于 0, 因此对品牌的相对量以总量作为分母衍生特征 ②.

本案例中, 我们分别从用户、商家、用户与商家/商品组合等三个角度衍生特征 (见附录 B 中表 12.14—表 12.16).

首先, 从用户角度, 我们设计了"用户行为特征"和"用户时间特征"两个大类共计 70 个特征. 其中, "用户行为特征"刻画了用户各类行为频次、访问内容数量和用户重复购买情况; "用户时间特征"则纳入时间因素反映用户

---

① 需要注意, 这些样本观测应在衍生与品牌无关的特征中使用, 以尽可能多地利用数据信息.

② 仅适用于每一样本观测对应的品牌总量都大于 0 的情况; 若存在某些样本观测对应的品牌总量等于 0, 则不能衍生相对量.

各类行为的活跃情况. 附录 B 中表 12.14 列出了这些特征, 其中大部分特征的含义和界定不难从第三列“变量含义”一栏中解读. 我们对部分特征的界定作如下说明:

(1) 商家数量、商品数量、类别数量和品牌数量不重复计入. 例如, 某位用户在一个商家多次购买了同一件商品, 产生了多条记录, 我们所计入的商家数量、类别数量和品牌数量都只有一个. 需要注意, 用户访问的商家、商品、类别或品牌总量可能小于四种行为对应数量之和. 例如, 一位用户在一个商家同时有点击、加购、购买和收藏行为, 在用户点击的商家数、用户加购的商家数、用户购物的商家数和用户收藏的商家数中都分别计入了该商家, 但在用户访问的商家总量中该商家只计入一次.

(2) 与购买相关的比率是以用户行为数量除以该用户购买行为数量, 例如,

$$\text{点击–购买比率} = \frac{\text{用户点击次数}}{\text{用户购买次数}}.$$

由于用户购买的品牌数量可能为 0, 因此用户访问的商品品牌比率是以用户行为涉及的品牌数量除以该用户访问的品牌总量, 例如,

$$\text{用户点击品牌比率} = \frac{\text{用户点击的品牌数}}{\text{用户访问的品牌总量}}.$$

(3) 我们将用户在一个商家同一天的购买看作一次购买多件商品, 不作为重复购买. 因此, 用户在商家的复购次数仅计入用户在一个商家不同日期的重复购买, 并将用户在所有商家的复购次数相加.

$$\text{用户复购商家数占比} = \frac{\text{用户复购商家数}}{\text{用户购物的商家数}},$$

$$\text{用户复购次数占比} = \frac{\text{用户复购次数}}{\text{用户购买次数}}.$$

(4) “用户活跃天数” 是指自用户首次行为之日至 “双十一” 的天数.

(5) 所有日均值都是相应数值除以 “用户活跃天数”. 例如,

$$\text{用户日均点击次数} = \frac{\text{用户点击次数}}{\text{用户活跃天数}}.$$

其次, 从商家角度, 我们设计了 “商家规模特征”“商家业绩特征” 和 “商家时间特征” 等三个大类共计 44 个特征. 其中, “商家规模特征” 反映商家的商品规模; “商家业绩特征” 反映商家用户数量、各类行为频次和商家用户重复购买情况; “商家时间特征” 结合时间因素反映用户数量与各类行为活跃情况. 附录 B 中表 12.15 列出了这些特征, 我们对其中的几项特征加以说明:

(1) 商家商品信息仅基于用户行为对象商品, 即录入数据集 user_log 中的商品, 不包含商家的其他商品.

(2) 商家各类用户数量不重复计入. 例如, 某位用户在一个商家多次购买了商品, 产生了多条记录, 我们计入购买的用户数量只有一位.

(3) 比率是以商家用户行为数量 (某类行为用户数量) 除以商家用户购买行为数量 (购买用户数量). 例如,

$$\text{商家用户点击-购买比率} = \frac{\text{商家用户点击次数}}{\text{商家用户购买次数}},$$

$$\text{点击的用户-购买比率} = \frac{\text{点击的用户数量}}{\text{购买的用户数量}}.$$

(4) "商家用户复购次数" 仅计入同一位用户在不同日期的重复购买, 并将商家所有用户的复购次数相加. 进一步,

$$\text{商家用户复购占比} = \frac{\text{商家用户复购次数}}{\text{商家用户购买次数}}.$$

(5) "商家用户活跃天数" 是指自商家首位用户①首次行为之日至 "双十一" 的天数.

(6) 商品被用户访问的天数是商家的任一商品被用户访问的天数, 刻画了商家受关注和欢迎的程度. 例如, "商品被购买的天数" 记录了商家产生了商品销售的天数.

(7) 天数占比是所发生的天数除以 "商家用户活跃天数". 例如,

$$\text{商品被购买的天数占比} = \frac{\text{商品被购买的天数}}{\text{商家用户活跃天数}}.$$

(8) 所有日均值和标准差 ② 都是自商家首位用户首次行为之日至 "双十一" 期间, 每日数值的平均值和标准差. 例如, "商家日均购买的用户数量" 等于每日商家购买的用户数量的平均值; 若商家在某一天没有产生商品销售, 则以 0 记录当日购买的用户数量.

最后, 从用户与商家/商品的角度, 我们分别从 "用户与商家" 和 "用户与商品" 两个大类共计 36 个特征 (见附录 B 中表 12.16). 其中, 从 "用户与商家" 维度衍生的特征反映用户在商家的行为与转化购买等信息, 虽然 data_with_label 中的用户都是商家的新用户, 在商家的行为记录较少, 但它们基于用户-商家组合产生, 针对性强. 从 "用户与商品" 维度衍生的特征同样基于用户-商家组合, 反映了某一用户在某一商家购买的所有商品的属性, 例如, 用户购买的商品被复购的频次更高, 那么用户在未来六个月内复购的可能性也许更大. 需要说明的是, 用户可能在商家购买了多件商品, 我们将多件商品的特征值加总作为衍生的特征值, 用户所购买的商品越多, 这些特征

① 这里的首位用户是指在数据集 user_log 中出现的商家首位用户.

② 标准差刻画了每日数值的波动性. 这是一个尝试性的衍生特征, 仅针对购买的行为, 未对点击、加购和收藏行为衍生相应标准差.

值可能越大. 由于部分样本观测的“商品品牌行为总人次”为 0, 因此未衍生品牌的相对量特征.

综上, 从三个角度一共衍生了 150 个特征, 均为定量特征. 特征的冗余性是需要考虑的一个因素. 因此, 计算特征之间的相关性, 发现皮尔逊线性相关系数绝对值大于 0.7 的特征对占比为 5.53%, 大于 0.9 的特征对占比为 2.15%. 可见, 高度相关的特征并不多, 特征的冗余情况并不严重.

除了衍生一阶特征, 还可以衍生二阶或更高阶特征①. 本案例中, 考虑到衍生的一阶特征较多, 并结合后续模型的特点, 例如, 以决策树为个体学习器的模型本身具有特征交叉功能, 以及 k 近邻算法面临“维数灾难”问题, 因此未衍生二阶或更高阶特征.

12.2.4 划分训练集和测试集

本案例中, 按照数据集 data_with_label 中的全体用户–商家组合划分训练集和测试集. 将因变量 label 放入数据集 y; 将所衍生的 150 个特征, 以及 user_info 中的 age_range 和 gender, 共计 152 个自变量放入数据集 X. 下面, 基于 X 和 y 划分训练集和测试集.

首先, 制定抽样方案. 注意到这里的样本观测不含有时序关系, 即已观测和待预测的样本观测处于相同时间段内, 因此不按照时间划分训练集和测试集, 而应通过随机抽样产生. 此外, 考虑到存在类别不平衡问题, 为使得训练集和测试集中不平衡程度相当, 按照 y 中 label 取值分层进行分层抽样. 最后, 为客观评价模型效果, 采用重复留出法, 这里分别以随机数种子 1 和 1000 进行两次训练集和测试集划分.

根据抽样方案, 每一次划分时, 我们从 X 和 y 中分层随机抽取 70% 的样本观测作为训练集, 剩余 30% 的样本观测作为测试集, 所得到的训练集样本量为 182604, 测试集样本量为 78260.

12.2.5 特征提取

基于训练集中所衍生的 150 个定量特征, 分别尝试采用主成分分析和费希尔判别分析提取特征.

在主成分分析中, 设置所选取的主成分数量为主成分所解释的方差占比不低于 80%, 运行结果显示前 17 个主成分入选作为提取的特征, 分别命名为

① 所衍生的一阶特征均为定量变量, 可以将两个特征相乘获得二阶特征; 用户的 age_range 和 gender 也是建模的自变量, 可用于衍生二阶特征, 比较简单的方式是对 age_range 和 gender 作独热编码, 然后将独热编码变量与其他特征相乘得到二阶特征.

“pca1” 至 “pca17”.

由于费希尔判别分析所提取的特征数量至多为因变量的类别数减 1, 因此只能提取一个特征, 命名为 “fda”.

12.2.6 特征选择

LightGBM 以具有特征选择功能的决策树为个体学习器, 并且运行速度快, 因此无须在数据准备阶段进行特征选择.

对于 EasyEnsemble 和 k 近邻算法, 过高的维度导致计算耗时较长; 另一方面, 过高的维度可能降低 k 近邻算法的精度. 因此, 针对 EasyEnsemble 和 k 近邻算法, 考虑在数据准备阶段开展特征选择. 基于时效性和精度的考虑, 我们尝试选取 20 个特征. 为兼顾运算效率和精度, 我们采用由单一模型筛选特征的方法, 其中的模型采用 XGBoost (设置各类别的权重与样本量成反比).

12.2.7 规范化

本案例中, 有多处涉及数据规范化, 包括:

(1) 特征选择中的 XGBoost 模型要求对定性变量作独热编码. 在独热编码中, 我们将缺失值作为一个类别, 从而同时处理了缺失值 ①.

(2) 由于主成分分析和费希尔判别分析对变量尺度敏感, 因此需要对定量变量标准化.

(3) 由于 k 近邻算法对变量尺度敏感, 因此进行 0–1 规范化②. 为避免离群值的过度影响, 规范化的转换中实施截尾, 即强制验证集和测试集数据的规范化取值落入 $[0,1]$.

12.2.8 缺失值处理

数据集 user_log 中变量 brand_id 的缺失值会对特征衍生产生直接的影响. brand_id 是品牌编号, 对这类编号值难以作有效的插补, 因此采用 “删除” 的处理方式, 即当衍生与品牌相关的特征时, 忽略 brand_id 缺失的样本观测.

数据集 user_info 中 age_range 和 gender 含有缺失值. 由于 age_range 和 gender 是模型中的自变量, 因此其缺失值会对模型产生直接的影响. 由

---

① 这里的缺失值处理针对 EasyEnsemble 和 k 近邻算法的要求, 并非 XGBoost 模型的要求, 因为 XGBoost 允许缺失值.

② 在 k 近邻算法中, 通常需要考虑定性和定量变量在距离运算中的尺度一致性问题. 但本案例中, 在 k 近邻算法之前作了特征选择, 同一个定性变量衍生的多个虚拟变量同时入选的数量较少, 因此暂未考虑这一问题.

于 LightGBM 允许缺失值, 因此不必考虑缺失值处理. 而 EasyEnsemble 和 k 近邻算法都不允许缺失值, 需要在建模前进行缺失值处理. age_range 和 gender 是用户的固有属性, 二者之间无必然联系, 且难以从问题背景确定它们与其他自变量 (所衍生的特征) 的关联性, 因此难以实施有效的插补. 注意到, EasyEnsemble 和 k 近邻算法都要求对定性变量作独热编码, 可以将缺失值作为一个新类别. 由第一章中的案例分析可以看出, 将缺失值作为一个新类别不失为一种简单有效的处理方法, 本案例中也采用该方法.

12.3 模型构建与主要结果

在模型构建中, 我们通过贝叶斯优化获得关键参数的最优值, 并设置了部分参数值 (见表 12.8), 其余参数则采用相应函数中的默认值. 在贝叶斯优化中, 设置参数组合的搜索次数为 20 次, 每一次搜索基于二折交叉验证, 每一折中按照设置的管道训练数据预处理方法和模型 (作为示例, 图 12.1 给出了 k 近邻算法中的管道). 基于训练集所得到的贝叶斯优化结果列于表 12.9 中. 采用最优的参数基于训练集训练模型, 并由测试集评价模型效果, 表 12.10 和图 12.2(a) 分别展示了评价指标和 ROC 图.

表 12.10 和图 12.2(a) 是基于随机数种子为 1 所划分的训练集和测试集结果. 若以 1000 为随机数种子划分训练集和测试集, 仍然基于训练集进行训练, 并由测试集评价模型效果, 结果如表 12.11 和图 12.2(b) 所示. 计算表 12.10 和表 12.11 中相应指标的平均值, 得到最终的模型效果评价, 展示在表 12.12 中.

模型 (函数)	待优化参数与搜索范围	设置的参数值
LightGBM (LGBMClassifier)	min_child_weight: (0.12, 200) n_estimators: (10, 300)	class_weight={0: 0.06, 1: 0.94} learning_rate=0.05 random_state=1
EasyEnsemble (EasyEnsembleClassifi	n_estimators: (20, 500)	random_state=1
k 近邻 (KNeighborsClassifier)	n_neighbors: (3, 500)	weights='distance'

◀ 表 12.8
模型参数设置

模型	参数名称	参数最优值	
		第一次划分	第二次划分
LightGBM	min_child_weight	59.24	142.86
	n_estimators	141	269
EasyEnsemble	n_estimators	418	499
k 近邻	n_neighbors	401	313

◀ 表 12.9
两次训练集/测试集划分下的最优模型参数值

▶ 表 12.10
基于测试集评价模型效果 (以随机数种子为 1 划分数据集)

模型	AUC	混淆矩阵	正确率	Kappa 系数	查准率	查全率	F1
LightGBM	0.6838	64661 8813 3190 1596	0.8466	0.1378	0.1533	0.3335	0.2101
EasyEnsemble	0.6691	63936 9538 3234 1552	0.8368	0.1204	0.1399	0.3243	0.1955
k 近邻	0.6387	62988 10486 3388 1398	0.8227	0.0882	0.1176	0.2921	0.1677

三个模型的分类临界值分别为 0.63, 0.56 和 0.09; 混淆矩阵的两行分别对应真实类别为 0 和 1 的样本量, 两列分别对应预测类别为 0 和 1 的样本量 (下同).

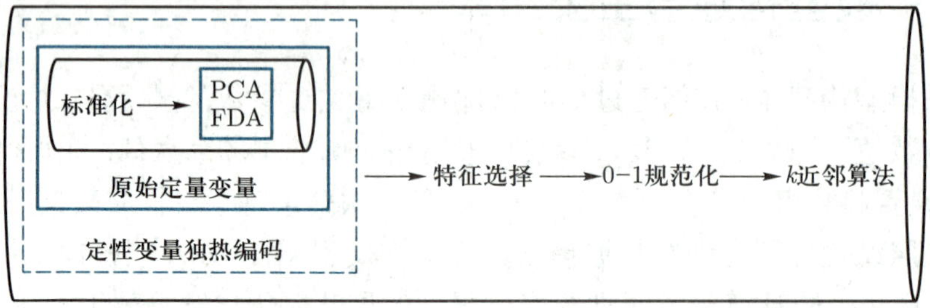

▶ 图 12.1
k 近邻算法每一折中的管道示意图: 黑色圆柱体为管道 (采用 Pipeline 函数), 蓝色矩形为特征合并 (采用 FeatureUnion 函数), 蓝色虚线矩形表示对变量分类处理 (采用 ColumnTransformer 函数)

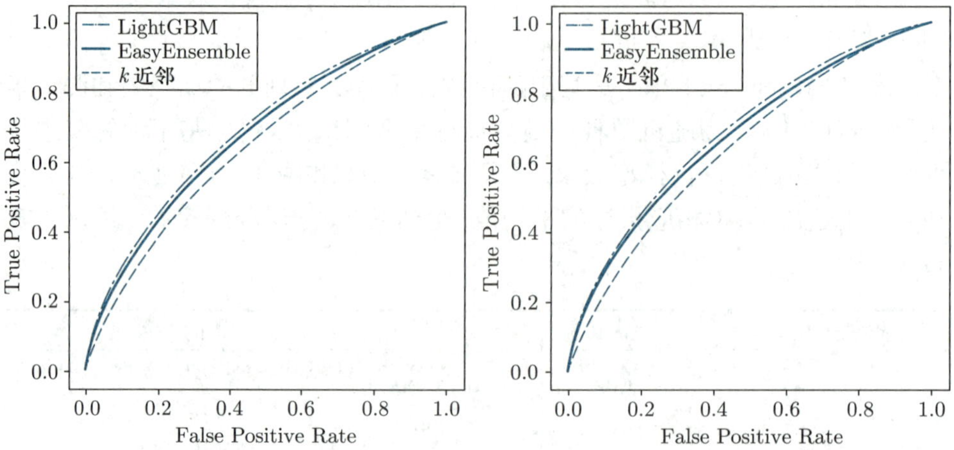

(a) 第一次数据划分结果　(b) 第二次数据划分结果

▶ 图 12.2
两次数据划分下的 ROC 图

▶ 表 12.11
基于测试集评价模型效果 (以随机数种子为 1000 划分数据集)

模型	AUC	混淆矩阵	正确率	Kappa 系数	查准率	查全率	F1
LightGBM	0.6858	65517 7957 3292 1494	0.8563	0.1401	0.1581	0.3122	0.2099
EasyEnsemble	0.6688	62237 11237 3060 1726	0.8173	0.1155	0.1331	0.3606	0.1945
k 近邻	0.6392	58880 14594 3008 1778	0.7751	0.0811	0.1086	0.3715	0.1681

三个模型的分类临界值分别为 0.64, 0.55 和 0.08.

模型	AUC	正确率	Kappa 系数	查准率	查全率	F1	训练时长/s
LightGBM	0.6848	0.8514	0.1389	0.1557	0.3228	0.2100	73
EasyEnsemble	0.6677	0.8313	0.1197	0.1387	0.3356	0.1958	2963
k 近邻	0.6507	0.8046	0.1005	0.1228	0.3544	0.1822	844

贝叶斯优化单次搜索时长平均值是在一组参数组合下的运行时长平均值. 在一组参数组合下实施二折交叉验证, 每一折的训练包含数据预处理和模型构建.

◀ 表 12.12 由重复留出法所得的评价指标与贝叶斯优化单次搜索时长平均值

12.4 结论与反思

从模型效果而言, 三个模型差异不大, LightGBM 略优于其他两个模型. 从运行时长和数据处理的简便性而言, LightGBM 优于其他两个模型. 因此, 我们选择 LightGBM, 基于全体数据集, 通过贝叶斯优化, 得到参数优化值为: min_child_weight=129.9, n_estimators=200. 采用最优参数组合, 基于全体数据集训练 LightGBM, 得到变量的相对重要性, 表 12.13 展示了排名前 20 位的变量. 结果表明, 除提取的费希尔判别分析和主成分分析特征外, 复购占比、用户活跃天数和年龄段、商家规模和加购相对量、商品点击和收藏相对量, 以及商品类别收藏相对量等可能是影响用户复购的关键因素.

序号	变量名称	变量含义	变量相对重要性
1	fda	费希尔判别分析提取的特征	0.052864
2	pca11	主成分分析第 11 个主成分	0.022288
3	cat_purchase_repeat_ratio	重复购买类别占比	0.020630
4	pca10	主成分分析第 10 个主成分	0.019525
5	item_purchase_repeat_ratio	重复购买商品占比	0.018972
6	user_time_range	用户活跃天数	0.017130
7	cat_add_purchase	类别加购–购买比率	0.015657
8	seller_purchase_repeat_ratio	商家用户复购次数占比	0.015104
9	seller_item	商家商品数	0.014736
10	age_range	年龄段	0.014736
11	seller_add_ratio	商品被加购的天数占比	0.014551
12	seller_add_purchase	商家用户加购–购买比率	0.014551
13	seller_cat	商家商品数	0.014183
14	seller_total_user_purchase	商家用户总量–购买比率	0.013999
15	pca16	主成分分析第 16 个主成分	0.013446
16	item_click_purchase	商品点击–购买比率	0.013446
17	item_collect_purchase	商品收藏–购买比率	0.013078
18	cat_collect_purchase	类别收藏–购买比率	0.012894
19	seller_user_repeat_ratio	商家复购用户数占比	0.012525
20	pca9	主成分分析第 9 个主成分	0.012157

◀ 表 12.13 LightGBM 中变量相对重要性排名前 20 的特征

可以看到, 三个模型的 AUC 都位于 (0.6, 0.7), 表明模型效果较差; 它们的 Kappa 系数均小于 0.2, 表明模型有较小的作用. 其原因包含多种可能, 一方面来源于问题本身的挑战性, 即用户是否复购实际上由很多因素经由复杂的决策过程所决定, 使得预测非常困难; 另一方面, 由于赛题信息的限制, 无法获取总体的信息, 以及其他可能影响用户复购的关键因素 (例如, 平台和商家的促销活动), 因而难以作出有效的预测.

我们意识到, 本案例的数据处理可能并不完整, 也并非最优. 基于目前的赛题信息, 若想要进一步提升预测效果, 可能需要另辟蹊径衍生更有效的特征, 以及在类别不平衡问题处理上多下功夫 [①]. 感兴趣的读者可以尝试其他数据处理方案.

参考文献

天池平台. 阿里云天池大赛赛题解析——机器学习篇. 北京: 电子工业出版社. 2020.

附录 A　数据处理流程示意图

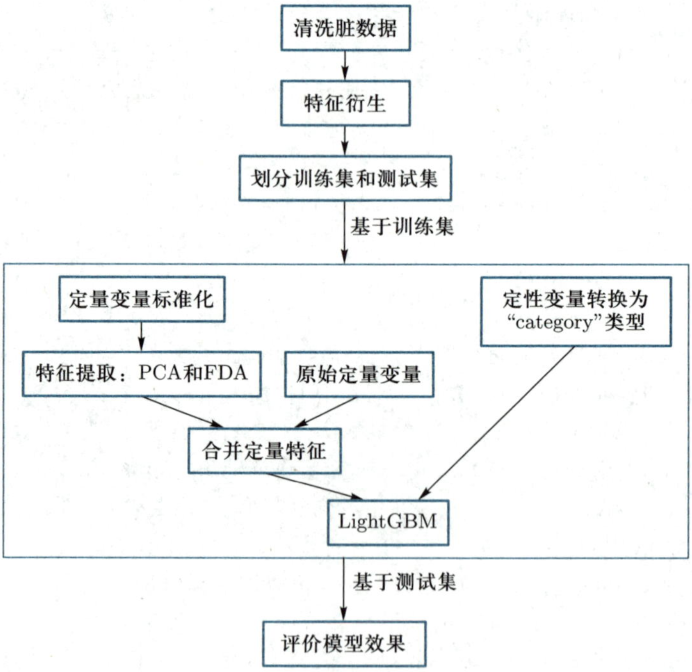

▶ 图 12.3
基于 LightGBM 的数据处理流程示意图

① 我们尝试过其他的调参方案, 以及对案例中的模型进行集成, 但都无法大幅提升预测效果.

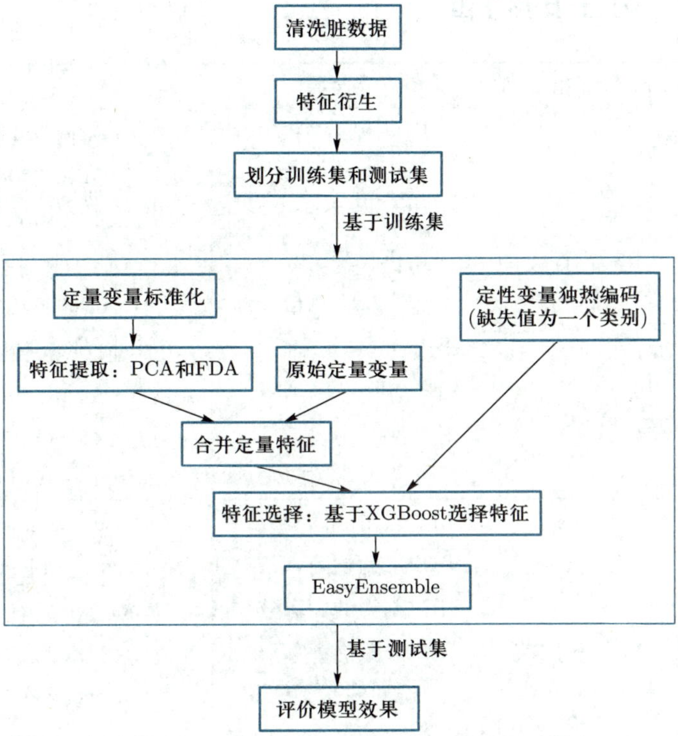

◀ 图 12.4 基于 EasyEnsemble 的数据处理流程示意图

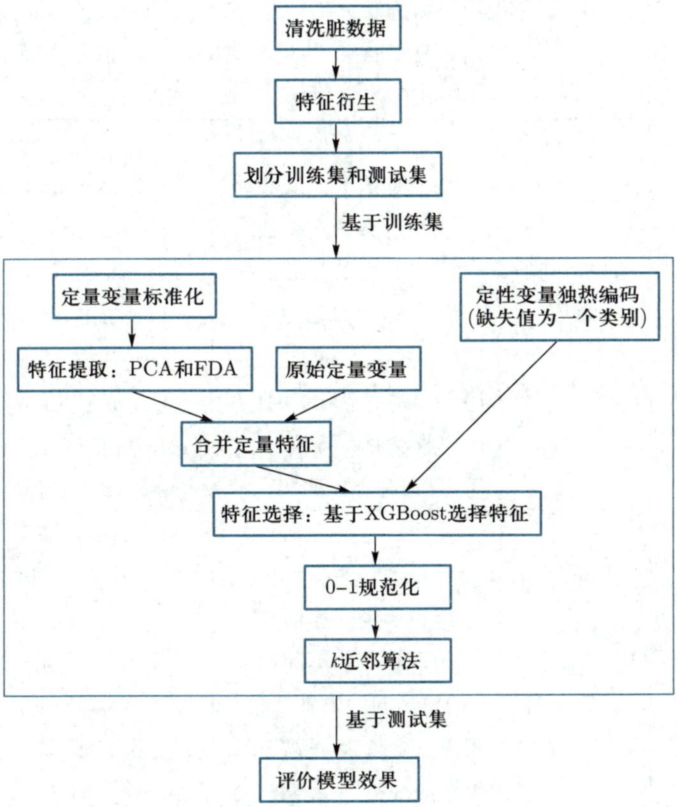

◀ 图 12.5 基于 k 近邻算法的数据处理流程示意图

附录 B　衍生的特征

▶ 表 12.14 从用户角度衍生的特征

一级指标	二级指标	变量含义	变量名称
用户行为特征	用户各类行为	用户点击次数	user_click
		用户加购次数	user_add
		用户购买次数	user_purchase
		用户收藏次数	user_collect
		用户行为总量	user_actions
		用户点击-购买比率	user_click_purchase
		用户加购-购买比率	user_add_purchase
		用户收藏-购买比率	user_collect_purchase
		用户行为总量-购买比率	user_actions_purchase
	用户访问的商家	用户点击的商家数	user_click_seller
		用户加购的商家数	user_add_seller
		用户购物的商家数	user_purchase_seller
		用户收藏的商家数	user_collect_seller
		用户访问的商家总量	user_total_seller
		用户点击商家-购买比率	user_click_seller_purchase
		用户加购商家-购买比率	user_add_seller_purchase
		用户收藏商家-购买比率	user_collect_seller_purchase
		用户访问商家-购买比率	user_total_seller_purchase
	用户访问的商品	用户点击的商品数	user_click_item
		用户加购的商品数	user_add_item
		用户购买的商品数	user_purchase_item
		用户收藏的商品数	user_collect_item
		用户访问的商品总量	user_total_item
		用户点击商品-购买比率	user_click_item_purchase
		用户加购商品-购买比率	user_add_item_purchase
		用户收藏商品-购买比率	user_collect_item_purchase
		用户访问商品-购买比率	user_total_item_purchase
	用户访问的商品类别	用户点击的类别数	user_click_cat
		用户加购的类别数	user_add_cat
		用户购买的类别数	user_purchase_cat
		用户收藏的类别数	user_collect_cat
		用户访问的类别总量	user_total_cat
		用户点击类别-购买比率	user_click_cat_purchase
		用户加购类别-购买比率	user_add_cat_purchase

续表

一级指标	二级指标	变量含义	变量名称
用户行为特征	用户访问的商品类别	用户收藏类别-购买比率	user_collect_cat_purchase
		用户访问类别-购买比率	user_total_cat_purchase
	用户访问的商品品牌	用户点击的品牌数	user_click_brand
		用户加购的品牌数	user_add_brand
		用户购买的品牌数	user_purchase_brand
		用户收藏的品牌数	user_collect_brand
		用户访问的品牌总量	user_total_brand
		用户点击品牌比率	user_click_brand_ratio
		用户加购品牌比率	user_add_brand_ratio
		用户收藏品牌比率	user_collect_brand_ratio
		用户访问品牌比率	user_total_brand_ratio
	用户购买重复性	用户复购商家数	user_seller_repeat
		用户复购商家数占比	user_seller_repeat_ratio
		用户复购次数	user_purchase_repeat
		用户复购次数占比	user_purchase_repeat_ratio
用户时间特征	用户活跃天数	用户活跃天数	user_time_range
	用户日均各类行为次数	用户日均点击次数	user_click_perday
		用户日均加购次数	user_add_perday
		用户日均购买次数	user_purchase_perday
		用户日均收藏次数	user_collect_perday
	用户日均访问的商家数量	用户日均点击的商家数	user_click_seller_perday
		用户日均加购的商家数	user_add_seller_perday
		用户日均购物的商家数	user_purchase_seller_perday
		用户日均收藏的商家数	user_collect_seller_perday
	用户日均访问的商品数量	用户日均点击的商品数	user_click_item_perday
		用户日均加购的商品数	user_add_item_perday
		用户日均购买的商品数	user_purchase_item_perday
		用户日均收藏的商品数	user_collect_item_perday
	用户日均访问的类别数量	用户日均点击的类别数	user_click_cat_perday
		用户日均加购的类别数	user_add_cat_perday
		用户日均购买的类别数	user_purchase_cat_perday
		用户日均收藏的类别数	user_collect_cat_perday
	用户日均访问的品牌数量	用户日均点击的品牌数	user_click_brand_perday
		用户日均加购的品牌数	user_add_brand_perday

续表

一级指标	二级指标	变量含义	变量名称
用户时间特征	用户日均访问的品牌数量	用户日均购买的品牌数	user_purchase_brand_perday
		用户日均收藏的品牌数	user_collect_brand_perday

一级指标	二级指标	变量含义	变量名称
商家规模特征	商家商品信息	商家商品数	seller_item
		商家商品类别数	seller_cat
		商家商品品牌数	seller_brand
商家业绩特征	商家用户行为	商家用户点击次数	seller_click
		商家用户加购次数	seller_add
		商家用户购买次数	seller_purchase
		商家用户收藏次数	seller_collect
		商家用户行为总量	seller_actions
		商家用户点击-购买比率	seller_click_purchase
		商家用户加购-购买比率	seller_add_purchase
		商家用户收藏-购买比率	seller_collect_purchase
		商家用户行为-购买比率	seller_actions_purchase
	商家各类用户	点击的用户数量	seller_click_user
		加购的用户数量	seller_add_user
		购买的用户数量	seller_purchase_user
		收藏的用户数量	seller_collect_user
		商家用户总量	seller_total_user
		点击的用户-购买比率	seller_click_user_purchase
		加购的用户-购买比率	seller_add_user_purchase
		收藏的用户-购买比率	seller_collect_user_purchase
		商家用户总量-购买比率	seller_total_user_purchase
	商家用户购买重复性	商家复购用户数	seller_user_repeat
		商家复购用户数占比	seller_user_repeat_ratio
		商家用户复购次数	seller_purchase_repeat
		商家用户复购次数占比	seller_purchase_repeat_ratio
商家时间特征	商家用户活跃天数	商家用户活跃天数	seller_time_range
	商品被购买的时间特征	商品被购买的天数	seller_purchase_days
		商品被购买的天数占比	seller_purchase_ratio
		商家用户日均购买次数	seller_purchase_mean

▶ 表 12.15
从商家角度衍生的特征

续表

一级指标	二级指标	变量含义	变量名称
商家时间特征	商品被购买的时间特征	每日用户购买次数标准差	seller_purchase_std
		日均购物的用户数量	seller_purchase_user_mean
		每日购物的用户数量标准差	seller_purchase_user_std
	商品被点击的时间特征	商品被点击的天数	seller_click_days
		商品被点击的天数占比	seller_click_ratio
		商家用户日均点击次数	seller_click_mean
		商家日均点击的用户数量	seller_click_user_mean
	商品被加购的时间特征	商品被加购的天数	seller_add_days
		商品被加购的天数占比	seller_add_ratio
		商家用户日均加购次数	seller_add_mean
		商家日均加购的用户数量	seller_add_user_mean
	商品被收藏的时间特征	商品被收藏的天数	seller_collect_days
		商品被收藏的天数占比	seller_collect_ratio
		商家用户日均收藏次数	seller_collect_mean
		商家日均收藏的用户数量	seller_collect_user_mean

一级指标	二级指标	变量含义	变量名称
用户与商家	用户在商家的行为	用户在商家的点击次数	user_seller_click
		用户在商家的加购次数	user_seller_add
		用户在商家的购买次数	user_seller_purchase
		用户在商家的收藏次数	user_seller_collect
		用户在商家的行为总量	user_seller_actions
		用户在商家点击–购买比率	user_seller_click_purchase
		用户在商家加购–购买比率	user_seller_add_purchase
		用户在商家收藏–购买比率	user_seller_collect_purchase
		用户在商家行为–购买比率	user_seller_actions_purchase
用户与商品	用户购买的商品特征	点击商品的人次	item_click
		加购商品的人次	item_add
		购买商品的人次	item_purchase
		收藏商品的人次	item_collect
		购买商品的用户数量	item_purchase_user
		重复购买商品的人次	item_purchase_repeat
		商品点击–购买比率	item_click_purchase

◀ 表 12.16
从用户与商家/商品角度衍生的特征

续表

一级指标	二级指标	变量含义	变量名称
用户与商品	用户购买的商品特征	商品加购–购买比率	item_add_purchase
		商品收藏–购买比率	item_collect_purchase
		重复购买商品占比	item_purchase_repeat_ratio
	用户购买的商品类别特征	点击商品类别的人次	cat_click
		加购商品类别的人次	cat_add
		购买商品类别的人次	cat_purchase
		收藏商品类别的人次	cat_collect
		购买商品类别的用户数量	cat_purchase_user
		重复购买商品类别的人次	cat_purchase_repeat
		类别点击–购买比率	cat_click_purchase
		类别加购–购买比率	cat_add_purchase
		类别收藏–购买比率	cat_collect_purchase
		重复购买类别占比	cat_purchase_repeat_ratio
	用户购买的商品品牌特征	点击商品品牌的人次	brand_click
		加购商品品牌的人次	brand_add
		购买商品品牌的人次	brand_purchase
		收藏商品品牌的人次	brand_collect
		商品品牌行为总人次	brand_actions
		购买商品品牌的用户数量	brand_purchase_user
		重复购买商品品牌的人次	brand_purchase_repeat

附录 C　部分 Python 代码

1. 模型训练

将训练集中的 152 个自变量放入 X_train, 因变量放入 y_train. 基于训练集, 分别构建 LightGBM, EasyEnsemble 和 k 近邻模型.

(1) LightGBM

根据 LGBMClassifier 函数的要求, 设置定性变量为 ‘category’ 类型.

```
X_train['age_range'] = X_train['age_range'].astype('category')
X_train['gender'] = X_train['gender'].astype('category')
```

为采用主成分分析和费希尔判别分析提取定量变量的特征, 建立管道 pipe_pca_fda: 首先对变量作标准化, 然后合并由两种方法所提取的特征.

```
pca = decomposition.PCA(n_components=0.8, svd_solver='full')
fda = discriminant_analysis.LinearDiscriminantAnalysis(n_components=1)
feature_extract = FeatureUnion([('pca', pca), ('fda', fda)])

pipe_pca_fda = Pipeline(steps=[
                        ('standardscaler', StandardScaler()),
                        ('feature_extract', feature_extract)])
```

为将提取的特征与原有定量合并, 这里采用 degree=1, include_bias=False 的 PolynomialFeatures 函数, 它输出的是原始的所有定量变量. 至此, 对定量变量的预处理完成, 将其命名为 numeric_transformer.

```
poly = PolynomialFeatures(degree=1, include_bias=False)
numeric_transformer = FeatureUnion([('pca&fda', pipe_pca_fda), ('poly'
    , poly)])
```

以 numeric_features 记录定量变量所在列的列号, 采用 numeric_transformer 对定量变量作预处理, 其余变量 (即定性变量) 直接传入, 完成了构建 LightGBM 所需要的预处理, 命名为 preprocessor_lgbm.

```
numeric_features = np.arange(2, X_train.shape[1])
preprocessor_lgbm = ColumnTransformer(transformers=[('num',
    numeric_transformer, numeric_features)],remainder='passthrough')
```

在 LightGBM 中, 应设置样本权重 class_weight 为与训练集中两个类别的比例成反比的数值.

```
y_pct = y_train.astype('category').value_counts()/y_train.size
class_weight = {0: y_pct[1], 1: y_pct[0]}
```

下面, 定义贝叶斯优化中的函数为二折交叉验证函数, 其中以预处理 preprocessor_lgbm 与 LightGBM 构成的管道作为交叉验证中的模型. 在 LightGBM 中, 需要优化最小子节点权重 min_child_weight 和个体学习器数量 n_estimators 的组合.

```
def model_cv(min_child_weight, n_estimators, data, targets):
    lgbm = LGBMClassifier(class_weight=class_weight,
                        random_state=1, learning_rate=0.05,
                        min_child_weight=min_child_weight,
                        n_estimators=n_estimators)
```

```
    pipe_lgbm= Pipeline([('preproccesor', preprocessor_lgbm), ('lgbm',
        lgbm)])
    cval = cross_val_score(pipe_lgbm, data, targets, scoring='roc_auc',
         cv=KFold(n_splits=2, random_state=1, shuffle=True))
    return cval.mean()
```

下面实施贝叶斯优化. 由于贝叶斯优化所选择的参数值并不限制为整数, 因此对贝叶斯优化搜索值 n_estimators 取整数, 用于模型构建. 贝叶斯优化中初始搜索次数 init_points=5, 后续迭代搜索次数 n_iter=15. 基于训练集搜索得到最优的参数组合, 放入 lgbm_params.

```
def optimize_model(data, targets):
    def model_crossval(min_child_weight, n_estimators):
        return model_cv(min_child_weight = min_child_weight,
                        n_estimators = max(int(n_estimators), 1),
                        data=data,
                        targets=targets)

    optimizer = BayesianOptimization(f=model_crossval, random_state=1,
        verbose=2, pbounds={'min_child_weight': (class_weight[0] * 2,
        200), 'n_estimators': (10, 300)})
    optimizer.maximize(init_points=5, n_iter=15)
    return optimizer.max['params']

lgbm_params = optimize_model(X_train, y_train)
```

为搜索获得最优的分类临界值, 定义函数 search_best_threshold.

```
def search_best_threshold(y_pred_proba, y_true, start=0.01, end=0.99,
     step=0.01):
    pred_threshold = np.arange(start, end, step)
    f1 = []
    for thres in pred_threshold:
        y_pred_label = np.where(y_pred_proba > thres, 1, 0)
        f1.append(f1_score(y_true, y_pred_label))
    best_threshold = pred_threshold[f1.index(max(f1))]
    return best_threshold
```

采用所得到的优化参数 lgbm_params 训练管道 pipe_lgbm, 并由 predict_proba 函数获得训练集的预测概率, 从而搜索最优的分类临界值.

```
y_train_proba_lgbm = pipe_lgbm.predict_proba(X_train)[:, 1]
best_threshold_lgbm = search_best_threshold(y_train_proba_lgbm,
    y_train)
```

(2) EasyEnsemble

在数据预处理 preprocessor_ee 中, 对两类变量分别进行处理: 对定性变量作独热编码, 命名为 categorical_transformer; 按照 numeric_transformer 对定量变量作预处理.

```
categorical_features = [0, 1]
categorical_transformer = Pipeline(steps=[('onehot', OneHotEncoder(
    handle_unknown='ignore', sparse=False))])

preprocessor_ee = ColumnTransformer(transformers=[('num',
    numeric_transformer, numeric_features),('cat', categorical_
transformer, categorical_features)])
```

接下来, 由 XGBoost 模型特征选择, 设置其中的参数 scale_pos_weight, 它表示类别 "1" 的样本权重是类别 "0" 样本权重的倍数. 由 SelectFromModel 函数选择特征, 设置特征选择数量上限 max_features=20. 将特征选择命名为 sfm.

```
model_xgb = XGBClassifier(scale_pos_weight=y_pct[0]/y_pct[1],
                          eval_metric='auc')
sfm = SelectFromModel(model_xgb, max_features=20,prefit=False)
```

EasyEnsemble 的贝叶斯优化与 LightGBM 类似, 主要的差异在于模型和管道的设置. 在 EasyEnsemble 中, 设置待优化的参数为个体学习器数量 n_estimators; 管道中, 在预处理 preprocessor_ee 与 EasyEnsemble 模型之间, 加入了特征选择 sfm.

```
ee = EasyEnsembleClassifier(n_estimators=n_estimators,
                            random_state=1)
pipe_ee = Pipeline(steps=[
               ('features_extract&onehot', preprocessor_ee),
               ('features_select', sfm),
               ('EasyEnsemble', ee)])
```

采用所得到的优化参数训练管道 pipe_ee, 并由 predict_proba 函数获得训练集的预测概率, 从而搜索最优的分类临界值.

```
y_train_proba_ee = pipe_ee.predict_proba(X_train)[:, 1]
best_threshold_ee = search_best_threshold(y_train_proba_ee, y_train)
```

(3) k 近邻

k 近邻的贝叶斯优化与 EasyEnsemble 类似. 在 k 近邻算法中, 设置待优化的参数为近邻数量 n_neighbors, 设置 weights='distance', 即按照与近邻距离成反比的权重对近邻类别值作加权平均作为预测概率. 在管道 pipe_knn 中, 应在预处理 preprocessor_ee 和特征选择 sfm 之后加入 0–1 规范化.

```
knn=KNeighborsClassifier(n_neighbors=n_neighbors, weights='distance')
pipe_knn = Pipeline(steps=[
  ('features_extract&onehot', preprocessor_ee),
  ('features_select', sfm),
  ('minmaxscaler', MinMaxScaler(feature_range=(0, 1), clip=True)),
  ('knn', knn)])
```

为搜索最优的分类临界值, 需要获得训练集中样本观测的预测概率. 若直接采用 predict_proba 函数获得预测概率, 会将样本观测自身作为一个近邻. 因此编写代码, 获得去除自身作为近邻后的预测概率, 其中的权重仍然与距离成反比.

```
knn_neighbors = knn.kneighbors()
y_train_proba_knn = np.zeros(y_train.shape[0])
for i in range(0, y_train.shape[0]):
    y_train_proba_knn[i] = (1 / knn_neighbors[0][i] * y_train[y_train.
        index[knn_neighbors[1][i]]]).sum()/((1 / knn_neighbors[0][i]).
        sum())

best_threshold_knn = search_best_threshold(y_train_proba_knn, y_train)
```

2. 模型效果评价

首先, 定义模型效果评价函数 scoring_tab, 它同时返回多个模型的 AUC、混淆矩阵、准确率、Kappa 系数、查准率、查全率和 F1.

```
def scoring_tab(y_true, y_pred_label_lst, y_pred_proba_lst, model_name
    ):
    confusion_lst = []; accuracy_lst = []; kappa_lst = [];
        precision_lst = []; recall_lst = []; f1_lst = []; auc_lst = []
```

```
    for i in range(len(model_name)):
        y_pred_label = y_pred_label_lst[:, i]
        y_pred_proba = y_pred_proba_lst[:, i]
        confusion_lst.append(confusion_matrix(y_true, y_pred_label))
        accuracy_lst.append(accuracy_score(y_true, y_pred_label))
        kappa_lst.append(cohen_kappa_score(y_true, y_pred_label))
        precision_lst.append(precision_score(y_true, y_pred_label))
        recall_lst.append(recall_score(y_true, y_pred_label))
        f1_lst.append(f1_score(y_true, y_pred_label))
        auc_lst.append(roc_auc_score(y_true, y_pred_proba))
    indicators = pd.DataFrame({'Model': model_name,
                               'AUC': auc_lst,
                              'Confusion matix': confusion_lst,
                               'Accuracy': accuracy_lst,
                               'Kappa': kappa_lst,
                               'Precision': precision_lst,
                               'Recall': recall_lst,
                               'F1': f1_lst})
    indicators.set_index('Model', inplace=True)
    return indicators
```

下面, 基于测试集 (X_test, y_test), 获得各模型的预测概率和预测类别.

对于 LightGBM, 需要先设置测试集中的定性变量为 ‘category’, 然后由管道 pipe_lgbm 预测概率, 并基于预测概率与分类临界值的对比获得预测类别.

```
X_test['age_range'] = X_test['age_range'].astype('category')
X_test['gender'] = X_test['gender'].astype('category')

y_test_proba_lgbm = pipe_lgbm.predict_proba(X_test)[:, 1]
y_test_label_lgbm = np.where(y_test_proba_lgbm > best_threshold_lgbm,
    1, 0)
```

对于 EasyEnsemble 和 k 近邻, 由管道 pipe_ee 和 pipe_knn 预测概率, 并基于预测概率与分类临界值的对比获得预测类别.

```
y_test_proba_ee = pipe_ee.predict_proba(X_test)[:, 1]
y_test_label_ee = np.where(y_test_proba_ee > best_threshold_ee, 1, 0)

y_test_proba_knn = pipe_knn.predict_proba(X_test)[:, 1]
```

```
y_test_label_knn = np.where(y_test_proba_knn > best_threshold_knn, 1,
    0)
```

将上述三个模型的预测概率合并为 y_test_proba_lst, 并将它们的预测类别合并为 y_test_label_lst, 采用 scoring_tab 函数可获得模型效果评价.

```
scoring_tab(y_test, y_test_label_lst, y_test_proba_lst, model_name)
```

通过 roc_curve 函数, 可获得三个模型的 ROC 曲线.

```
fpr_lgbm, tpr_lgbm, _ = roc_curve(y_test, y_test_proba_lgbm, pos_label
    =1)
fpr_ee, tpr_ee, _ = roc_curve(y_test, y_test_proba_ee, pos_label=1)
fpr_knn, tpr_knn, _ = roc_curve(y_test, y_test_proba_knn, pos_label=1)

plt.plot(fpr_lgbm, tpr_lgbm, color='red', label='LightGBM')
plt.plot(fpr_ee, tpr_ee, color='blue', label='EasyEnsemble' )
plt.plot(fpr_knn, tpr_knn, color='orange', label='KNN')
```